규장각한국학연구원 한국학연구총서 35

주시경의 언어이론과 표기법

규장각한국학연구원 한국학연구총서 35

주시경의 언어이론과 표기법

송철의

Chu Si-Gyong's Linguistic Theories and his Writing Systems

Cheol-Eui Song

머리말

저자는 몇 년 전에 '한국 근대 초기의 어문운동과 어문정책'이란 글을 쓴 적이 있다. 그때 어느 나라든지 근대화 과정에서 중요한 문제로 대두된 것이 어문문제였으리라는 것을 알게 되었다. 언어와 문자 및 표기법이 정비되지 않고서는 지식의 소통이나 국민교육이 원활하게 이루어질 수 없는바, 그러한 상황에서는 근대화가 제대로 이루어지기 어려웠을 것이기 때문이다.

우리나라의 경우도 예외는 아니어서 개화기 이후 근대화 과정에서 가장 시급한 문제로 대두된 것이 어문을 정비하는 일이었다. 어문문제 중에서도 특히 표기법을 정비·통일하는 일이 무엇보다도 시급하였는데, 그러한 일을 주도적으로 앞장서서 했던 인물이 주시경이었다. 주지하는 바와 같이 오늘날 우리가 사용하고 있는 한글 표기법은 주시경이 그 근간을 마련한 것이다.

그러나 오늘날 우리가 사용하고 있는 표기법(한글 맞춤법)은 주시경의 표기법과 다른 부분이 적지 않다. 큰 원리는 주시경의 것을 계승하였지만 세부적인 규정은 국어에 대한 연구가 진척됨에 따라 계속 수정되었기 때문일 것이다. 이에 저자는 오늘날의 '한글 맞춤법'이 주시경의 표기법으로부터 시작하여 어떤 과정을 거쳐 정립되었는가를 구체적으로 밝혀 볼 필요가 있겠다는 생각을 하게 되었다. 그리고 그러기 위해서는 우선 주시경의 표기법에 대하여 세부적인 사항들까지를 정리해 볼 필요가 있겠다는 생각을 하게 되었다. 물론 주시경의 표기법에 대한 연구가 그동안 적지 않았고, 그런 업적들을 통하여 주시경 표기법의 원리라든가, 주시경 표기법의 대체적인 윤곽이 밝혀지긴 하였지만, 세부적인 자세한 사항까지를 정리한 경우는 없었기 때문이다.

그런데 주시경의 표기법을 연구하려다 보니 그의 언어이론도 고찰하지 않으면 안되겠다는 것을 알게 되었다. 그의 표기법은 그의 언어이론, 또는 그의 국어연구의 결과를 바탕으로 이루어진 것이기 때문이었다. 그리하여 이 책은 주시경의 언어이론과 그의 표기법을 고찰한 내용을 담게 되었다.

주시경의 논저들에서 표기법의 세부원칙들을 하나하나 검토하고 정리하는 일은 그리 간단한 일이 아니었다. 대체로는 좀 지리한 작업이었다. 그렇지만 가끔 새로운 사실을 발견하는 즐거움도 없지는 않았다.

앞에서 이미 언급한 셈이지만 이 연구는 현대 '한글 맞춤법'의 정립과정을 정밀하게 밝히기 위한 전초작업에 해당한다. 따라서 이 연구를 바탕으로 주시경의 표기법으로부터 '한글 맞춤법'(일단은 '한글 맞춤법 통일안')이 정립되기까지의 과정을 상세하게 밝히는 일이 앞으로의 과제이다. 그리고 한걸음 더 나아간다면 한국어의 근대화(혹은 표준화)는 어떻게 해서 이룩되었는가 하는 것과 다른 분야들과의 공동연구를 통하여 이러한 한국어문의 근대화가 한국사회의 근대화와 상호 어떤 영향 관계가 있었는가 하는 것도 밝혀 보고 싶다.

이 연구는 규장각한국학연구원의 한국학장기기초연구사업의 연구비 지원으로 이루어졌다. 연구비를 지원해 주시고 출판원고의 제출이 많이 늦어졌음에도 불구하고 출판을 허락해 주신 한국학사업위원회에 깊이 감사드린다. 끝으로 이 책을 간행하느라 수고하신 서울대학교출판문화원의 김현호 편집장님과 주지연 선생을 비롯한 관계자 여러분께도 감사드린다.

2010년 초겨울,
송철의 삼가 씀

차　　례

1. 서론

본서(本書)의 주된 목적은 주시경(周時經)의 표기법을 구체적으로 검토하여 그의 표기법이 어떤 과정을 거쳐 정립되었는가를 밝혀 보고자 하는 것이다. 주시경에 대하여 그동안 여러 가지 관점에서 많은 연구가 있었지만 그의 표기법에 대한 세부적인 검토는 아직 미흡한 부분이 없지 않기 때문이다.

잘 알려져 있는 바와 같이 주시경은 한글의 문자체계를 새로이 정비하고 한글 표기법을 새롭게 정립하는 데에 심혈을 기울였다[1]. 그 결과 그는 훈민정음 창제 이후 근대국어 시기까지 사용되었던 표기법과는 현격하게 다른 현대 한글 표기법의 기반을 마련하였던 것이다. 그런

---

1) 주시경은 스스로도 다음과 같이 말한 바 있다.

> 우리나라에 국어ᄌᆞ뎐도 업고 국문 쓰는 것이 경위 업스니 이를 경장치 안으면 국문을 발달ᄒᆞ지 못ᄒᆞ리라 ᄒᆞ고 그 엇지ᄒᆞ여야 완젼ᄒᆞᆫ 글이 되게 ᄒᆞᆯ가 ᄒᆞ고 ᄒᆞᆼ샹 말과 글을 궁구ᄒᆞ여 ……〈대한국어문법 27ㄱ〉
>
> 지금 우리나라에 時急히 更張ᄒᆞᆯ 일이 만커니와 國文을 修正ᄒᆞᆯ 일이 最急ᄒᆞ고 重要ᄒᆞᆫ지라 그런고로 余 十七八歲로붙어 이를 念慮ᄒᆞ어 엇지ᄒᆞ어야 잘 될가 ᄒᆞ고 國文字로 말ᄒᆞᆫ 글을 더러 求ᄒᆞ어 보고 國語窮究ᄒᆞ기를 未嘗不 게르게 ᄒᆞ지 안이 ᄒᆞ엿스나 〈대한국어문법 발문 5〉 (밑줄 필자, 이하 동일)

데 그러한 그의 표기법이 하루 아침에 이루어진 것은 아니었다. 그는 국어에 대한 음운론적 및 형태론적 연구를 바탕으로 표기법 이론을 정립해 나갔고 거기에 따라 자신의 표기법을 수정하여 갔던 것이다. 주시경의 논저들을 시대순으로 고찰해 보면 이러한 사실을 잘 알 수 있다. 따라서 주시경의 논저들을 대상으로 그의 표기법이 어떻게 변천되어 갔는가를 밝히는 것은 그의 표기법이 어떤 과정을 거쳐 정립되어 갔는가를 밝히는 일이면서 동시에 그가 그의 언어 이론을 표기법에 어떻게 반영시켜 갔는가를 밝히는 일도 될 것이다. 나아가서 이는 현대 한글 맞춤법을 정립하는 데 있어서 문제가 되었던 것들은 어떤 것들이며 현대 한글 맞춤법이 어떤 과정을 거쳐 정립되게 되었는가를 밝히는 기초 작업이 되기도 할 것이다.

따라서 주시경의 언어이론을 살피고 그의 논저들을 대상으로 그의 표기법을 정밀하게 분석하여 그의 언어 이론과 표기법의 관계, 그의 표기법이 정립되어 가는 과정 등을 밝히는 일은 매우 필요한 작업이라고 하지 않을 수 없다.

표기법과 밀접한 관련이 있는 언어학의 하위 분야는 음운론과 형태론일 것이다. 따라서 본서에서는 서론에 이어 2장에서 우선 주시경의 음운론과 형태론을 살펴보게 될 것이다. 그의 음운론 연구와 형태론 연구는 표기법 원리를 수립하는 이론적 근거를 제공하였다고 할 수 있다. 3장에서는 주시경의 문자론을 살펴보게 될 것이다. 그는 어떠한 문자관을 가지고 있었으며 어떤 과정을 거쳐 현대국어를 표기하기에 적합한 문자체계를 재정립하였는가, 한글의 자체(字體), 또는 제자 원리에 대해서는 어떤 인식을 가지고 있었는가 하는 것이 이 장에서 다루어질 주요 내용이다. 4장에서는 그가 수립한 표기법의 원리를 재검토해 볼 것이며 5장에서는 그의 표기법이 어떻게 변천되어 갔는가, 그러한 변천이 있게 된 요인은 무엇인가를 논의하면서 그의 표기법의 세부 원칙들을 밝히게 될 것이다.

지금까지 한 개인을 대상으로 표기법의 변천사를 연구한 경우는 없었던 것으로 생각된다. 그런 점에서 주시경의 경우는 매우 특별한 경우에 해당한다고 할 수 있겠다. 주시경이 이렇게 특별한 경우에 해당하게 된 것은 그가 스스로 국어에 대한 연구를 진척시켜 나아가면서 국어의 새로운 표기법을 정립해 나아간 사람이기 때문이다.

2. 주시경의 음운론과 형태론

주시경의 국어연구는 크게 음운론과 형태론과 통사론의 세 영역으로 나누어 볼 수 있겠는데[2] 이 중에서 표기법과 밀접히 관련되는 것은 음운론과 형태론이다. 본서는 주시경의 표기법을 집중적으로 살펴 보려는 데에 목적이 있으므로 본서에서는 그의 음운론과 형태론에 대해서만 간략히 고찰해 보고자 한다.[3]

표기법을 정립하기 위해서는 문자체계의 정립이 전제되어야 하는데 한글과 같은 음소문자의 경우 문자체계를 정립하려면 음운론적 연구가 병행되지 않으면 안된다. 뿐만 아니라 국어와 같은 교착어의 경우에는 형태소와 형태소가 결합되는 과정에서 다양한 음운교체가 나타나기 때문에 표기법을 정립하려면 그러한 음운론적 교체에 대한 이해가 필수적이다. 주시경의 표기법을 흔히 '본음주의 표기법(本音主義表記法)'이라고 하는데 여기서 '본음(本音)'이라는 것은 음운론적 개념

2) 이병근(1985:26)에서 주시경이 세운 국어학의 하위 분야는 음학(音學), 품사론(형태론) 및 통사론이라고 할 수 있다고 하였다.

3) 이기문(1981:158)에서는 주시경의 여러 업적들을 볼 때 그가 음학(음운론)에 매우 큰 관심을 가지고 있었음을 알 수 있는데, 이는 음학이 표기법과 직접적인 관련이 있기 때문이라고 하였다.

이다.

표기법을 정립하려면 단어의 구조에 대한 이해도 있어야 한다. 단어의 구조에 대한 이해는 형태소 분석을 전제로 한다. 국어의 경우 단어의 형태소 분석을 어디까지 할 것인가, 이형태의 교체를 표기에 반영시킬 것인가 말 것인가 하는 것이 표기법 정립의 요체가 된다고 해도 과언이 아닐 것이다. 이런 것들은 모두 형태론의 소관 사항이다. 주시경은 나름대로의 기준을 가지고 단어들을 분석할 수 있는 데까지 분석하려는 경향을 보여 주었다. 그러한 분석이 표기법과 밀접히 관련되고 있음은 물론이다.

2.1. 음운론

주시경은 어떤 언어를 알아보려면 먼저 그 언어의 말소리를 알아야 하고 어떤 언어의 문법을 공부하려면 먼저 그 언어의 음학(音學), 즉 음운론을 알아야 한다고 생각하였다.

> 어느 나라 말이든지 알아 보자하면 몬저 그 소리를 알아야 되나니 우리 나라 말도 풀어 보랴면 몬저 소리를 알아야 할지라 〈한나라말 87, 전서 3:257〉[4)]

> 此音學은 總히 國語文典을 學習할 準備科가 되는 故로 題를 國語文典의 音學이라 ᄒᆞ니 곳 國文의 音學이니라 〈국어문전음학 62〉

4) 여기서 '전서'는 《周時經全書》(김민수 편, 탑 출판사, 1992)를 뜻한다. 출전을 중복해서 제시하는 셈이지만, 필요한 경우에는 '전서'도 출전으로 제시한다.

이처럼 음학을 문법의 선행 부분으로 위치 지운[5] 주시경은 음학의 범위 내지 임무를 대체로 다음과 같이 생각하였다. 즉 "子母의[6] 分別과 子母가 各各 分合흠과 子音의 接變과 習慣音을 辨論"(국어문전음학 42)하는 것이 음학의 범위 내지는 임무라고 생각하였다. 여기서 '자모의 분별'이란 음의 분류를 의미한다고 할 수 있고 '자모의 분합'이란 음의 구조분석을 의미한다고 할 수 있으며 '자음의 접변과 습관음'이란 음운현상을 의미한다고 할 수 있다. 그가 서술한 음학의 내용을 검토해 보면 그 내용이 위의 범위에서 크게 벗어나지 않는다는 것을 알 수 있다. 물론 세부적으로는 몇 가지 사항이 더 추가되기는 한다. 소리에 대한 물리학적 설명, 언어음의 보편성과 특수성에 대한 기술, 음절에 대한 인식, '본음'과 '임시의 음'의 개념정립 등이 그것이다.

다음에서는 주시경이 인식한 이러한 음학의 범위를 염두에 두고서 그의 음운론의 내용을 검토해 보기로 하겠다.

2.1.1. 말소리에 대한 기초적 이해

주시경은 음학을 서술하기 위해서는 먼저 소리[音]란 무엇인가를 이해할 필요가 있다고 생각하였던 듯하다. 음학의 첫부분에서 소리에 대한 일반적인 특성, 즉 물리적 특성을 설명하면서[7] '소리는 공기의 파동'이라는 정의를 제시하곤 했던 것은 이 때문이었을 것이다.

이어서 소리에는 무별성(無別聲)과 유별성(有別聲)이 있다고 하였다. 무별성은 자음과 모음의 분별이 없는 자연계의 소리를 말하는 것이고 유별성은 자음과 모음의 분별이 있는 언어음을 말하는 것이다.

---

5) 김민수(1977: 124)에서 이미 이러한 사실을 지적한 바 있다.

6) 여기서 '子母'란 '子音과 母音'을 뜻한다.

7) 소리에 대한 이러한 물리적 설명은 초기의 저서들에서는 자세하다가 후기의 저서들에서는 간략해지거나 사라진다.

소리를 이와 같이 무별성과 유별성으로 구별한 것은 음학의 대상을 분명히 하기 위해서였을 것이다. 음학은 자연계의 모든 소리를 대상으로 하는 것이 아니고 인간의 말소리, 즉 언어음(유별성)을 연구 대상으로 하는 분야이기 때문이다. 그는 인간의 말소리[人의 音]란 폐에서 일어난 공기의 파동이 성관을 통하여 나오다가 아설순치후(牙舌脣齒喉)의 절제를 받아서 이루어지는 소리라고 이해하였다.[8)]

소리를 위와 같이 무별성과 유별성으로 구분한 바탕 위에서 주시경은 유별성인 언어음에는 다시 두 가지의 음, 즉 '만국 공통의 음[天然의 音]'과 '각국 특성의 음'이 있다고 인식하였다.[9)] 언어음의 보편성과 특수성에 대한 인식이 있었던 셈이다.[10)]

> 音은 天地固有의 理와 區域人種의 性으로 二種의 別이 有ᄒᆞ니 天地固有의 理는 萬國이 通同ᄒᆞᆫ 音이요 區域人種의 性은 萬國이 各〃 其國域의 風氣水土와 其種의 稟賦習尙으로 差別이 有ᄒᆞᆫ 特性의 音이니 音을 正ᄒᆞᆷ은 天然의 音과 特性의 音을 정ᄒᆞᆷ이라. 〈국문연구안 '국문자체급발음의연혁' 전서 2:79〉

> 人類의 音이 普通은 如斯히 相同ᄒᆞ되 句域과 人種이 不同ᄒᆞᆷ으로 語

8) 오문 : 분별 잇는 말소ᄅᆡ는 무엇이뇨
답 : 셩관으로 나오는 셩이 입으로 나올 ᄯᅢ에 아셜슌치후牙舌脣齒喉로 분별을 만ᄃᆞᆯ어 되는 소ᄅᆡ니이다 〈대한국어문법 10ㄴ〉

人의 音은 肺經이 그 神의 命에 感ᄒᆞ여 聲膜을 激ᄒᆞ면 空氣의 波動이 起ᄒᆞ여 無別聲이 成ᄒᆞ여 聲管으로 通出하다가 喉에 達ᄒᆞᆫ즉 牙舌脣齒喉로 節制ᄒᆞ여 子母의 分別과 子母가 ᄯᅩ 各各 分別됨을 作ᄒᆞᄂᆞ니라 〈국어문전음학 6〉

9) 한택동(1998:57)에서도 이와 같은 내용이 언급된 바 있다.

10) 주시경은 음운규칙과 관련하여서도 보편성과 특수성을 구별하려 하였다. 이에 대해서는 본서의 '2.1.4 음운현상과 습관음' 부분 참조.

音도 各異ᄒᆞ니 此는 天然의 理라 〈국어문전음학 6〉

위와 같은 일반론적인 서술 이외에 모음에 관한 다음과 같은 서술은 언어음의 보편성을 의식한 서술일 것이며

ㅏ ㅓ ㅗ ㅜ ㅡ ㅣ 六字는 다시 分ᄒᆞᆯ 수 업는 單純ᄒᆞᆫ 母音이니 國文母音의 元素요 天地에 自在ᄒᆞᆫ 母音의 元素라 〈국어문전음학 26〉

ㅏ ㅓ ㅗ ㅜ ㅡ ㅣ 六字는 다시 分ᄒᆞᆯ 수 업는 單純ᄒᆞᆫ 母音이니 國語 母音의 元素요 普天下 母音의 元素라 〈국문연구 58ㄱ〉

국어의 발음에 관한 다음과 같은 서술은 국어음의 특수성을 의식한 서술일 것이다.

現今 國語는 다 本國 特性의 音을 發ᄒᆞ는 것이니 〈국문연구 19ㄱ〉

我國 特性의 語音은 支那의 音과 不同ᄒᆞ여 … 國文의 發音은 곳 國語의 發音이요 國音의 發音은 我國 特性의 發音이라 〈국문연구 19ㄱ〉

이상의 내용을 통해서 알 수 있는 바와 같이 주시경에게 언어음의 보편성과 특수성에 관한 인식이 있었음은 틀림없는 사실이다. 그러나 그러한 인식이 구체적이었다고 말하기는 어렵다. 모음과 관련하여 'ㅏ ㅓ ㅗ ㅜ ㅡ ㅣ'가 "普天下 母音의 元素"(만국 공통의 음)라고 하기는 하였으나 그 근거를 제시하지는 않았으며 모음에 있어서 국어 특성의 음은 어떤 것들인지를 제시하지 않았고 자음과 관련하여서는 만국 공통의 음과 국어 특성의 음이 어떤 것들인지 전혀 언급하지 않았기 때문이다.

2.1.2. 음의 분류

주시경은 언어음을 우선 자음과 모음으로 구분하고서 이들 각각을 다시 단음(單音)과 합음(合音)으로 분류하였다.

그는 음학에서 가장 긴요한 것은 자모(子母), 즉 자음과 모음을 분별하는 것이라고 생각하였다(音學은 子母를 分別ᄒᆞᆷ이 最緊ᄒᆞᆫᄃᆡ〈국어문전음학 7〉). 그래서 음학의 제일 앞부분에서 언어음에는 모음과 자음의 구별이 있음을 언급하면서 모음과 자음의 개념을 설명하곤 하였다. 모음은 '스스로 발하는 음, 즉 자발(自發)하는 음'이요 자음은 '모음에 의부하여 발하는 음'이라고 하였다[11].

모음과 자음이라는 용어는 전통적으로 써 오던 용어가 아니고[12] 새로이 차용한 용어이었기 때문에 그는 이 용어들의 개념뿐만 아니라 그 유래에 대해서도 여러 군데에서 반복하여 설명하였다.[13] 그는 이

---

11) 《말의소리》에 와서는 모음, 즉 홀소리를 '홀로 나는 소리', 자음, 즉 닿소리를 '홀소리에 닿아야 나는 소리'라고 정의하였다.

12) 모음과 자음에 대한 주시경의 용어는 다음과 바뀌어 갔다.

《국어문전음학》까지	:	모음(母音)	자음(子音)
《국어문법》	:	웃듬소리	붙음소리
《조선어문법》(재판) 이후	:	홀소리	닿소리

13) 모음과 자음이라는 용어의 유래에 대하여는 여러 군데에서 비슷비슷하게 설명하였다. 몇 예만 들어 보면 다음과 같다.

〈국문〉
동양에서 샹고 부터 음의 의론이 만코 음을 ᄌᆞ세히 말ᄒᆞᆷ도 만하 ᄌᆞ모음의 형셰가 ᄌᆞ연 구별되고 그 리치가 다 포함ᄒᆞ엿으되 특별이 명목을 ᄯᅡ로 지어 변명ᄒᆞᆷ은 업더라 젼에는 ᄌᆞ음이던지 모음이던지 통칭ᄒᆞ여 ᄌᆞ모(子母)라 ᄒᆞ엿고 스ᄉᆞ로 발ᄒᆞ는 음을 모음(母音)이라 ᄒᆞ고 스ᄉᆞ로 발ᄒᆞ는 음을 의지ᄒᆞᆫ 후에야 발ᄒᆞ는 음을 ᄌᆞ음(子音)이라 ᄒᆞ는 일홈은 근 ᄇᆡᆨ년ᄅᆡ로 흔이 쓰는 말인ᄃᆡ 이는 아마 청국과 구쥬의 교통이 열린후로 구쥬에셔 스ᄉᆞ로 발ᄒᆞ는 음을 바웰이라 ᄒᆞ는 말을 한문 ᄌᆞ로 모음이라 ᄒᆞ고 스ᄉᆞ로 발ᄒᆞ는 음을 의지ᄒᆞᆫ 후에야 발ᄒᆞ는 음을 칸숀낸트라 ᄒᆞ는 말을 한문 ᄌᆞ로 ᄌᆞ음이라 일홈ᄒᆞ여 부르는 것인가 보도다 〈가명잡지 1년 7호: 28-9, 전서1:335-6)

용어가 영어의 'vowel'과 'consonant'를 중국에서 번역한 것이라고 알고 있었으며 나중에는 이것들이 기원적으로는 라틴어[羅甸語]에서 유래한 것이라는 것도 알게 되었다.

주시경은 음을 모음과 자음으로 분별한 후에 이들 모음과 자음이 다시 각각 어떻게 분별될 수 있는지에 대해서도 언급하였다. 모음에 대해서는 장단(長短), 고저(高低), 광협(廣狹), 강약(强弱)을 언급하였고 자음에 대해서는 청탁(淸濁), 경중(輕重)을 언급하였다. 그러나 이들 중 모음의 장단에 대해서만 어느 정도 분명하게 인식하였을 뿐이고 나머지 것들에 대해서는 그리 분명하게 인식하지 못했던 것으로 여겨진다. 추상적인 설명에 그치고 있다는 점에서 그러하다.

그는 《화동정음통석운고(華東正音通釋韻考)》나 《훈민정음(訓民正音)》 등을 통하여[14] 우리의 전통 언어학에서 자음을 아설순치후(牙舌脣齒喉)로 분류해 왔다는 사실을 알고는 있었으면서도[15] 이러한 조음

〈국문연구〉

子母音이라 ᄒᆞᆷ은 歐洲 交通이 開ᄒᆞᆫ 後로 支那人이 英語의 **칸손앤**이라 ᄒᆞᆷ을 譯ᄒᆞ여 子音이라 ᄒᆞ고 **바웰**이라 ᄒᆞᆷ을 譯ᄒᆞ여 母音이라 ᄒᆞ여 近 百年來로 東洋에서 恒用ᄒᆞ는 名稱이 된 者니 (중략) 此 兩字는 羅甸語에서 出ᄒᆞᆫ 者요 羅甸의 音學은 亞剌伯印度로 從ᄒᆞ여 往ᄒᆞᆫ 者라〈21ㄴ〉

〈한나라말〉

웃듬소리

스스로 나는 소리를 이름이니 브리튼 말로 바웰(VOWEL)이라 함이오 淸國과 日本에셔 이를 삭이어 母音이라 하는 것이라

붙음소리

웃듬소리와 더불어 나는 소리를 이름이니 브리튼 말로 칸손앤(CONSONANT)이라 함이요 淸國과 日本에서 이를 삭이어 子音이라 하는 것이라 〈普中親睦會報 제1호, 88-89, 전서3: 258-9〉

14) 주시경이 본 《훈민정음》은 《해례본훈민정음》이 아니라 《문헌비고(文獻備考)》의 〈악고(樂考)〉에 실려 있던 《훈민정음》이었다.

15) 이 규모를 보면 ㄱ ㆁ ㄷ ㄴ ㅂ ㅁ ㅈ ㅅ ㅇ ㄹ ㅿ 이 열두 ᄌᆞ가 牙舌脣齒喉의 각〃 그 所屬으로 同類되는 分別은 잇스나 〈대한국어문법 52ㄴ〉

위치에 따른 자음의 분류를 적극적으로 활용하지는 않았다.

단음과 합음에 대해서는 다음의 '음의 분합' 항에서 다루기로 하겠다.

2.1.3. 음의 분합

음(자음과 모음)의 분합(分合) 이론은 주시경 음운론의 핵심이자 그의 언어 이론의 핵심이라고 할 수 있다. 주시경은 자음이든 모음이든 언어음에는 더 이상 분석될 수 없는 순일한(단순한) 음과 둘 이상의 음으로 다시 분석될 수 있는 복합적인 음이 있다는 사실을 일찍부터 인식하였다. 처음에 그는 전통적으로 사용해 온 청음(淸音), 탁음(濁音)이라는 용어가 바로 이들을 지칭하는 것이라고 이해하였다. 즉 청음은 더 이상 분석되지 않는 순일한 음을 지칭하는 것이요, 탁음은 둘 이상의 음으로 분석될 수 있는 음을 지칭하는 것이라고 이해하였다[16]. 그러다가 이들에 대하여 각각 단음(單音), 합음(合音)이라는 용어를 사용하게 되는데[17] 그는 단음은 곧 청음이요 합음은 곧 탁음이라고 이해하였다. 이와 같이 이해하였기 때문에 청탁의 개념을 처음에는 자음에만 적용시키다가 나중에는 모음에까지 적용시키게 된다.

> 子母音이 各〃 單音은 淸ᄒᆞ고 合音은 濁ᄒᆞᆫ 故로 單音이 곳 淸音이요, 合音이 곳 濁音이니 淸音은 分ᄒᆞᆯ 수 없는 者요 濁音은 二音 以上으로 分ᄒᆞᆯ 수 잇는 者를 謂ᄒᆞᆷ이라[18] 〈국문연구 62ㄴ〉

16) 청음과 탁음에 대한 주시경의 이러한 이해는 전통적인 개념과는 다른 것이었다. 이러한 사실은 이미 한택동(1998:18)에서 언급된 바 있다.

17) 단음과 합음을《국어문법》에서는 '홋소리', '겹소리'로 바꾸었다가《소리갈》과《말의소리》에서는 '홋소리', '거듭소리'로 바꾸었다.

18)《말의소리》에서는 단음인 홋소리와 합음인 거듭소리에 대하여 다음과 같이 정의하

그러나《소리갈》이나《말의소리》에 이르러서는 청탁과 관련한 언급이 모두 사라진다. 청음은 곧 단음이요 탁음은 곧 합음이라고 이해했던 자신의 생각이 잘못된 것임을 깨달았기 때문일 것이다. 〈한나라말〉에서 다음과 같이 언급한 것을 보면 이 무렵부터는 청탁의 개념을 정확히 파악하게 되었음을 알 수 있다.

> 漢文에 이러하게 다름을 갈르는 法은 그 첫소리 되는 붙음소리만 말하는 것이니 이를 淸濁이라하여 홋소리는 全淸이라 하고 섞임소리 곳 ㅎ가 겹친 것은 次淸이라 하고 짝소리 곳 같은 소리가 겹친 것은 全濁이라 하고 疑尼明微喩來日母는 不淸不濁이라 하는 네 가지의 다름으로 만들엇는데 〈普中親睦會報 제1호: 92, 전서 3: 262〉

청탁과 관련한 위의 기술은 아주 정확한 것인데, 위의 내용은 청탁을 단음, 합음의 개념으로 이해하려 했던 초기의 주시경 자신의 개념과는 전혀 다른 것이다. 따라서 여기에 이르러서는 청탁에 대한 그동안의 자신의 이해가 잘못된 것임을 깨닫고 이후부터는 청탁에 관한 언급을 제외시키게 된다.

단음과 합음의 구별에 있어서 모음의 경우에는 별다른 혼란이 없었다. 처음부터 일관되게 'ㅏ ㅓ ㅗ ㅜ ㅡ ㅣ'를 단음으로, 그밖의 것들은 모두 합음으로 보았다. 그는 'ㅐ'와 'ㅔ'까지도 각각 'ㅏ ㅣ', 'ㅓ ㅣ'의 합음으로 보았다.

였다.

홋소리의 뜻
　홋소리는 홀소리든지 닷소리의 둘로 난홀 수가 업는 것들이니라
거듭소리의 뜻
　거듭소리는 홀소리든지 닷소리의 둘로 둘이 더되는 소리로 난홀 수가 잇는 것들이니라

ㅏ ㅓ ㅗ ㅜ ㅡ ㅣ 이 여셧ᄌᆞ는 다시 나놀 슈 업시 슌일ᄒᆞᆫ 모음이요
ㅑ는 ㅣ ㅏ의 합음이요 〈국문문법 7ㄴ〉

ㅏ ㅓ ㅗ ㅜ ㅡ ㅣ는 단음(單音)이요 ㅑ ㅕ ㅛ ㅠ는 합음(合音)인ᄃᆡ

〈대한국어문법 28ㄱ〉

홋홀소리
ㅏ ㅓ ㅗ ㅜ ㅡ ㅣ 니라
거듭홀소리
ㅑ ㅕ ㅛ ㅠ ㆍ ㅐ ㅔ ㅚ ㅟ ㅘ ㅝ ㅙ ㅖ 의 다위들이니라

〈말의소리 ㄴ〉

그러나 자음에 대해서는 단음과 합음의 구별에 약간의 혼란이 있었다. 이러한 혼란은 그의 초기의 음학이 문자를 바탕으로 이루어진 데에 기인하는 것이었다. 처음에 그는 초종성통용팔자(初終聲通用八字)에 속하는 것들은 청음(단음)이요 초성독용팔자(初聲獨用八字)와 그밖의 것들(ㆆ, ◇)은 모두 탁음(합음)이라고 인식하였다.

ㄱ ㄴ ㄷ ㄹ ㅁ ㅂ ㅅ ㅇ 이 여덟 ᄌᆞ음은 슌일ᄒᆞᆫ 청음이니 국문ᄌᆞ음의 근본이니라
ㅋ ㅌ ㅍ ㅈ ㅊ ㅎ ◇ ㆁ ㆆ을 통히 탁음이라 ᄒᆞᄂᆞᆫ 것이니[19)]

〈국문문법 10ㄱ〉

그리고 그는 자신이 탁음이라고 인식한 이들 자음들이 각각 어떤 음과 어떤 음의 합음인지를 밝히려는 노력을 하였다. 그러나 'ㅋ ㅌ ㅍ

---

19) 여기에서 'ㅿ'이 빠진 것은 실수일 것이다.

ㅊ'이 'ㄱ ㄷ ㅂ ㅈ'과 'ㅎ'의 합음이라는 것은 쉽게 밝힐 수 있었지만 'ㅈ ㆁ ㆆ ㅎ ㅿ ◇'이 합음이라는 것은 쉽게 밝힐 수가 없었다.

그는 우선 이들 중에서 'ㅈ'과 'ㆁ'은 탁음이 아니라는 것을 깨닫게 된다. 'ㅈ'에 대하여 그는 그 모양이 'ㅅ'에 가획을 하였고 자회와 통석에 탁음편에 있는 것으로 볼 때[20] 'ㅈ'은 'ㅅ'의 탁음이라고 해야 할 것이지만, 그 음가로 보면 'ㅅ'의 탁음은 아니라고 하였다(국문문법 10ㄴ). 'ㆁ'에 대해서도 그 모양으로 보면 'ㅇ'의 탁음 같으나('ㆁ'은 'ㅇ'에 가획을 한 것이라고 보았기 때문인 듯하다) 실은 초성 'ㅇ'과 같은 소리라고 하였다(국문문법 11ㄱ). 즉 'ㆁ'도 탁음은 아니라고 본 셈이다. 'ㆆ'에 대해서는 아무런 설명도 없이《대한국어문법》에서부터 단음으로 분류하였다. 그 결과《대한국어문법》에 오면 자음에 대한 단음과 합음의 분류가 다음과 같이 달라진다.

> ㄱ ㆁ ㄷ ㄴ ㅂ ㅁ ㅈ ㅅ ㆆ ㅇ ㄹ 이 열ᄌᆞ는 淸音이요[21]
> ㅋ ㅌ ㅍ ㅊ ㅎ ㅿ ㄲ 등 ᄌᆞ들은 濁音이니라 〈대한국어문법 54ㄱ〉

> ㄱ ㆁ ㄷ ㄴ ㅂ ㅁ ㅈ ㅅ ㆆ ㄹ(ㅇ은 有若無니 여긔 더ᄒᆞ지 안이홈) 이 열ᄌᆞ는 淸音이니 다시 난홀 수 업시 純一ᄒᆞᆫ 單音이라 이 열ᄌᆞ가 모든 국문 子音의 근본이니라 〈대한국어문법 57ㄱ〉

자음의 단음을 11개라고 하였다가 10개로 한 것은 음가가 없는 'ㅇ'

20) 그는 初聲獨用八字를 탁음이라고 인식하였기 때문에 자회와 통석에서는 'ㅈ'이 탁음편에 있다고 이해하였다.

21) 'ㅇ'에 대해서는 다음과 같이 주를 달았다.

> ㅇ은 그 규모로만 여긔 청음이라 ᄒᆞ엿으나 ㅇ은 有若無라 아모 음이 업스니 청탁의 分別도 업ᄂᆞ니라 〈대한국어문법 54ㄴ〉

을 단음 목록에서 제외하였기 때문이다.

《국어문전음학》에 오면 'ㆆ'에 대하여 'ㅎ'보다 청(淸)하고 연(軟)한 소리인데 중국어에는 있는 음이지만 국어에는 없는 음이라고 하였다. 따라서 'ㆆ'은 국어 자음의 단음 목록에서 제외된다.

> ㆆ字는 ㅎ보다 淸ᄒᆞ고 軟ᄒᆞᆫ 音인ᄃᆡ 前에는 初聲을 ㆆ字로 記ᄒᆞᆫ 漢文字의 初聲은 應當 ㆆ로 發ᄒᆞ엿겟고 支那人은 ㆆ字의 初聲을 發ᄒᆞ는 字가 有ᄒᆞ나 國語에는 此音이 無ᄒᆞ니라 〈국어문전음학 24-5〉

'ㅎ'에 대하여는 《대한국어문법》(57ㄴ)에서 'ㆆ'과 'ㅎ'의 합음이라고 보았었다. 이는 'ㅎ'의 음가를 문자론적으로 해석한 결과였다. 그는 일찍이 문자 'ㅋ, ㅌ'은 'ㄱ, ㄷ'에 가획을 한 것인데, 'ㅋ, ㅌ'의 음가는 각각 'ㄱ+ㅎ, ㄷ+ㅎ'이라는 것을 알고 있었다. 그는 이 논리를 'ㅎ'에도 그대로 적용시켰던 것이다. 문자 'ㅎ'은 'ㆆ'에 가획을 한 것이다. 따라서 'ㅎ'의 음가는 그가 이해한 문자론적 논리로는 'ㆆ+ㅎ'일 수밖에 없었던 것이다. 그러나 음운론적 관점에서 보면 'ㅎ'이 'ㆆ+ㅎ'의 합음이라는 논리는 납득하기 어려운 것이었다. 이는 곧 'ㅎ'은 'ㅎ'이라는 말이 되어 'ㅎ'을 합음이라고 할 수가 없기 때문이다. 뿐만 아니라 실제의 언어 속에서 'ㆆ+ㅎ'이 'ㅎ'이 되는 예를 찾을 수도 없었다. 이러한 문제점을 스스로 간파한 주시경은 《고본말》에서부터는 'ㅎ'을 단음으로 보게 된다.[22)]

---

22) 'ㅎ'을 탁음(합음)이라고 할 수 없는 이유는 《고본말》(10ㄱ)에서 자세히 설명하였다.

> 訓民正音의 規模로 보면 ㅎ는 ㆆ ㅎ의 合音이라 ᄒᆞᆯ 터인ᄃᆡ ㅎ는 ㆆ에 ㅎ를 合ᄒᆞᆫ 소ᄅᆡ라 ᄒᆞ면 ㅎ가 ㆆ를 合ᄒᆞ여도 ㅎ란 말이니 곳 ㅎ가 ㅎ란 말이요 ㅋ를 分離ᄒᆞ면 ㄱㅎ가 되는 것과 달흔즉 ㅎ는 ㆆ보다 濁ᄒᆞ다고는 ᄒᆞᆯ지언정 무엇과 무엇의 두 소ᄅᆡ가 合ᄒᆞᆫ 것이라고는 ᄒᆞᆯ 수 없은즉 무엇의 合音이라 ᄒᆞᆯ 수 없고 淸音의 全淸이라고 ᄒᆞᆯ 수는 없으나 分離ᄒᆞᆯ 수 없으니 淸音에 列ᄒᆞᆷ이 便ᄒᆞ고 濁音이라 ᄒᆞᆯ 것이 업ᄂᆞ니라 또

'ㅿ'과 '◇'도 합음으로 본 것들인데 이들 역시 국어음에는 없는 소리들임을 확인하고서는 이들을 합음 목록에서 제외시켰다.

이렇게 하여 그는 'ㄱ ㄴ ㄷ ㄹ ㅁ ㅂ ㅅ ㅇ ㅈ ㅎ' 열 자음을 단음으로, 'ㅋ ㅌ ㅍ ㅊ' 네 자음을 합음으로 보게 되었다.

위에서 본 바와 같이 주시경은 국어의 자음과 모음을 각각 단음과 합음으로 분류하였는데, 그 중 단음을 음의 원소(原素 또는 元素)라고 하였다.[23]

> 우리글의 모음의 원소(原素)는 ㅏ ㅓ ㅗ ㅜ ㅡ ㅣ 이 여섯ᄌᆞᄲᅮᆫ이라
>
> 〈대한국어문법 50ㄱ〉

> ㄱ ㄴ ㄷ ㄹ ㅁ ㅂ ㅅ ㅇ ㅈ ㅎ 이 열ᄌᆞ는 國文 子音의 元素니 곳 清音

> ㅎ의 性質이 성기고 약ᄒᆞ여 달흔 子音과 連ᄒᆞᆯ ᄣᅢ에는 加疊되지 안코 先後分別없이 混合되ᄂᆞ니 이도 濁音이 안인 緣由니라 ᄯᅩ 訓民正音에 ㅎ를 竝書ᄒᆞ라 ᄒᆞ엿으니 이도 ㅎ가 實用은 清音되는 緣由니라

〈국문연구안〉(전서2: 107)에서도 ㅎ는 ㆆ보다는 濁한 音이나 實用으로 보면 濁音이라 할 수 없다고 하였다. 또한 〈국문연구안〉에서 다음과 같이 기술하기도 하였다.

> ㅎ는 清音이니 곳 分ᄒᆞᆯ 수 업는 單純ᄒᆞᆫ 音이요 其性이 疎虛ᄒᆞ여 他子音과 連發ᄒᆞᆯ 時에는 混合되는 音이라 〈'ㅈ ㅊ ㅋ ㅌ ㅍ ㅎ 初終聲 通用當否', 전서2: 275〉

23) '원소'라는 용어는 《대한국어문법》에서 처음 나타나는데, 이 '원소'에 대한 한자표기를 《대한국어문법》에서는 '原素'로 하다가 《고본말》부터는 '元素'로 바꾸었다.('原素'도 어쩌다 나타나기는 한다. 〈국문연구〉(15ㄱ)에 "國文은 … 音의 原素만 表別ᄒᆞᆫ 文字라"와 같은 예가 있다.) 《신학월보》(2:574)에 '원소(原素) Element of'와 같은 예가 나타나는 것을 보면 이 용어의 한자표기는 처음에 '原素'였다가 나중에 '元素'로 바뀌어 정착된 듯하다. 그리고 주시경도 이를 반영한 듯하다.

《말의소리》에서는 '元素'를 '고나'라고 하였다. '고나'의 뜻에 대해서는 '말의 소리의 늣'이라고 하였는데, 그 의미가 그리 분명치는 않으나 말소리의 최소 단위를 의미하는 것이 아닌가 여겨진다. 문법의 최소 단위에 대해서는 '늣씨'라는 용어를 사용하였다. '늣'의 의미에 대해서는 본서 '2.2.2. 형태론적 분석' 부분 참조.

이니라 〈고본말 8ㄱ〉

그리고 이러한 원소들이 상합(相合)하여 합음을 이루게 된다고 보았다.

此를 觀ᄒᆞ면 母音의 合音은 ㅏ ㅓ ㅗ ㅜ ㅡ ㅣ 六元素의 相合ᄒᆞ는 것이라 〈국어문전음학 29〉

이처럼 주시경은 자음과 모음에 대하여 더이상 나눌 수 없는 음의 원소를 분석해 내고서 나머지 음들은 이들 원소의 합성으로 설명하였다. 이것이 바로 자모의 분합이론(分合理論)인 것이다. 그는 음학에서 확립한 이러한 분합이론을 형태론과 통사론에서도 평행되게 적용시켰다(이병근 1985:34). 그 결과 그의 언어이론은 매우 체계적이게 되었던 것이다.

그런데 국어의 단음과 합음을 논의함에 있어서 그는 문자의 영향에서 완전히 벗어나지는 못하였다. 'ㅐ ㅔ' 등을 단음이 아니라 합음으로 보았다든가 된소리를 같은 소리의 중첩음으로 보았다는 점에서 그러하다. 그가 문자의 영향에서 완전히 벗어나지 못했던 것은 한편으로는 그의 음학이 문자 중심의 음학으로부터 출발했기 때문이기도 하고 다른 한편으로는 국어의 음을 설명하는 데 한글 자모를 이용할 수밖에 없었던 때문이기도 할 것이다[24].

그는 'ㅐ'가 'ㅏ'와 'ㅣ'의 합음이라고(바꾸어 말하자면 'ㅐ'가 'ㅏ'와 'ㅣ'로 분석될 수 있다고) 생각했기 때문에 '내다'를 '나이다'로 분석하여 표기하기도 하였으며 된소리를 합음(겹자음)으로 보았기 때문에

24) 文字가 無ᄒᆞ면 子母를 說明ᄒᆞ기 不便ᄒᆞᆷ으로 國文의 子母를 下에 略陳ᄒᆞ여 普通의 子母ᄭᆞ지 解코자 ᄒᆞ노라 〈국어문전음학 7〉

어중(두 모음 사이)의 된소리 'ㄲ'을 'ㄱ $ ㄱ'으로 분리하여 표기하기도 하였다. 이런 점에서도 그의 음운이론은 그의 표기법과 밀접히 관련되고 있음을 알 수 있다.

2.1.4. 음운현상과 습관음

주시경은 국어의 음운현상을 '천연흔 형세' 또는 '음리(音理)'에 의한 것과 '국어의 습관(혹은 例習)'에 의한 것으로 구별하려 하였다. '천연흔 형세' 또는 '음리'에 의한 음운현상이란 음운론적 원리로 설명될 수 있는 것, 일반적이고 규칙적인 것을 의미했던 것으로 여겨지며 '국어의 습관'에 의한 음운현상이란 음운론적 원리로 설명되기 어려운 것, 특수하고 불규칙적인 것을 의미했던 것으로 여겨진다.[25] 물론 여기서 음운론적 원리로 설명될 수 있느냐의 여부는 주시경 자신의 기준에 따른 것이다. 그는 음(音)은 "天地에 自在"한 것이라고 보았으므로 천지에 자재한 음의 형세로 어떤 음이 변하게 된다면 그러한 음의 변화는 그로서는 언어 보편적인 현상이라고 생각할 수밖에 없었을 것이다.

주시경은 이처럼 음운현상을 언어 보편적인 것과 국어에 특수한 것으로 구분하고서[26] 언어 보편적인 것을 다시 접변과 접변이 아닌 것

25) 이기문(1981:161)에서는 '音理'란 '보편적인 음운규칙'을 가리킨 말이며 '국어의 예습'이란 '국어에 특수한 음운규칙'을 가리킨 말이라고 보았다. 정승철(2003ㄱ:45 / 2005:111)에서는 '天然흔 形勢'란 '일반적인 교체 방식'을, '國語의 習慣'이란 '일반적이지 않은 교체 방식'을 의미하는 것이라고 보았다.

26) 그러나 이러한 구분이 늘 분명했던 것은 아니다. 예컨대 '유기음/평음'의 중화, 즉 'ㅋ ㅊ ㅌ ㅍ'이 음절말 위치에서 'ㄱ ㅈ ㄷ ㅂ'으로 발음되는 것과 관련하여 "終聲으로 止하는 自然의 形勢로 ㅎ의 發함을 感得하기가 難한 緣故뿐 안이요 ㅎ를 들어나게 發할 수 없음이라"〈국어문법 22〉라고 하였으면서도 유기음의 평음화를 습관음

으로 구분하였다. 그가 인식한 접변이란 어떤 두 음이 만나게 되었을 때 그 두 음이 독자적으로 실현되면서 어느 하나가 변화를 입는 것이었다(후술 참조). 따라서 두 음이 한 음으로 축약되는 현상이나 두 음 중 한 음이 탈락하는 현상이나 휴지 앞에서 자음이 중화되는 현상은 접변에 포함될 수 없었다. 접변에 포함될 수 없는 이런 현상들을 그는 '홀소리와 닷소리의 잇는일', '닷소리에 첫과 긋이 다름'[子音 初終聲의 形勢]이라는 항목을 따로 설정하여 기술하였다. 그리고 앞에서 제시한 것과 같은 개념의 접변은 자음에만 있고 모음에는 없다고 보았기 때문에 접변이란 곧 자음접변을 의미하게 되었다

이상의 내용을 간단히 도표로 보이면 다음과 같다.

표 1.

<table>
<tr><td rowspan="4">음
운
현
상</td><td rowspan="3">보편적인 것</td><td>접변인 것</td><td>자음접변(닷소리의 잇어 박구임)
(자음동화, 경음화, 일부의 중화)</td></tr>
<tr><td rowspan="2">접변이
아닌 것</td><td>홀소리와 닷소리의 잇는 일
(축약, 탈락)</td></tr>
<tr><td>닷소리에 첫과 긋이 다름
(포괄적인 중화)</td></tr>
<tr><td>특수한 것</td><td colspan="2">습관음(익음소리)</td></tr>
</table>

(1) 자음접변

그가 언급한 음운현상 중에서 가장 대표적인 것은 잘 알려진 것처럼 자음접변(닷소리의 잇어 박구임)인데, 그는 자음접변을

(습관소리) 부분에서 다시 'ㅎ' 탈락의 예로(높고 → 놉고) 언급했다는 점에서 그러하다. '자연의 형세'로 그리 되는 것이라면 그것은 당연히 보편적인 현상이라고 보아야 했을 것인데, 이것을 습관음으로 보기도 했던 것이다.

子音이 서로 接連ᄒᆞ는 關係로 天然ᄒᆞᆫ 形勢가 잇어 變ᄒᆞ는 것들을 總稱ᄒᆞᆫ 것(고본말 12ㄴ)

子音이 相接ᄒᆞ여 發ᄒᆞᆯ 時에는 그 相接ᄒᆞ는 形勢로 自然히 變ᄒᆞ는 것
(국어문전음학 38)

이라고 정의하였는바, 이와 같이 음의 형세 또는 음의 이치(음리)에 따라서 자연히 변하는 자음접변은 어느 특정한 언어에서만 일어나는 현상이 아니라 언어 보편적인 현상이라고 생각할 수밖에 없었을 것이다. 그랬기 때문에 그는 어떤 언어에서 자음접변에 따라 발음하지 않고 본음대로 강발(强發)하는 것을 음리에 어긋나는 것이라고 하였던 것이다.

ㄴ이 ㄹ 우에서나 알에서는 ㄹ로 변홈 (본) 쳔千리里 팔八년年

歐洲말에 ㄴ音이 ㄹ을 맛나되 其 ㄴ을 억지로 발음홈으로 텬연ᄒᆞᆫ 리세를 잃더라 〈대한국어문법 63ㄴ〉

某〃 國에서 此等 接變을 흔이 本音대로 强發ᄒᆞ는 習慣이 有홈으로 音理에 違舛됨이 有ᄒᆞ되 我國의 接變을 聞ᄒᆞ고 도로혀 我國의 習慣인가 ᄒᆞ는 者가 有ᄒᆞ나 此 接變은 我國의 習慣이 안이요 音理에 自然ᄒᆞᆫ 形勢라 〈국문연구 66ㄴ〉

주시경이 자음접변으로 언급한 음운현상들은 오늘날의 관점에서 보면 자음동화(비음동화, 유음동화, 위치동화), 유음의 비음화, 경음화, 자음 앞에서의 중화에 해당하는 것들이었다. 이들에 해당하는 예들을 한둘씩만 들어 보면 다음과 같다. 예는《말의소리》에 제시된 것들이다.

〈비음동화〉

ㄱ가 ㄴ ㄹ ㅁ ㆁ 우에서는 ㆁ로 박구이나니라

ㅂ가 ㄴ ㄹ ㅁ ㆁ 우에서는 ㅁ로 박구이나니라

ㅅ ㄷ ㅈ ㅊ ㅌ가 ㄴ ㄹ ㅁ ㆁ 우에서는 ㄴ로 박구이나니라

〈유음동화〉

ㄴ ㄹ가 그 몬저와 나종을 엇더하게 서로 잇든지 ㄴ가 ㄹ로 박구이거나 ㄹ가 ㄴ로 박구이나니라[27)]

〈위치동화〉

ㅁ나 ㄴ를 ㄱ의 우에서 ㆁ로 박구어나임(삼개 → 상개, 손가락 → 송가락)

(그러나) 이는 다 저의 소리대로 나일 수가 잇는 것이라

〈유음의 비음화〉

ㄹ가 ㄹ ㅅ ㅎ 박에[28)] 모든 닷소리의 알에서는 ㄴ로 박구이나니라

〈경음화〉

ㄱ ㄷ ㅂ ㅅ ㅈ 가 엇더하게 잇든지 알에 것의 소리는 단단하니라

〈중화〉

ㄷ ㅅ ㅈ가 ㅎ의 박에 모든 닷소리의 우에서 잇어 날 때에는 서로 한가지니라

---

27) 여기에서는 생략되었으나 《고본말》(12ㄴ)에서는 'ㄹ'이 'ㄴ' 위에서 'ㄴ'으로 되는 예(ㄹ ㄴ → ㄴ ㄴ)가 국어에는 없음을 지적하였다. 주시경의 음운현상에 대한 관찰이 매우 치밀했음을 보여주는 일면이다.

28) 《말의소리》에서는 '밖'을 '박'으로 표기하였다.

주시경은 이처럼 국어에서 자음과 자음이 만날 때 일어나는 음운현상들을 자세히 관찰하여 기술하였다.[29)] 당시에 국어에 대하여 이만큼 깊이 있는 관찰을 하였다는 것은 놀라운 일이 아닐 수 없다.

그런데 주시경이 자음접변이라고 했던 현상들을 자세히 검토해 보면 그것들은 모두 (1) 두 자음이 만나게 되었을 때, (2) 그 두 자음이 독자적으로 모두 실현되면서, (3) 어느 한 자음이 변화를 입는(교체되는) 것들이라는 것을 알 수 있다. 따라서 그는 이러한 조건을 만족시키지 못하는 현상들은 자음접변이 아니라고 인식했던 것으로 여겨진다. 즉 앞에서 언급한 바와 같이 축약이라든가 탈락이라든가 휴지 앞에서의 중화 등은 자음접변이 아니라고 인식했던 것이다. 축약이나 탈락은 서로 만나는 두 음이 독자적으로 모두 실현되는 것은 아니기 때문에 접변이라고 할 수 없는 것들이고 휴지 앞에서의 중화는 두 자음이 만나서 일어나는 현상이 아니기 때문에 접변이라고 할 수 없는 것이라고 인식했던 듯하다.

(2) 홀소리와 닷소리의 잇는 일

이 항목은 다시 '홀소리의 잇는 일'과 '닷소리의 잇는 일'로 나누어지는데 우선 '홀소리의 잇는 일'에서는 두 가지를 언급하였다. 하나는 활음화에 의한 음절축약이고 다른 하나는 동일한 두 모음의 한 모음

---

29) 경음화와 관련하여서는 위에서 언급한 것(오늘의 관점에서 보자면 폐쇄음 다음에서의 경음화) 이외에 용언어간말음 'ㄴ ㅁ' 다음에서의 경음화와 관형사형어미 'ㄹ' 다음에서의 경음화도 언급하였다. '아기를 안고'의 '고'를 '꼬'로 발음함을 지적한 것이나(말의소리 ㄱㅈ), '물이 넘도록'의 '도'를 '또'로 발음함을 지적한 것(말의소리 ㄱㅈ), 그리고 '달 감(甘)'의 '감'을 '깜'으로 발음함을 지적한 것(고본말 52ㄱ)이 그러한 예에 해당한다. 그밖에《고본말》(52ㄱ)에서는 '팔도(八道)'를 '팔또'로 발음함도 언급하였다. 이상과 같은 사실들을 통하여 주시경이 국어의 음운현상들을 얼마나 철저하게 관찰하였는가를 알 수 있다.

으로의 축약이다. 전자의 예로서는 'ㅗ + ㅏ → ㅘ'(오아 →와), 'ㅣ+ㅓ → ㅕ'(그리엇다 → 그렷다) 등을 들었고 후자의 예로서는 'ㅗ + ㅗ → ㅗ'(그 사람이 오오 → 그 사람이 오)를 들었다. 후자는 축약이라기보다는 동모음(同母音)이 연속될 때 한 모음이 탈락하는 것인데 주시경은 동일한 두 모음이 합하여 하나의 모음이 되는 것으로 이해하였다.[30)]

그 사람이 **오아** 나를 보더라 할 말을 그 사람이 **와** 나를 보더라 하는 것은 **오**와 **아**가 서로 맞으매 거듭하여 **와**가 됨이오

나가 그림을 **그리엇**다 할 말을 흔하게 나가 그림을 **그렷**다 하는 것은 **리**의 ㅣ와 **엇**의 **어** 곳 ㅓ가 거듭하여 **렷**의 ㅕ가 됨이오

〈말의소리 ㅂ-ㅅ〉

그 사람이 **오오** 할 말을 흔하게 그 사람이 **오** 하는 것은 **오**와 **오**가 서로 맞으매 거듭하여 한 **오**가 됨이니 〈말의소리 ㅅ〉

위에서 볼 수 있는 바와 같이 주시경은 활음화에 의한 음절축약이나 동모음의 탈락을 두 개의 단음이 만나서 하나의 합음이 되는 것으로

---

30) 주시경은 두 모음이 합하여 한 모음이 된다고 보았기 때문에 이 합해진 음은 장음으로 실현된다고 인식하기도 하였다. 그는 '차-(冷) + -아 → 차아'가 '차'로 실현되는 것을 다음과 같이 기술하기도 하였던 것이다.

이는 차의 ㅏ와 間接 ㅏ가 相連ᄒᆞ매 ㅏ ㅏ 가 되니 ᄀᆞᆮ은 음이 相連ᄒᆞᆫ즉 其勢가 自然 連發ᄒᆞ기가 좀 거북ᄒᆞ여 잘못ᄒᆞ면 한 음이 되기가 쉬음으로 두 아를 合ᄒᆞ여 한 아 卽 차로만 쓰고 이 ㅏ 곳 차의 ㅏ音을 좀 길게 發ᄒᆞᄂᆞ니라 〈고본말 65ㄱ〉

그러나 《고본말》 이후에는 장음화에 대한 언급이 사라진다. 동일한 두 모음이 한 모음으로 합해진다고 하여 늘 장음화가 수반되는 것은 아니라는 것을 깨달았기 때문일 것이다.

생각하였다. 따라서 이것은 접변이 될 수는 없었던 것이다.

주시경은 음학 속에서 모음과 관련된 음운현상은 그리 많이 언급하지 않았다. 그러나 《고본말》의 '특별변법(特別變法)' 부분에서는 위에 제시된 것 외에 활음첨가(좋아 →조아 → 조와, 비어 → 비여, 때에 → 때예), 모음 '으'탈락(크어 → 커, 쓰어 → 써), 모음조화 등에 해당하는 현상들을 언급하기도 하였다.[31] 다만 이들은 《고본말》의 '특별변법' 부분에서 형태소의 이형태 교체와 관련하여서만 언급되었을 뿐이고 음학에서 다시 언급되지는 않았다. 이들 음운현상과 관련된 표기법의 문제는 본서 4.2.4.에서 다룰 것이다.

'닷소리의 잇는 일'에서 언급한 음운현상은 유기음화, 경음화, 자음군단순화 등에 해당하는 것들이다. 그는 '막히 → 마키'에서와 같은 유기음화를 "'ㄱ'과 'ㅎ'이 맞나매 'ㄱㅎ'이 합하여 한덩이의 거듭소리로 나는 것"이라고 보았다. 음운축약으로 본 셈이다. 이 유기음화 현상에 대해서는 일찍부터 인식하고 있었던 듯하다. 이미 《대한국어문법》에서부터 분명하게 언급하고 있다는 점에서 그러하다. '갓집 → 가찝'에서와 같은 경음화도 앞의 유기음화와 유사하게 설명하였다. 즉 "'ㅅ'과 'ㅈ' 이 맞나매 'ㅅ ㅈ'이 합하여 한덩이의 거듭소리로 나는 것"이라고 본 것이다. 그러나 이는 경음을 ㅅ계합용병서로 표기해 오던 표기법의 전통에 영향 받아 잘못 해석한 것이라고 해야 할 것이다. 사이시옷으로 인해서 후행 자음이 경음화하는 것은 사실이지만 위의 경우 'ㅅ'과 'ㅈ'이 합하여 'ㅈ'의 경음이 되는 것은 아니기 때문이다. 자음군단순화와 관련하여서는 '넓더라'가 'ㄹ'을 덜고 '넙더라'로 발음되기도 하고, 'ㅂ'을 덜고 '널더라'로 발음되기도 하는 경우를 들었다. 세 자음이 연속될 때 한 자음이 탈락되는 현상을 발견했던 것이다.

31) 이와 관련하여서는 정승철(2005:108-113)에서 이미 언급된 바 있다.

(3) 닷소리에 첫과 긋이 다름[子音 初終의 形勢]

주시경은 중화가 일어나는 두 가지 환경을 일찍부터 인식하고 있었다. 즉 중화가 자음 앞에서도 일어나고 휴지 앞에서도 일어난다는 사실을 파악하고 있었던 것이다.

> 웃ᄌᆞ의 죵셩이 말을 긋치고 옴기지 안이ᄒᆞᆯ ᄧᅢ와 ᄌᆞ음을 만날 ᄧᅢ에는 ㅅ ㄷ ㅌ ㅈ ㅊ ㅎ 등 ᄌᆞ가 셔로 분별업시 눌리기만 ᄒᆞ고 ㅍ는 ㅂ 곧고 ㄲ은 ㄱ 곧게 되나 모음을 만나 그 음이 련ᄒᆞ여 발ᄒᆞ면 다 각〃 본음을 들어내니 이러ᄒᆞᆫ 것은 텬연의 리셰라 〈대한국어문법 37ㄴ〉

위에서 "웃ᄌᆞ의 죵셩이 말을 긋치고 옴기지 안이ᄒᆞᆯ ᄧᅢ"란 바로 휴지 앞이란 의미가 될 것이고 "(웃ᄌᆞ의 죵셩이) ᄌᆞ음을 만날 ᄧᅢ"란 자음 앞이라는 의미가 될 것이다.《대한국어문법》에서는 이 두 경우의 중화를 한데 묶어서 접변 속에서 다루었다. 그러나 휴지 앞에서의 중화는 접변이라고 할 수가 없다는 것을 깨달아서인지《국어문전음학》에서는 이 중화를 '子音 初終聲의 形勢'라는[32] 항목을 따로 설정하여 다루었다. 물론 자음접변 항목에서는 중화가 전혀 언급되지 않았다. 그러다가《국어문법》에서부터는 자음접변 항목에서 일단 자음 앞에서의 중화('ㅅ ㄷ ㅈ'의 중화)를 언급한 다음 '子音(붙음소리) 初終의 形勢' 항목에서 다시 중화를 포괄적으로 언급하였다. 중화 중의 일부(자음 앞에서의 중화)를 자음접변으로 다시 인정한 셈이다.

한편 그는 중화를 세 가지로 구별하여 인식하였다. 즉 '마찰음/파찰

32) 원문에는 '子音 初聲의 形勢'로 되어 있으나 여기서 '初聲'은 '初終聲'의 잘못일 것이다. 〈국문연구〉에서는 '子音 初終聲의 形勢'라고 하였다. 한편《국어문법》에서는 '聲'자를 빼고 '붙음소리 初終의 形勢'라고 하였다.

음/폐쇄음'의 중화('ㅅ ㅈ ㄷ'의 중화)와 '유기음/평음'의 중화와 '경음/평음'의 중화를 구별하였다. '유기음/평음'의 중화에 대해서는 음절말 위치에 유기음이 오게 되면 자연의 형세로 그 유기음 속에 포함되어 있는 'ㅎ'이 발음될 수 없게 되는 것이라고 보았다. 말하자면 유기음을 '평음 +ㅎ'으로 재음소화하고서 음절말 위치에서 그 'ㅎ'이 탈락한다고 본 셈이다. 'ㅌ ㅊ'의 중화에 대하여는 'ㅌ ㅊ → ㄷ ㅈ → ㄷ'과 같이 두 단계의 변화를 상정하였다. '경음/평음'의 중화에 대하여는 '짝소리'가 '홋소리'로 되는 것이라고 이해하였다(ㄲ → ㄱ). 이상에서 설명한 중화 현상에 대하여 《말의소리》에서는 다음과 같이 서술하였다.

닷소리에 첫과 긋이 다름

ㅅ ㄷ ㅈ가 첫으로 남과 긋으로 남의 다름이 잇으니 첫으로는 저의 소리대로 나되 긋으로는 서로 한 가지로 나나니라 〈말의소리 ㄱㄴ〉

타 차의 ㅌ ㅊ도 저의 소리대로 나되 ᅟᅡᇀ ᅟᅡᆾ의 ㅌ ㅊ는 그 ㅎ는 들어나지 못하고 그 남아의 ᅟᅡᆮ ᅟᅡᆺ은 우에 풀이와 한 가지로 서로 다름이 업게 나나니라 〈말의소리 ㄱㄷ〉

짝소리는 첫으로는 둘이 다 들어나되 긋으로 맞히는 것은 홋소리로 나나니라 〈말의소리 ㄱㄷ〉

(4) **습관음**

국어의 습관음(말의 익음소리)으로는 두음법칙, 구개음화, 유음 'ㄹ' 탈락, 자음군단순화[33], 불규칙 활용에서의 음운탈락, 치찰음 다음에서

---

33) 자음군단순화는 '닷소리의 합성'(닷소리의 잇는 일) 부분에서 이미 다룬 바 있는데, 여

의 활음(반모음)탈락, 유성음 사이에서의 'ㅎ'탈락 등등에 해당하는 많은 현상들을 들었다.《말의소리》에서 언급한 예들을 대략 정리해 보면 다음과 같다.

1) 두음법칙

ㄹ을 ㅏ ㅓ ㅗ ㅜ ㅡ의 첫소리로 낼 때에는 ㄴ으로 바꿈

ㄴ이나 ㄹ을 ㅣ나 ㅑ ㅕ ㅛ ㅠ의 첫소리로 낼 때는 그 ㄴ이나 ㄹ을 발음하지 않음

2) 구개음화

ㄷ이나 ㅌ을 ㅣ의 첫소리로는 ㅈ ㅊ으로 바꿈

'길삼'을 '질삼'이라고 발음하기도 함

3) 유음탈락

'울는 아기'를 '우는 아기'라 발음함

'울지 말아라'를 '우지 말아라'라 발음하기도 함

4) 자음군단순화

'닭도'를 흔히 '닥도'라 발음함

'없고'를 '업고'로 발음함

5) 불규칙 활용의 자음 탈락

'춥으면'의 ㅂ을 발음하지 않음

'잇으면'의 ㅅ을 발음하지 않음

6) 치찰음 다음에서의 활음탈락

ㅑ ㅕ ㅛ ㅠ가 ㅅ ㄷ ㅈ ㅊ ㅌ 뒤에서는 ㅏ ㅓ ㅗ ㅜ로 바뀜

7) 유성음 사이에서의 'ㅎ'탈락

'많으면'을 '만으면'으로 발음하기도 함

기 '습관음'(말의 익음소리) 부분에서 이를 다시 언급한 것은 이 현상이 그럴 만한 이유가 있기는 하되 보편적인 현상은 아니라고 여겼기 때문인 듯하다.

'싫으면'을 '실으면'으로 발음하기도 함
'쌓으면'을 흔히 '싸으면'으로 발음함

이들 예를 통하여 주시경이 국어의 거의 모든 음운현상들을 발견해 내었음을 알 수 있다.[34] 습관음들은 그렇게 변해야 할 음운론적인 이유, 혹은 필연성이 없는 것이라고 인식했던 듯하며, 그렇기 때문에 이들 습관음들은 바로 잡아야 할 대상으로 인식하였다.

以上에 示한 習慣의 弊는 參酌하여 歸正할 바를 講究하고자 함이라
〈국어문법 24〉

그는 실제로 이들 습관음을 표기상에서는 대부분 '귀정(歸正)'하였다. 한자어 표기에서 두음법칙을 적용하지 않은 표기를 한다든가, 구개음화가 적용되지 않은 표기를 한다든가, 불규칙활용을 규칙활용과 동일하게 표기했다는 점에서 그러하다. 그러나 이 '귀정'이 발음까지

34) 음학 부분에서는 언급하지 않았지만, 그는 'ㄴ'첨가 현상도 발견하였다. 즉 명사와 명사가 결합할 때 선행명사가 자음으로 끝나고 후행명사가 'ㅣ'나 'ㅕ ㅑ ㅕ ㅠ'로 시작되면 'ㄴ'이 첨가된다는 것을 발견하였던 것이다. 이때의 'ㄴ'을 《고본말》에서는 선행명사를 관형사(형명체)로 만들어 주는 요소라고 보았다가 《국어문법》에 와서는 말의 버릇으로 들어가는 것이라고 보았다.

以下는 下名號의 初音은 ㅣ나 ㅣ合훈 母音 卽 ㅑ ㅕ ㅛ ㅠ ㅣ요 上名號의 末音이 子音이면 上名號 下에 ㄴ을 더ᄒᆞ어 形名體로 쓰는 것
부억ㄴ일, 비단ㄴ이불, 솜ㄴ이불, 겹ㄴ이불, 갓ㄴ일, 방ㄴ일, 눈ㄴ약 …… 〈고본말 36 ㄱ-ㄴ〉

흙일로 가을일 까지는 알에 임기는 ㅣ나 ㅣ가 몬저 아우른것 곳 ㅣ ㅑ ㅕ ㅛ ㅠ로 첫소리가 됨이요 우에 임기는 붙음소리가 끗진것인데 말에 버릇으로 우에 임기 알에 ㄴ을 더하여 부르는 것이라 우에 임기가 붙음소리가 안이라도 잇다금 ㄴ을 더하여 부름이 잇으니 나문잎이라 할 때가 잇음이라 〈국어문법 109〉

도 바로 잡는다는 의미인지는 명확하지 않다. 예컨대 'ㅂ'불규칙의 경우 '더우니'를 '덥으니'로 표기하고서 '덥'의 'ㅂ'에 사선을 그었는바, 이는 실제 발음에서는 'ㅂ'이 발음되지 않고 탈락한다는 의미였을 것이다. 그러니까 표기는 '덥으니'로 하되 발음은 '더브니'로 하지 않고 '더으니'로 한다는 의미였을 것이다. 그렇다면 이는 발음까지를 귀정한 것은 아닌 셈이 되는 것이다.[35] 이와 관련하여서는 표기법 부분에서 다시 언급하게 될 것이다.

(5) 음운현상에 대한 설명

한편 그는 음운현상을 기술하는 차원에서 그치지 않고 그러한 음운현상이 일어나는 이유(형세)까지도 설명하려 노력하였다. 예컨대 'ㅁ'이 'ㄱ' 위에서 'ㅇ'으로 변하는 것과 관련하여 그 'ㅁ'이 본음으로 발음될 수도 있지만 'ㅇ'으로 발음되는 것은 말소리가 잘 이어지게 하려는 것이라고(말의소리 ㄱㅇ) 하였다. 또한 중화, 경음화, 'ㄷ ㅅ ㅌ ㅈ ㅊ'이 'ㄴ ㄹ ㅁ'위에서 'ㄴ'으로 변하는 현상에 대하여는 다음과 같이 설명하기도 하였다.

> ㅅ ㄷ ㅈ를 첫소리로 비롯아 사다자라 할 때에는 저마다 저의 소리대로 들어나되 긋소리로 맞히어 ᄉᆞᆺ ᄃᆞᆮ ᄌᆞᆽ 이라 할 때에는 서로 한 가지니 이는 ㅅ ㄷ ㅈ 의 소리를 나이랴고 혀를 붙힐 때에는 다 한 가지로 하고 뜨일 때에는 다 다르게 하는지라 사 다 자 의 ㅅ ㄷ ㅈ 는 첫소리로 붙히엇던 혀를 그 담에 잇는 ㅏ를 나이랴고 뜨일 때에는 서로 다 다르게

---

35) 그러나 다른 한편으로 주시경이 규칙적인 언어를 지향했다는 점에서 보면 나중에는 아예 발음까지도 규칙적인 것으로 바꾸려 했던 것은 아니었을까 하는 생각이 들기도 한다.

함으로 사 다 자의 다름이 이 한 일에 잇고 갓 갇 갖의 ㅅ ㄷ ㅈ는 혀를 붙히기만 하고 뜨이지는 아니함으로 한 가지가 됨이 이 가닭이니라 〈말의소리 ㄱㄴ-ㄱㄷ〉

ㄱ ㄷ ㅂ ㅅ ㅈ 五字는 如何히 相連하든지 下字의 發音은 얼마큼 重한 듯하니 그 連함이 他字가 連合함에 比하면 最密한 故로 上音의 形勢를 下音이 蒙被하는 緣故라 〈국어문법 20〉

ㅌ는 ㄷㅎ의 合音이니 그 알에 ㄴㄹㅁ이 連ᄒᆞ면 ㄷㅎㄴ, ㄷㅎㄹ, ㄷㅎㅁ이 될 터인ᄃᆡ ㅎ가 柔疎ᄒᆞᆷ으로 ㄴㄹㅁ에 連ᄒᆞ여서는 잘 나타나지 안코 흔이 없어지ᄂᆞ니라 ㅎ가 나타날지라도 ㄷ은 다 ㄴ으로 變ᄒᆞᄂᆞ니 이는 ㅎ의 性質이 弱ᄒᆞ여 ㄴㄹㅁ에 混合될 ᄲᅮᆫ더러 ㄴㄹㅁ의 音은 强ᄒᆞ여 ㄴㄹㅁ의 權勢가 ㅎ를 壓縮ᄒᆞ고 ㄴㄹㅁ의 음이 主張됨으로 그 우에 ㄷ을 ㄴ으로 變ᄒᆞ여 주ᄂᆞ니라 〈고본말 12ㄴ〉

위의 인용문들을 통해서 우리는 주시경이 중화, 경음화, 자음동화 등이 일어나는 음리를 설명하려 애쓰고 있다는 것을 알 수 있다. 파열음과 파찰음의 조음방법상의 차이를 파악하고서 중화가 음절말 위치에서의 미파화의 결과라는 사실을 인식하였다는 것이 놀랍고 'ㄴㄹㅁ'은 강하여 'ㅎ'을 압축해 버리고 결국은 선행하는 'ㄷ'을 'ㄴ'으로 변하게 한다는 설명이 흥미롭다. 후자에서는 자음의 강도에 대한 인식이 엿보인다.

2.1.5. 본음과 임시의 음

'본음(本音)'과[36] '임시의 음(臨時의 音)'이란 개념은 주시경의 음학에서 가장 독창적인 것으로 평가받기도 한 것인데(이기문1976: 57, 이기문1981:160), 특히 본음이라는 용어가 많은 관심을 받았다. 그러나 주시경이 여러 곳에서 여러 경우에 사용했던 이 용어의 개념을 세밀하게 검토한 경우는 거의 없었다. 이에 필자는 송철의(2008)에서 주시경이 사용했던 본음이라는 용어에 대하여 그 개념과 유래와 표기법과의 관계 등을 정밀하게 검토해 본 바 있다. 따라서 본음과 관련된 자세한 내용은 거기로 미루고 여기에서는 개략적인 내용만 발췌하여 제시하기로 하겠다.

본음이라는 용어는《국문문법》에서부터 나타나기 시작하는데, 주시경은 이 용어를 기본적으로 공시적인 음운론적 교체와 관련하여 음소를 대상으로 사용하였다. 다음과 같은 경우가 이에 해당한다고 할 수 있다.

ㅁ이 ㄱ 우에셔는 혹 ㅇ으로 변ᄒᆞᄂᆞ니 이는 속에셔 이러케 ᄒᆞᄂᆞᆫ 것이요 자연ᄒᆞᆫ 형셰는 안이니[37] 본음ᄃᆡ로 말ᄒᆞᆯ 수 잇ᄂᆞ니라 〈국문문법 13ㄱ〉

食之라 ᄒᆞ는 國語 먹는이 멍는으로 發ᄒᆞ되 食則이라 ᄒᆞ는 먹으면이 머그면으로 發ᄒᆞᆷ을 觀ᄒᆞ면 食이라 ᄒᆞ는 말의 終聲의 本音이 ㅇ이 안이요 ㄱ인 줄로 知ᄒᆞᆷ과 如히 〈국문연구 89ㄱ〉

ㅅ ㄷ이 初聲으로 사 다라 ᄒᆞᆯ 時에는 各各 本音대로 發ᄒᆞ되 終聲으로

---

36)《소리갈》에서부터는 '본음'이라는 용어를 '저의소리'로 대치하였다.

此는 本音대로 發할 수 잇는지라 〈조선어문법(초판) 20〉
이는 다 저의소리대로 나일 수가 잇는 것이라 〈소리갈 3ㄴ〉

37) 여기서는 'ㅁ'이 'ㄱ' 위에서 'ㅇ'으로 되는 것이 '자연한 형세'는 아니라고 하였으나《대한국어문법》에서부터는 이것도 얼마큼 그렇게 변할 만한 형세가 있는 것이라고 하였다.《대한국어문법》(63ㄴ-64ㄱ),《고본말》(12ㄴ-13ㄱ),《국어문전음학》(38) 등 참조.

止ᄒᆞ여 ᄉᆞᆺ ᄂᆞᆫ이라 ᄒᆞᆯ 時에는 ㅅ이 ㄷ과 同ᄒᆞ고 ㄷ이 ㅅ과 同ᄒᆞᆷ 〈국어문전음학 40〉

이러한 본음의 개념은 음운현상 또는 음운교체를 기술하기 위한 기본 전제가 되는 것이라는 점에서 중요하다. 본음의 개념이 없다면 어떤 음이 어떤 음으로 변한다는 기술을 할 수 없을 것이기 때문이다(이기문 1981:160 참조).

본음이 '교체되기 전의 본래의 음'을 지칭하는 것이라면 당연히 교체된 음을 지칭하는 용어도 필요하였을 것이다. 바로 이 교체된 음을 그는 '임시의 음'이라고 하였다.

또 如此ᄒᆞᆫ 境遇에는 臨時의 音이나 相同ᄒᆞ다고 ㅅ으로만 記ᄒᆞᆷ은 〈국문연구 89ㄴ〉

百年을 臨時의 音으로는 빙년이라 發ᄒᆞ되 빙년으로 書치 안코 빅년으로 書ᄒᆞ여 本體를 存ᄒᆞᆷ과 如히 ㅅ ㄷ 의 終聲도 我國言語의 本音을 依ᄒᆞ여 書ᄒᆞᆷ이 可ᄒᆞ니라 〈국어문전음학 55〉

주시경은 어떤 음운현상을 기술할 때에 흔히 "X가 Y의 환경에서 Z로 變하나니라(變하여 發하나니라)"와 같이 표현하였는바,

ㄱ이 ㄴ과 ㄹ과 ㅁ과 ㅇ 上에서 ㅇ으로 變하나니라

ㅁ 이 ㄱ 上에서는 音에 단련하지 못하면 흔하게 ㅇ으로 變하여 發하되 〈조선어문법(재판) 20〉

이런 점을 고려한다면 '본음'에 대응되는 용어로서는 '변음(變音)'이라는 용어를 생각하였을 법도 한데 '변음'이라는 용어보다는 '임시의

음'이라는 용어를 주로 사용하였다.[38] 이는 아마도 '변음'이라는 용어로써는 자신이 의도한 개념을 정확히 나타낼 수가 없다고 판단했기 때문일 듯하다. 주시경이 인식한 '임시의 음'이란 '본음이 발화상의 특정 환경에서 변화를 입어 임시로 실현되는 음' 정도가 아니었을까 추정되는데, '변음'이라는 용어로써는 이런 개념을 담아낼 수 없다고 판단했을 법하다.

주시경은 이처럼 '본음'과 '임시의 음'이라는 개념을 정립함으로써 국어의 음운현상들을 제대로 인식하고 기술할 수가 있었던 것이다. 이런 점에서 본음과 임시의 음이라는 개념은, 그 중에서도 특히 본음이라는 개념은 주시경의 음학에서 매우 중요한 것이라 하지 않을 수 없다.

그런데 주시경은 위와 같은 개념으로만 본음이라는 용어를 사용하지는 않았다. 본음이라는 용어로써 지칭하려 한 대상이 음소만이 아니라 음절인 경우도 있고 단어(여기서는 주시경이 상정한 개념으로서의 단어를 뜻한다)인 경우도 있으며, 공시적인 현상과 관련해서만 사용한 것이 아니라 통시적인 현상과 관련해서도 사용했다는 점에서 그러하다. 지금까지의 주시경의 본음에 대한 논의들에서는 이런 점들을 간과했던 것이 아닌가 한다.

본음이라는 용어를 음절이나 단어를 대상으로 쓴 경우를 둘씩만 들어 보면 다음과 같다.

> 이는 ᄂᆞ의 본음을 닞고 나로 긇읏 봄이로되 〈대한국어문법 28ㄱ〉
>
> 百에 姓을 連ᄒᆞ여 讀ᄒᆞ면 빙셩이라 ᄒᆞ지 안코 빅셩이라 ᄒᆞ니 此는 百

---

38) '變音'이라는 용어를 더러 사용하기는 하였다.《국문문법》에서 자음접변을 '相接變音'이라 한 경우와 〈국문연구안〉(전서2: 141)에서 '我國習慣의 變音'이라 한 경우가 그러한 예이다.

의 本音이 빅인 緣由요 〈국문연구 82ㄴ〉

덮으면을 더프면으로도 記ᄒᆞ고 덥흐면으로도 記ᄒᆞ니 其連發音은 本語와 相同ᄒᆞ나 各個 本語의 本音은 더 덥이 안이라 덮이요 프면 흐면이 안이라 으면이니 不可ᄒᆞ며 〈국문연구 90ㄴ-91ㄱ〉

何國語를 何國文으로 記ᄒᆞ든지 其語의 本音으로 書ᄒᆞ고 〈국문연구 82ㄴ〉

주시경은 한자음을 언급할 때는 대개 음절을 대상으로 본음이라는 용어를 썼고 표기법을 언급할 때에는 단어를 대상으로 본음이라는 용어를 썼다. "各個 本語의 本音"에서의 본음은 단어를 대상으로 하여 쓴 것임에 틀림없다.

한편 주시경은 본음이라는 용어를 음운의 공시적인 교체와 관련하여서만 사용한 것이 아니라 통시적 변화와 관련하여서도 사용하였다.[39] 즉 어떤 음이 통시적 변화를 입었을 때 그런 변화를 입기 전의 원래의 음도 본음이라고 하였던 것이다. 특히 'ㆍ'와 관련하여 본음이라는 용어를 자주 사용하였다.

39) 주시경의 경우 공시적 교체와 통시적 변화의 구분이 그리 분명하지는 않았다. 그러나 양자를 구분하려는 인식이 없었던 것은 아니라고 여겨진다. 이기문(1981:158)에서는 주시경이 공시와 통시의 구별을 인식하고 있었던 것으로 믿어진다고 하였다.

〈한글 맞춤법 통일안〉(제4장 한자어 부분)에서는 한자음과 관련하여서만 본음이라는 용어를 사용하였는데 이때의 본음은 역시 통시적 변화와 관련된 것이라고 보아야 할 것이다. 주시경은 공시적인 것과 통시적인 것을 아울러서 본음이라는 용어를 사용하였는데 〈한글 맞춤법 통일안〉은 통시적인 것에 한해서만 본음이라는 용어를 사용한 셈이다. 주시경이 사용한 본음과 〈한글 맞춤법 통일안〉에서 사용한 본음의 개념 차이에 대해서는 안병희(2003ㄱ:21) 참조.

近來는 ᄂᆞ의 本音 卽 前音을 訛ᄒᆞ여 婦라 記ᄒᆞᆫ 며ᄂᆞ리를 讀ᄒᆞᆯ 時에는 며나리라 ᄒᆞ나 〈국문연구안, 전서2: 127〉

ㅏ와 ㆍ가 本音은 自別하나 現今은 無別하게 되였으니

〈고등국어문전 1: 18ㄱ〉

본음이라는 용어를 이와 같이 통시적인 변화와 관련시켜 사용할 때에는 그 대립적인 개념으로서 '임시의 음'이라는 용어를 사용하지 않았다.[40] 본음이라는 용어와는 달리 '임시의 음'이라는 용어는 공시적 교체와 관련하여서만 사용하였다. 음의 통시적 변화와 관련하여서는 '본음'이라는 용어 이외에 위의 인용문에서 볼 수 있는 바와 같이 '전음(前音)'이라는 용어를 사용하기도 하였고 다음과 같이 '원음(原音)'이라는 용어를 사용하기도 하였다.

ㆍ는 통셕 ᄶᅢ ᄭᆞ지도 원음ᄃᆡ로 옳게 알앗는ᄃᆡ 근ᄅᆡ붙어 긇읏 닑음인 줄 알겟도다 〈대한국어문법 33ㄱ〉

此로 ㆁ字 原音이 今用終聲 ㅇ音과 同ᄒᆞᆷ이 안이라 ᄒᆞ지 못ᄒᆞᆯ 바라

〈국문연구 32ㄴ〉

이상에서 논의한 바를 요약하자면 본음이란 기본적으로 공시적인 음운론적 교체와 관련하여 음소를 대상으로 사용되었지만 통시적 변화와 관련하여 사용되기도 하고 음절이나 단어를 대상으로 사용되기

40) 이런 경우의 본음에 대립되는 개념으로서는 '변음(變音)' 정도가 적당할 것이다. 다음과 같은 예가 이에 해당한다고 할 수 있을 것이다.

龍飛御天歌에도 ㅇ을 初聲으로 書ᄒᆞᆫ 것이 多ᄒᆞᆫᄃᆡ 다 有若無ᄒᆞᆫ 表가 되엇으니 此는 變音은 안이나 習慣이니라 〈국어문전음학 42〉

도 하였다고 할 수 있을 것이다. 요컨대 본음의 개념은 지금까지 우리가 이해해 온 것보다는 폭이 넓은 것이었다고 할 수 있는 것이다. 이에 비하여 '임시의 음'은 공시적인 교체와 관련하여서만 사용되었고 지칭하는 대상도 음소와 음절에 국한되었다.

그런데 여기서 한 가지 더 언급해야 할 것은 주시경이 기본적으로는 音[소리]과 문자를 구별하려 하였으면서도 실제로는 '言'과 '文'을 동일시한 경우가 많았고, 그러한 인식이 본음의 개념 속에도 들어 있다는 점이다. "國文의 發音은 곳 國語의 發音이요(국문연구 197)"라고 한 것이나 '동사, 형용사'에 해당하는 '동작(動作), 형용(形容)'을 '동작자(動作字), 형용자(形容字)'라 하기도 했던 것들이(본서 2.2.1. 참조) '言'과 '文'을 동일시한 예들이라 할 수 있겠는데, 같은 맥락 속에서 그는 음운론적 단위인 본음을 표기된 글자의 단위와 동일시했던 것이다. 그래서 결국 그의 본음의 개념 속에는 문자적인 개념도 포함되게 되었던 것이다. 문자적 관점에서의 본음이란 '고정된 자형(字形)'을 의미하는 것이었다고 할 수 있을 것이다. 표기법에 대한 설명에서 '洗雖'를 '씻어도'로 표기하면 본음대로 표기한 것이요, '씨서도'로 표기하면 본음대로 표기한 것이 아니라고 했던 것은 본음의 개념 속에 '고정된 자형'이라는 문자적인 개념도 포함되어 있었기 때문이었다. 그러니까 '洗'를 뜻하는 국어 단어의 본음은 음운론적으로는 /s'is-/이요 문자적으로는 고정된 자형 '씻-'인 것이다. 주시경이 사용한 본음이라는 용어의 개념 속에 이와 같이 '言'과 '文'의 개념이 모두 포함되어 있다는 것을 알지 않으면 주시경의 본음대로의 표기법이 정확히 무엇을 의미하는지 이해할 수가 없다.

끝으로 살펴 보아야 할 것은 '본음'이라는 용어의 유래에 관한 것이다. 주시경이 사용한 '본음'이라는 용어는 일반적으로 그가 창안한 용어인 것으로 인식되어 왔다. 그런데 안병희(1997: 주8)에서 주시경이 사용한 본음이라는 용어가 《훈몽자회》의 '諺文字母'에서 온 것일 가능성이 언급되었고 안병희(2003ㄱ:19-21)에서는 이 용어가 '諺文字母'에서 온 것이 분명한 것으로 생각된다고 하였다.[41] 그러나 주시경이《훈몽자회》를 직접 본 것은 1908년 말쯤으로 추정되는데[42] 1905년에 이루어진《국문문법》이나 1906년에 간행한《대한국어문법》에서 이미 본음이라는 용어가 나타나고 있으므로 본음이라는 용어가 언문자모에서 직접 왔다고 보기는 어려운 것이 아닌가 한다. 송철의(2008)에서 밝힌 바와 같이 본음이라는 용어는 전통 음운학에서 흔히 쓰여온 용어이다. 서너 예만 들어 보면 다음과 같다.

> 麽 本音모 俗用爲於助辭 音마 〈老朴集覽, 單字解 4ㄴ〉
>
> 馬矢曰通 猪矢曰苓而 人與鳥獸之矢 並呼屎 屎卽矢聲本音也 〈頤齋遺藁 25(雜著) 37ㄴ〉
>
> 凡諸全淸 以作終聲 而承以喩母 則本音生焉 如각아爲가가 갑아爲가바 〈諺文志 8ㄱ〉
>
> ハ ヒ フ ヘ ホ 五字난 他字下에 處하면 本音이 變하야 와 이 우 에 오가 되니 〈兒學編 '日本國文' 부분〉

따라서 본음이라는 용어 자체는 한자음과 관련하여 어렵지 않게 접했을 것으로 생각된다. 유희가《언문지(諺文志)》에서 "凡諸全淸 以作終聲 而承以喩母 則本音生焉 如각아爲가가 갑아爲가바"라고 한 내용은 주시경이《대한국어문법》(37)에서 "웃ᄌᆞ의 죵셩이 … 모음을 맛나

41) '諺文字母'에서는 한자(漢字)의 파음자(破音字)에 대한 권성을 설명하면서 '本音'[본뒷소리]이라는 용어를 사용하였다.

> ᄯᅩ 字들히 본뒷소릐 두고 다른 ᄠᅳᆮ 다른 소릐로 ᄡᅳ면 그 달이 ᄡᅳᄂᆞᆫ 소릐로 그 ᄌᆞᆺ귀예 돌임ᄒᆞᄂᆞ니
>
> 行(녈 ᅘᅵᆼ 平聲 本音) 行(져제 항 平聲) 行(ᄒᆡᆼ뎍 ᅘᅵᆼ 去聲)

42) 이기문(1976:66) 및 이기문 편(1976)의 '해설' 11쪽 참조.

그 음이 련ᄒᆞ면 각〃 본음을 들어내니"라고 한 내용과 매우 유사함을 알 수 있다.[43)]

그리고 《노박집람》에서 '麽'의 본음이 '모'라고 한 것이나 《이재유고》에서 '히(屎)'가 '시(矢)'의 본음이라고 한 것은 통시적 변화와 관련하여 본음이라는 용어를 사용한 경우이고 《언문지》에서 인용한 부분의 내용이나 《아학편》에서 인용한 부분의 내용은 공시적인 현상과 관련하여 본음이라는 용어가 사용된 경우라고 할 수 있을 것이다. 그 밖에 《언문지》에서의 본음은 음소를 대상으로 한 것이고 다른 경우들은 음절을 대상으로 한 것이라고 할 수 있을 것이다.

이상의 예들을 통해서 전통 음운학에서 본음이라는 용어가 흔히 사용되어 왔음을 알 수가 있다.[44)] 또한 이 용어가 음절을 대상으로 쓰이기도 하고 음소를 대상으로 쓰이기도 하였으며 공시적인 현상과 관련하여 쓰이기도 하고 통시적인 현상과 관련하여 쓰이기도 하였다는 것을 알 수가 있다. 그리고 이러한 용법(혹은 의미)들이 주시경의 본음에

---

43) 한택동(1998:183)에서는 주시경의 본음에 대한 견해가 유희의 연음법(위의 인용 부분)과 밀접한 관계가 있다고 보았다. 그러나 주시경이 《언문지》를 보았을지는 의문이다.

44) 지석영의 〈대한국문설(大韓國文說)〉에서도 '본음'이라는 용어가 보인다.

ᄀᆞᄂᆞᄃᆞᄅᆞᄆᆞᄇᆞ사ᄋᆞᄌᆞᄎᆞᄏᆞᄐᆞᄑᆞᄒᆞ 字로 言홀진ᄃᆡ 各其 本音이 有ᄒᆞ거늘
ᄀᆞᄂᆞ 等字의 各其 本音이 有홈은 推可知也로다
ᄀᆞᄂᆞ 等字가 世久訛傳ᄒᆞ야 本音을 失ᄒᆞ고 가나에 混同홈이 的確ᄒᆞ도다

또한 유길준의 《대한문전》에서도 역시 '本音'이란 용어가 보인다.

支音이라 ᄒᆞ는 者ᄂᆞᆫ 父音의 終止音이 子音의 下에 밧치어 生ᄒᆞ는 者이니 卽 俗語의 밧침이 是라 假令 각, 난
의 類니 즉 父音(ㄱ)의 初發音(그)와 母音(ㅏ)가 子音(가)ᄅᆞᆯ 成ᄒᆞ니 卽 本音이오 此에 父音(ㄱ)의 終止音(ᄋᆞᆨ)을 밧치어 (각)ᄋᆞᆯ 成ᄒᆞ니 卽 支音이라 (pp.9-10)

서 종합된 듯하다는 느낌을 지울 수 없다.

물론 주시경이 본음이라는 용어를 전통 음운학에서 가져왔다는 결정적인 증거는 없다. 그러나 본음이라는 용어가 전통 음운학에서 흔히 사용되어 온 용어라면 주시경이 한자와 한문을 배우는 과정에서, 또는 국어를 연구하는 과정에서 일찍이 본음이라는 용어를 접하였을 가능성은 배제할 수 없는 것이 아닌가 한다.

그러나 그렇다고 해서 본음의 개념과 관련하여 주시경의 독창성이 전혀 없었던 것은 아니다. 공시적인 음운교체와 관련하여 교체되지 않은 음을 '본음'이라 하고 이에 대응되는 개념으로 '임시의 음'이라는 개념을 정립한 것은 주시경의 독창성이 돋보이는 부분이라고 하지 않을 수 없다.

2.2. 형태론

주시경의 형태론적 인식 내용은 주로《고본말》과《국어문법》및 그 개정판들에 나타나 있다.《국어문법》을 중심으로 말하자면 '기난갈, 기갈래의 난틀' 등의 품사분류론 및 품사하위분류론과 '기몸박굼, 기몸헴, 기뜻박굼' 등의 단어형성론이 그의 형태론적 인식 내용을 보여주는 부분이라고 할 수 있다. 한편《말의소리》에서는 자신의 형태론적 인식 내용을 몇 가지 부호를 사용하여 실제의 문장에 일일이 표시함으로써 형태론적 분석의 실례를 보여주기도 하였다. 여기서는《고본말》,《국어문법》,《말의소리》를 중심으로 그의 형태론적 인식 내용을 살펴 보기로 하겠다.

2.2.1. 품사분류[45)]

주시경의 문법연구는 품사분류로부터 시작된 것이 아닌가 여겨진다. 《국문문법》의 '말' 부분이 품사분류에 해당하는 '언분(言分)'으로 시작되고 있다는 점에서 그러하다. 《국문문법》의 '언분(言分)' 부분에서 제시한 품사의 종류는 '명호, 형용, 동작, 간졉, 인졉, 경각, 죠셩'의 7가지였다.

언분(言分)

명호(名號), 형용(形容), 동작(動作), 간졉(間接), 인졉(引接), 경각(警覺), 죠셩(助成)

명호 : 각죵 물건들과 여러 가지 볼 수 업ᄂᆞᆫ 바를 일홈ᄒᆞ여 부르는 것
형용 : 형용ᄒᆞᄂᆞᆫ 것들
一 형명 : 명호를 형용ᄒᆞᄂᆞᆫ 것들
一 형동 : 동작을 형용ᄒᆞᄂᆞᆫ 것들
一 형형 : 형용을 형용ᄒᆞᄂᆞᆫ 것들(곳 형동이로되 쓰임만 갓지 아니 ᄒᆞᆷ)
간졉 : ᄒᆞᆫ 말이 달은 말을 이어지게 ᄒᆞᄂᆞᆫ 것들
인졉 : 명호 아ᄅᆡ 쓰ᄂᆞᆫ 것들인ᄃᆡ 동작을 인도ᄒᆞ여 되ᄂᆞᆫ 것을 가ᄅᆞ치ᄂᆞᆫ 것들
경각 : 무슨 의외에 감졍이 일어나 스ᄉᆞ로 놀나ᄂᆞᆫ 것
죠셩 : 명호나 동작이나 형용을 도아 한 말을 맛치ᄂᆞᆫ 것들
(참고: '동작'에 대한 설명은 누락되었다.)

45) 주시경의 품사분류체계의 변천에 대해서는 김민수(1977:82-85)에 잘 정리되어 있다.

위와 같이 '언분' 항목에서 품사의 종류(7품사)와 각 품사의 개념을 제시한 다음, '명호의 분별, 동작의 분별' 등의 항목에서 각 품사의 하위부류를 제시하였다.

'명호'는 명사에 해당하는 것이겠는데, 그것은 명사뿐만 아니라 대명사와 수사도 포괄하는 것이었다. 오늘날의 체언에 해당괄하는 품사였던 셈이다. '명호의 분별'을 보면 명호를 크게 '원명(原名)'과 '딕명(代名)'으로 나누고서 다시 하위분류를 하였는데, '원명'에는 일반적인 명사들이 제시되어 있고 '딕명'에는 '나, 너, 우리' 등의 대명사와 '하나, 둘' 등의 수사, '것, 줄' 등의 의존명사가 제시되어 있다.

형용은 형용사에 해당하는 것이겠으나 그 개념은 오늘날의 형용사와는 다른 것이었다. 관형사와 부사를 포괄하는 품사였다는 점에서 그러하다. 주시경은 그의 초기 문법에서는 '형용'이란 말을 매우 넓은 의미로 사용하였다. 상태를 진술하는 것뿐만 아니라 명사를 수식하는 관형어나 동사, 형용사를 수식하는 부사어들도 후행하는 단어를 형용하는 것이라고 보았던 것이다. 예컨대 '붉은 꽃'에서의 '붉은'은 명사 '꽃'이 어떠함을 형용하는 것이요, '빠르게 간다'에서의 '빠르게'는 '간다'라는 동작의 어떠함을 형용하는 것이며, '매우 붉다'에서의 '매우'는 '붉다'라는 상태의 어떠함을 형용하는 것이라고 이해하였던 셈이다. 그리하여 형용의 하위 부류로서 '형명, 형동, 형형'을 설정하였다. 물론 여기에는 서술어로 기능하는 형용(좋(다), 크(다) 등), 즉 '형용본체(形容本體)'가 추가되어야 하는데 《국문문법》에서는 이 용어가 등장하지 않는다. 그러나 그렇다고 해서 형용본체에 대한 인식이 없었던 것은 아니다. 위에서 '죠셩'을 "명호나 동작이나 형용을 도아 한 말을 맛치는 것들"이라고 정의하고 있는바, 여기서 죠셩(종결어미)의 도움을 받는 형용이란 서술어로 기능하는 형용, 즉 형용본체를 의미하는 것이기 때문이다.

'동작'은 동사를 지칭하는 것이었다. '간졉'은 대체로 연결사(連結詞,

연결어미)에 해당하는 것이고 '인접'은 조사에 해당하는 것이며 '죠셩'은 종결사(終結詞, 종결어미)에 해당하는 것이다. '경각'은 감탄사에 해당한다.

이 《국문문법》에서의 품사분류의 특징은 연결어미와 종결어미를 별도의 품사로 설정하고 있다는 점과 대명사와 수사를 명사에 포함시키고 있다는 점, 그리고 수식의 기능을 하는 관형사와 부사를 형용사에 포함시키고 있다는 점 등이다.

《고본말》은 산제본(刪除本)이어서 많은 내용이 빠져 있는데 '언분(言分)'에 관련된 내용도 '形容의 分別' 부분만 남아 있고 나머지는 모두 빠져 있다. 따라서 품사분류의 자세한 내용은 알 수가 없다. 그러나 '言體의 變法' 부분에서(다음의 [그림 1] 참조) 언어자(言語字)의 종류를 6체(六體)로 나누었음을 말하고서, 명호, 형용, 동작, 인접, 간접, 조성의 6품사를 제시하였는데 명호, 형용, 동작을 묶어서 '원체부(原體部),' 인접, 간접, 조성을 묶어서 '관계부(關係部)'라 하였다.[46] 그리고 '형용의 분별' 부분에서는 '형용'을 '형용본체(形容本體), 형명(形名), 형동(形動)'으로 하위분류하였다.[47]

이를 《국문문법》에서의 품사분류와 비교해 보면 품사에서 '경각'을 제외하였고, '형용'의 하위분류에서 '형용본체'를 추가하고 '형형'을 없앴다는 것을 알 수 있다. 형용본체의 예로서는 '좋다, 무겁다, 크다, 어질다' 등을 제시하였다. 이 형용본체는 우리가 일반적으로 알고 있는 바의 형용사에 해당하는 것이다.

여기에 와서는 형명과 형용본체의 개념을 분명히 구별하였다. 관형

46) 《고본말》(80ㄱ)에서는 관계부에 속하는 '인접, 조성, 간접'을 전에는 모두 '吐'라고 하였다는 사실을 언급하였다.

47) '언체의 변법' 부분에서는 '형동(形動)'을 '형성(形成)'이라는 명칭으로 바꾸었다.

形成은 卽 形動이요 〈고본말 30ㄴ〉

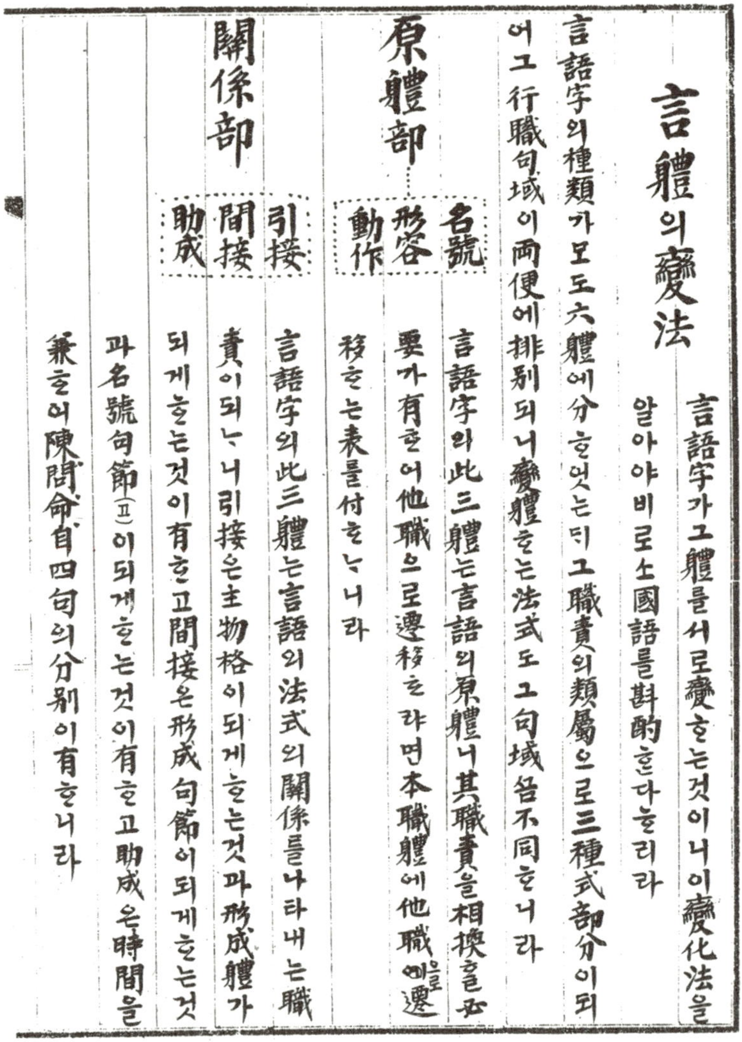
言體의變法

言語字가그體를서로變ᄒᆞ는것이니이變化法을 알아야비로소國語를斟酌ᄒᆞᆫ다ᄒᆞ리라

言語字의種類가모도六體에分ᄒᆞ엿는ᄃᆡ그職責의類屬으로三種式部分이되어그行職句域이兩便에排列되니變體ᄒᆞ는法式도그句域을不同ᄒᆞ니라

原體部 名號 形容 動作

言語字의此三體는言語의原體니其職責을相換ᄒᆞᆯ必要가有ᄒᆞ어他職으로遷移ᄒᆞᆯ라면本職體에他職으로遷移ᄒᆞ는表를付ᄒᆞᄂᆞ니라

關係部 引接 間接 助成

言語字의此三體는言語의法式의關係를나타내는職責이되ᄂᆞ니引接은主物格이되게ᄒᆞ는것과形成體가되게ᄒᆞ는것이有ᄒᆞ고間接은形成句節이되게ᄒᆞ는것과名號句節(표)이되게ᄒᆞ는것이有ᄒᆞ고助成은時間을兼ᄒᆞ어陳問命自四句의分別이有ᄒᆞ니라

[그림1] 〈고본말 29ㄱ〉

사와 형용사를 구별한 셈이다. 다음과 같은 형명에 대한 설명을 통해서 이를 알 수가 있다.

> 形名
>
> 名號를 形容흔단 말이니 엇더흔 名號란 말이요 名號가 엇더흐다는 것이 안이라 〈고본말 7ㄱ〉

《국문문법》에서와는 달리 위에서는 '형명'을 '엇더흔'에 해당하는 것이라고 하면서 '어떠흐다'에 해당하는 것은 '형명'이 아님을 분명히 하고 있다. 이는 결국 명사를 형용하는 것 중에서 수식어로 기능하는 것(형명)과 서술어로 기능하는 것(형용본체)을 구별한 것이라 할 수 있을 것이다.

'형형'을 없앤 것은 '형동'과의 차별성이 분명하지 않았기 때문일 것이다. 《국문문법》에서도 이미 형형에 대하여 "곳 형동이로되 쓰임만 갓지 아니 흠"이라고 덧붙인 바 있었다. 형형을 없애면서 형동에 대하여는 다음과 같이 기술하였다.

> 形動
>
> 動作을 形容흔다는 말인듸 動作만 形容흐는 것뿐 안이요 形容이나 形動도 形容흐는 것이니라 〈고본말 7ㄴ〉

이는 결국 형동이란 동사, 형용사, 부사를 수식하는 말이라는 의미가 될 것이다. 이것은 《국문문법》에서의 '형동'과 '형형'을 통합하고 거기에 부사 수식 기능을 추가한 것으로서 우리가 일반적으로 알고 있는 부사의 개념에 해당한다.

앞의 기술을 통하여 《고본말》 단계에 와서는 형용사(형용본체), 관형사(형명), 부사(형동)의 개념이 분명하게 정립되었음을 알 수 있다.

그러나 아직은 형용본체, 형명, 형동을 묶어서 '형용'이라고 보고 있으므로《고본말》에서의 품사체계는 6품사체계였다고 할 수밖에는 없다.

이《고본말》에서 한 가지 주목되는 것은 동사(오늘날의 개념으로는 동사어간)와 형용사(형용사어간)의 비자립적 특성을 언급하고 있다는 점이다.

> 動本은 動作字의 本體란 말이니 動作字는 本體대로만은 쓰임이 업고 形名 形動 成格(成格은 助成이나 間接이 附홈을 다 謂홈이라) 三種으로 쓰여지난딕 〈고본말 54ㄱ〉

> 形本은 形容字의 本體란 말이니 形容字는 本體대로만은 쓰임이 업고 形名 形動 成格 三種으로 쓰여지난딕 〈고본말 48ㄴ〉

위의 인용문들에서 '동작자의 본체'란 동사어간을 말하는 것이고 '형용자의 본체'란 형용사 어간을 말하는 것인데, 이들이 본체대로만은 쓰임이 없다는 것은 문장 속에서 홀로는 쓰일 수 없다는 것을 의미할 것인바, 이는 동사어간과 형용사어간이 자립적이지 못하다는 것을 인식한 것이라 할 수 있을 것이다. 그리고 이는 각 품사의 특성에 대한 인식의 일단(一端)이라 할 수도 있을 것이다.

《고등국어문전》에서는 9품사를 제시하였다.

> 名號 : 사람, 나무, 돌, 일, 아츰
> 動作 : 가, 날, 자, 먹
> 形容 : 크, 푸르, 적, 맑
> 形名 : 높은, 힌, 이, 그, 저, 한
> 形動 : 검게, 낮게, 다, 잘, 이리, 꼭
> 關聯 : 가, 이, 을,를, 로, 으로

接續 : 와, 과, 고, 면, 으면, 이면, 나, 거나, 아, 어

感動 : 하, 아, 어, 참, 허허

完句 : 다, 이다, 오, 소, 냐, 이냐, 아라, 어라, 게, 로다

위의 9품사는 《고본말》에서 제외시켰던 '감동'(감탄사)을 다시 추가하고, 형용의 하위부류이었던 '형용본체, 형명, 형동'를 각각 독립된 품사로 승격시킴으로써 이루어진 것이다. 여기서의 형용은 형용본체만을 의미하게 됨으로써 '형용'이 형용사에 해당하는 용어가 되었다. 그리고 여기에서는 '경각(警覺), 인접(引接), 간접(間接), 조성(助成)'이라는 용어 대신에 '감동(感動), 관련(關聯), 접속(接續), 완구(完句)'라는 용어를 사용하였다. 이렇게 용어를 바꿈으로써 품사명이 해당 품사의 문법적 성격을 좀더 잘 나타내 주게 되었다. 그러나 아직도 관형사에 해당하는 형명에는 동사와 형용사의 관형사형이 포함되어 있고 부사에 해당하는 형동에는 부사형이 포함되어 있다는 문제는 남아 있다.

《국어문법》에서는 품사명을 국어로 바꾸었다. 즉 앞에서의 9품사를 '임(명사), 엇(형용사), 움(동사), 겻(조사), 잇(접속사), 언(관형사), 억(부사), 놀(감탄사), 끗(종결사)'으로 바꾸었다. 그러나 내용에 있어서는 별다른 변화가 없었다. 이러한 품사체계는 《조선어문법》(재판)까지 계속되었다.

《말의소리》에 와서는 국어의 품사를 다시 6품사로 분류하였다. '임, 엇, 움, 겻, 잇, 긋'이 그것인데[48] 이 중 '임, 엇, 움'은 몸씨요, '겻, 잇, 긋'은 토씨라 하였다. 이러한 품사체계는 《고본말》에서 제시했던 품사체계와 외형상으로는 동일한 체계이다.[49]

---

48) 《말의소리》에서는 '끗'을 '긋'으로 표기하였다.

49) 내용상으로는 《고본말》에서의 '형용'과 《말의소리》에서의 '엇'이 같지 않다는 점에서 차이가 있다. 《고본말》에서의 '형용'은 '형용사, 관형사, 부사'를 다 포함하는 것이지만, 《말의소리》에서의 '엇'은 '형용사'만을 뜻하는 것이기 때문이다.

〈고본말〉		〈말의소리〉	
	名號		임
原體部	形容	몸씨	엇
	動作		움
	引接		겻
關係部	間接	토씨	잇
	助成		긋

이들 6품사를《국어문법》의 9품사와 비교해 보면 '언, 억, 놀'이 없어진 셈이다.[50] 아래에 제시된 예들에서 볼 수 있는 바와 같이 '언'으로 분류했던 '이, 그, 저'는 '임'에 소속시키고(③) '붉은'과 같은 관형사형은 '붉(엇) + 은(겻)'으로 분석함으로써(④) '언'이 없어지게 되었다. 그리고 이렇게 됨으로써 품사의 자격을 부여받지 못했던 관형사형 어미들이 '겻'이라는 품사의 자격을 부여받게 되었다. '억'으로 분류되었던 '매우, 잘' 같은 부사는 역시 '임'에 소속시켰으며(①) '곱게'와 같은 부사형은 '곱(엇) + 게(겻)'로 분석하였다(⑤). 그래서 부사형 어미 '-게'도 '겻'이라는 품사의 자격을 부여받게 되었다. '놀'로 분류되었던 '참, 아, 하' 등은 '임'에 소속시켰다(②,⑥).

씨난의 틀

임 : (보기) 사람, 나무, 돌, 뜻, 아츰, 나, 그, 너, <u>다, 더, 잘, 매우</u>①, <u>참, 아, 하</u>②

50) 이와 관련된 내용은 이병근(1985:43)에서 이미 언급한 바 있다.

씨난보기

그임 사람임 이겻 이임 아기임 가겻
③ ③

붉엇은겻 꽃임이겻 곱엇게겻 피움오긋
④ ⑤

아임 발서임 봄임이겻 되움어잇
⑥

그러나 명사형 어미 '-음, -기'는 여전히 품사의 자격을 부여받지 못하였다. 주시경은 '-음, -기'를 단어형성 요소로만 인식한 듯하다.

주시경이 《말의소리》에 와서 관형사와 부사를 국어의 품사체계에서 제외시킨 것은 다음과 같은 이유 때문이었을 것으로 짐작된다. 관형사를 제외시킨 이유는 첫째 그가 종래 관형사로 분류해 왔던 것들에서 관형사형들을 빼고 나면 관형사에 속할 단어의 수가 얼마되지 않았기 때문일 것이다. 둘째 그는 명사가 명사를 수식할 수 있다고 인식하고 있었으므로[51] 관형사를 명사로 통합시키더라도 그들이 다른 명사를 수식하는 기능을 갖는 것을 설명할 수 있다고 보았기 때문일 것이다. 부사를 제외시킨 첫 번째 이유는 관형사의 경우와 같다고 할 수 있다. 부사에서 부사형들을 빼고 나면, 게다가 '-게'부사형의 줄인

---

51) 다음과 같은 언급을 통해서 그러한 사실을 확인할 수 있다.

> 두 명호가 차서로 연ᄒᆞ어 놓이면 문법으로 상위 명호는 하위 명호를 형용ᄒᆞ는 형명체가 되는ᄃᆡ 〈고본말 33ㄱ〉

> 임기가 우 알에로 자리를 잇어지는 것은 우에 임기가 알에 임기의 언기가 되나니라 〈국어문법 98〉

> 그는 '모시옷'의 '모시'를 '언몸' 노릇하는 '임'이라고 하기도 하였다 (국어문법 106 참조).

형태라고 본 '-이' 파생부사들까지 빼고 나면[52] 순수 부사의 수는 얼마 되지 않는다. 두 번째 이유는 부사와 명사가 서로 통용되는 예들이 있다는 것을 알았기 때문일 것이다. 품사의 하위 분류를 자세히 검토해 보면 '다, 좀' 등은 명사와 부사 양쪽에 모두 포함시키고 있으며 '기몸박굼'에서는 '더, 다'를 부사로 취급하면서도 이들이 명사로도 쓰인다는 점을 부연하고 있다(국어문법 104). 이러한 사실을 근거로 그는 부사를 명사에 통합시키더라도 별 무리가 없을 것이라고 판단했을 가능성이 있다. 관형사, 부사의 경우와는 달리 감탄사의 경우에는 명사에 통합시킨 이유(혹은 근거)를 짐작하기가 어렵다. 이상과 같은 주시경의 품사 논의에서 형태론적으로 중요한 것은 몸씨와 토씨에 대한 분명한 인식을 하게 되었다는 것이다. 몸씨는 대체로 어휘적 요소에 해당하고 토씨는 문법적 요소에 해당하기 때문이다.

주시경의 품사 논의와 관련하여 한 가지 덧붙일 것은 그가 '동작, 형용'과 같은 품사명을 '동자(動字), 형자(形字)' 또는 '동작자(動作字), 형용자(形容字)'로 지칭하기도 했다는 점이다. 《대한국어문법》, 《국어문전음학》, 〈국문연구〉 등에서는 새받침을 가지는 어간의 예들을 제시하면서 그것들의 품사를 밝혀 주었는데, '명호(명사), 동작(동사), 형용(형용사)'을 각각 '명자(名字), 동자(動字), 형자(形字)'라 하였고 《고본말》에서는 가끔씩 '동작, 형용'이라는 용어 대신에 '동작자(動作字), 형용자(形容字)'라는 용어를 사용하기도 하였다(고본말 54ㄱ, 48ㄴ 참조). 이는 주시경이 언어와 문자를 동일시한, 혹은 혼동한 예가 될 것인데, 음운론에서 '國文의 發音은 곳 國語의 發音'이라고 인식했던 것과 동궤의 것이라 할 수 있을 것이다. 주시경은 음[소리]과 문자가 서

52) 주시경은 '-이'파생부사를 '-게'부사형의 줄인 형태라고 인식하였다.
혼히 : 이는 혼ᄒᆞ게의 、 거를 빼고 줄인 것이니 곳 혼ᄒᆞ게를 혼케로 줄인 것의 거를 또 뺀 것이니라 〈고본말 59ㄱ〉

로 다른 실체라는 것을 한편으로는 인식하였으면서도(본서 2.1.1. 참조) 다른 한편으로는 '言'과 '文'을 동일시하려는 경향을 보이었는데, 이는 '言'과 '文'은 반드시 일치하여야 한다는 그의 인식이 투영된 결과가 아닌가 여겨진다.

2.2.2. 형태론적 분석

《말의소리》에서 주시경은 세 가지 부호를 사용하여 각 문장을 하위 문법단위로 분석한 실례를 보여 주었다. 즉 '중권점(中圈點)', '우권점(右圈點)', 벌잇과 같은 부호를 사용하여 모든 문장을 일일이 분석하였던 것이다.[53] 이를 통하여 우리는 주시경이 인식한 문법단위가 어떤 것이었는지를 알 수가 있다. 우선 다음 62페이지의 [그림2]와 63페이지의 [그림3]을 보기로 하자. 우권점을 상권점으로 바꾸어 옮겨 보면 다음과 같다.

아기°를○ 안°고○ 젓°을○ 먹^이°오○
마루°를○ 닥°아라○
내°에○ 물°이○ 넘°도록○ 비°가○ 오°앗^다○

위의 예들을 통해서 중권점은 대체로 어절과 어절을 가르는 부호로 사용되었고(아기를-안고-젖을-먹이오) 우권점은 체언어간과 조사, 용언어간과 어미, 즉 몸씨와 토씨를 가르는 부호로 사용되었으며(아기-를, 안-고) 벌잇은 씨를 구성하는 하위단위인 늣씨와 늣씨를 가르는 부호로 사용되었음을(먹-이, 앗-다) 알 수 있다.

53) 이에 대해서는 이병근(1985)에서 핵심적인 내용이 언급된 바 있으며 유필재(1995)에서 구체적인 검토가 이루어진 바 있다.

ㄱ 첫소리를 엇던 때에서 ㄲ로나 일때가 잇으니

(보기) 아기를 안고 젓을 먹이오 할 말의 고를 꼬라 함의 다위라

ㄱ 끗소리를 ㄲ로나 임이 잇으니

(보기) 마루를 닥아라 할 말의 닥을 닦이라 함의 다위라

(잡이) 이런 것들은 끗소리가 ㄲ라 동할 만하니라

ㄷ 첫소리를 엇더 한데에서 ㄸ로나 일때가 잇으니

(보기) 내에 물이 넘도록 비가 오앗다 할 말의 도를 또로나 임의 다위라

ㅌ와 ㄷ를 끗소리로 두로 씀이 잇으니

[그림2] 〈말의소리 ㄱㅈ〉

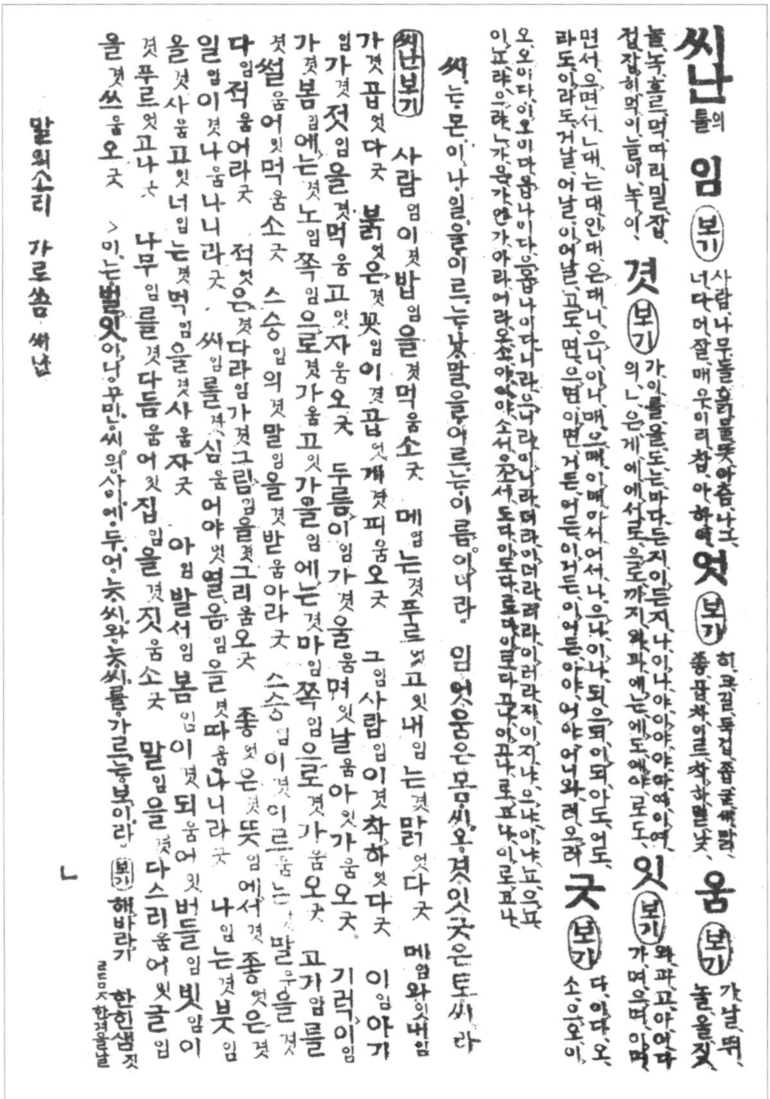

[그림3] 〈말의소리, 말의 소리夾ㅅㄴ〉

이를 보면 그는 하나의 문장을 우선 어절 단위로 분석하고, 그 어절 중 몸씨와 토씨로 이루어진 것들은 몸씨와 토씨로 분석한 다음, 그렇게 하여 분석된 씨들 중에서 다시금 분석이 가능한 것들은 늣씨로 분석하였다고 할 수 있겠다.

어절이라는 단위는 일찍이 국문전용의 글에서 띄어쓰기를 하면서부터 인식되었던 단위이다. 독립신문은 '귀절 띄어쓰기'를 하였는데, 여기서의 귀절은 대체로 어절에 해당하는 것이었다.

> 우리신문이 한문은 아니쓰고 다만 국문으로만 쓰는거슨 샹하귀쳔이 다보게 함이라 또 국문을 이러케 귀졀을 떼여 쓴즉 아모라도 이신문 보기가 쉽고 신문속에 잇는말을 자세이 알어 보게 홈이라 〈독립신문 창간호 논설〉

주시경은 분명히 어절에 대한 인식을 했음에도 불구하고 이를 지칭하는 용어를 따로 만들지는 않았다.

주시경의 형태론에서 기본이 되는 단위는 '씨'(단어)일 것이다.[54] 그가 설정한 '씨'라는 단위는 오늘의 관점에서 보면 단어라고 하기도 어렵고 형태소라고 하기도 어려운데 그는 영어의 'word'라는 말을 염두에 두고서 '씨'라는 단위를 설정한 것이 아닌가 여겨진다. 그는 '씨'를 다음과 같이 정의하였다.

> 씨는 몬이나 일을 이르는 낫말을 이르는 이름이니라
>
> 〈말의소리 '씨난의 틀'〉

54) 《국어문법》에서는 '기'라는 용어를 사용했다가 《조선어문법》(초판)부터는 '씨라는 용어를 사용하였다.

씨에 대한 이러한 정의로써 조사와 어미까지를 씨로 포괄할 수 있는지는 의문이지만 그는 조사와 어미에도 씨의 자격을 부여하였다. 곡용형을 어간과 조사로, 활용형을 어간과 어미로 분석하였던 그로서는 조사와 어미, 즉 토에도 무엇인가 문법적 자격을 부여해야 할 필요성을 느꼈을 것이다. 그러나 씨를 분석하는 일이 그렇게 단순한 것은 아니어서 특히 어미의 경우 씨의 자격을 부여하는 데 고민이 있었던 것으로 보인다. 예컨대 관형사형 어미의 경우 《조선어문법》(재판)까지에서는 씨의 자격을 주지 않았다가 《말의소리》에 와서 '겻씨'로 분류하였다든가 부사형어미 '아/어'는 잇씨로 보면서 '게'는 씨의 자격을 인정하지 않다가 역시 《말의소리》에 와서 겻씨로 보았다는 점에서 그러하다. 명사형어미에는 끝까지 씨의 자격을 부여하지 않았다.

주시경은 언어 단위들을 분석할 수 있는 데까지 분석하기를 즐겼다. 모음 'ㅐ'를 'ㅏ ㅣ'로 분석하고 'ㅋ'을 'ㄱㅎ'으로 분석하였듯이 그는 자신이 설정한 씨들을 더 작은 단위로 분석하였다. 여기서 나온 것이 '늣씨'이다. '늣씨'라는 용어는 《말의소리》에서 처음 등장하는데 씨를 분석하여 나오는 더 작은 단위를 지칭하기 위하여 이 용어를 사용하게 된 것이 아닌가 생각된다. '늣'이라는 말은 이미 음운론에서도 사용했던 말이다. 더 이상 분석되지 않는 음의 가장 작은 단위를 원소(元素/原素)라고 하였었는데, 《말의소리》에서는 이를 '고나'라고 하면서 이것을 '말의 소리의 늣'이라고 설명하였다.

여기서 '늣'이라는 말이 어떤 의미를 가지는 것인지는 아직 밝혀지지 않았는데 《한불ᄌᆞ뎐》에 등재된 다음과 같은 것이 주시경이 사용한 '늣'에 가장 가까운 것이 아닌가 싶다.

> 늣, NEUT,-SI. 木荀. Bourgeon d'arbre 〈한불ᄌᆞ뎐 283〉

'Bourgeon'은 '싹'을 의미하므로 'Bourgeon d'arbre'는 '나무의 싹'

을 의미한다고 할 수 있다. 그렇다면 이 '늣'은 '늣씨'의 '늣'과 의미가 상통하는 면이 있다고 할 수 있다. '나무의 싹'은 아직 나무는 아니지만 이것이 자라서 나무가 되듯이 '늣씨'는 아직 '씨'(단어)는 아니지만 늣씨가 결합하여 씨(꾸민씨[55])를 이루는 것이기 때문이다.

그는 '먹이, 묻엄, 막애' 등의 파생어를 분석하여 '이, 엄, 애' 등을 분리해 내고서 이들을 동사로부터 명사를 만드는 요소라고 보았는데 이들에는 씨의 자격을 부여하지 않았다. 따라서 이들은 그의 문법내에서 그 위치가 불분명하였다. 그가 설정한 어떤 문법개념에도 소속되지 않는 것들이었기 때문이다. 이런 문제점을 해소하기 위하여 등장한 개념이 '늣씨'라는 개념이었을 것이다. 물론 늣씨는 씨의 자격을 부여받지 못한 것들만을 지칭하는 용어가 아니고 꾸민씨의 구성요소를 모두 지칭하는 의미를 가지는 것이지만('먹이'에서 '먹'과 '이'는 모두 '먹이'를 구성하는 '늣씨'이다.) 본래는 씨의 자격을 부여받지 못한 요소들에 문법적 자격을 부여하기 위한 것이었을 것으로 추정된다. 형태론적 분석의 극치에 달했다고 하는 《말의소리》에 와서 이 용어가 등장하는 것도 우리의 추정을 뒷받침하는 것이 아닌가 한다.

주시경은 형태론적 분석을 함에 있어서 어느 한 요소가 분명하다 싶으면 다른 한 요소가 분명하지 않더라도 분석하기를 서슴치 않았다. '따로'를 '따'와 '로'로 분석하였다든지 '이러하-'를 '이, 러, 하'로 분석하였다는 점에서 그러하다. '따로'를 '따'와 '로'로 분석한 것은 잘못된 것인데, 그는 '따로'의 '로'가 조사 '-로'라고 인식하고서 이를 분석하였다. 이러한 분석은 잘못된 분석이기 때문에 당연히 '따'의 정체가 무엇인지는 알 수가 없었을 것이다. '이러하-'의 경우도 '이'와 '하'가 분명한 것이기 때문에 '러'까지도 분석한 것일 것이다. '러'의 정체가

55) 여기서 '꾸민씨'의 '꾸민'은 '組織된, 合成된'의 의미이다. 즉 '꾸민씨'란 '두 개 이상의 요소로 이루어진 씨'를 의미한다.

무엇인지도 역시 알지 못하였을 것이다. '러'의 정체는 아직까지도 분명하게 밝혀지지 않았다.

이상의 내용을 요약하자면 주시경은 하나의 문장을 어절로 분석하고 어절을 씨로 분석한 다음, 씨 중에서 분석이 더 가능한 경우에는 늣씨로 분석하였다고 할 수 있다. 그리고 문법연구의 결과로 얻어진 씨와 늣씨들을 독립시켜 표기하는 표기법을 지향하였던 것이다. 즉 주시경은 표기상에서 씨와 씨의 경계를 밝혀 적는 것은 물론이고 늣씨와 늣씨의 경계도 밝혀 적고자 하였던 것이다.

2.2.3. 원체와 본체

주시경은 원체(원톄 原體, 原體), 또는 본체(本體, 本體)라는 용어를 자주 사용하였는데, 형태론과 관련하여서는 두 가지 의미로 사용하였다. 하나는 음운론에서의 본음에 대응되는 것으로서 오늘날의 기본형에 가까운 의미로 사용하였다.

> 우리말의 음ᄃᆡ로 洗는 씻이요 (중략) 削은 깎이며 어도와 으면과 고와 는은 이 우 먹(喫)ᄌᆞ 줄에 ᄒᆡ셕ᄒᆞᆷ과 ᄀᆞᆮ이 다 각〃 그 뜻이 ᄌᆞᄌᆡᄒᆞᆫ ᄌᆞ어늘 그 원톄와 본음이 다 각〃 이러ᄒᆞᆫ 줄은 불계ᄒᆞ고 쇽에셔 긇읏 씀이 우에 렬록ᄒᆞᆷ과 ᄀᆞᆮ으니 〈대한국어문법 36ㄴ-37ㄱ〉

> 이 우에 법이라 ᄒᆞᆫ 줄은 어음과 본톄와 법식과 련독(連讀)ᄒᆞᆷ이 다 옳으나 쇽이라 ᄒᆞᆫ 줄에[56] 씨서도, 미더도, … 조하도류(類)는 련쇽ᄒᆞ는 음

---

56) 법(法)이라 한 줄과 속(俗)이라 한 줄의 예를 하나만 보이면 다음과 같다(p.130의 [그림 6] 참조).

은 옳으나 웃ᄌᆞ 죵셩을 알엣ᄌᆞ 초셩으로 옴겨서 씻은 씨가 되고 믿은 미가 되고 … 좋은 조로 변ᄒᆞ엿고 어도나 아도는 서도, 더도 … 하도로 변하엿으니 상하ᄌᆞ의 본음과 원톄를 다 잃고 그 본ᄌᆞ대로 각〃 쓰는 법을 잃음이요 〈대한국어문법 38ㄱ-ㄴ〉

닭도(雞亦)라 ᄒᆞ는 말과 밝는(明之)이라 ᄒᆞ는 말의 ㄹ을 發ᄒᆞ지 안이ᄒᆞ되 ㄹ도 記ᄒᆞ여 本體를 存ᄒᆞᆷ과 如히 〈국문연구안, 전서2 : 282〉

들은말

注意 들은 原體가 듯인ᄃᆡ 과거형명표 은과 장래형명표 을 우에는 들이 쓰이고 현재형명표 는 우에는 듯이 쓰여 듯는이 되ᄂᆞ니라 〈고본말 57ㄴ〉

맑아좋다

注意 **말가** 이는 맑아와 連讀ᄒᆞ는 音은 一般이나 形本 맑의 ㄱ을 間接아에 冠ᄒᆞ여 兩字의 本體를 다 變ᄒᆞ여 國語에 法이 없게 ᄒᆞ여 國語가 國語 노릇을 못ᄒᆞ게 ᄒᆞ니 甚히 올치 안이 ᄒᆞ니라 〈고본말 68ㄱ〉

위의 예들을 통해서 보면 주시경은 원체라는 용어와 본체라는 용어를 같은 의미로 사용하고 있음을 알 수 있는데, 이들 용어가 의미하는 바는 '어떤 어간이나 어미(주시경의 개념으로는 씨, 즉 단어가 될 것이다)의 본래의 형태'라 할 수 있을 것이다. 따라서 오늘날의 관점에서 본다면 그것은 형태소의 기본형에 가까운 개념이라 할 수 있을 것이다.

	洗雖	若	而	之
法	씻어도	씻으면	씻고	씻는
俗	씨서도	씨스면	씻고	씻는
	씻서도	씻스면	씻고	씻는

주시경은 바로 이 본체(또는 원체)대로의 표기법을 주장하였다. 이는 뒤에서 다시 언급하겠지만 본음대로의 표기법과 같은 것이다.

한편 이 원체와 본체라는 용어는 위와는 다른 개념으로 쓰이기도 하였다. 그러나 그런 경우가 흔하지는 않았다.

名號 形容 動作 言語字의 此三體는 言語의 原體니 〈고본말 19ㄱ〉

原形成本動作 原形成을 動作되게 ᄒᆞ는 것(形成은 卽 形動이요 原字 뜻은 그 本體가 原來 形成字요 他體字가 変ᄒᆞ어 形成軆字가 된 것이 안이라 ᄒᆞᆷ이라 〈고본말 30〉

위의 첫 번째 인용문에서의 '원체(原體)'는 원체부의 '원체'일 것인데, 원체부는 관계부에 대립되는 개념이며 《국어문법》의 '짬듬갈'에서 '줄기결'이라 번역된 것이다. 따라서 여기서의 원체는 '줄기' 즉 오늘의 관점에서 본다면 '어간(語幹)'에 해당하는 개념이라 할 수 있겠다. 두 번째 인용문에서의 본체(本體)는 변체(變體)에 대립되는 개념인데, 단어형성에 있어서 파생어의 어기를 의미하는 것이라 할 수 있겠다. 파생접사가 결합되어 변체(품사 전성)되기 전의 본래의 '軆'(또는 품사)를 의미한다고 할 수 있는 것이다. 예컨대 '먹이(飼料)'는 동사 '먹'에 '이'가 결합되어 명사로 '씨몸박굼'한 것이므로 '먹이'의 본체는 동사 '먹'인 셈이다.

2.2.4. 이형태에 대한 인식

주시경은 조사나 어미에 대하여 어간말의 음운론적 환경에 따라 달리 나타나는 형태들을 별도로 언급하곤 하였다. 즉 모음으로 끝나는 어간 뒤에 나타나는 형태와 자음으로 끝나는 어간 뒤에 나타나는 형태, 그리고 모음으로 끝나는 어간과 자음으로 끝나는 어간에 공통으로 나타나는 형태를 구별하여 언급하곤 하였던 것이다. 그러한 언급은 《국문문법》에서부터 나타나기 시작하는데, 《고본말》에서는 이를 '音下'라고 하였고 《국어문법》에서부터는 '소리 알에'라 하였다.[57]

〈국문문법〉 (14ㄱ)

가령 먹어도　먹으면　먹고　먹ᄂᆞᆫ

우리말에 먹은 (喫)ᄌᆞ와 갓ᄒᆞ니 그 ᄯᅳᆺ이 ᄌᆞ음이요 어도는 그 ᄯᅳᆺ이 (雖)ᄌᆞ와 갓고 으면은 그 ᄯᅳᆺ이 (若)ᄌᆞ와 갓ᄒᆞ니 다 ᄌᆞ음 알에 쓰ᄂᆞᆫ 것이요 고는 그 ᄯᅳᆺ이 (而)ᄌᆞ와 갓고 ᄂᆞᆫ은 그 ᄯᅳᆺ이 (之)ᄌᆞ와 갓ᄒᆞ니 다 ᄌᆞ모음 알에 통용ᄒᆞᄂᆞᆫ 것이라

〈고본말〉 (80ㄴ-83ㄱ)

音下

ᄀᆞᆮ은 ᄯᅳᆺ ᄀᆞᆮ은 法으로 쓰여지는 것이로되 웃 名號 末音이 母音인지 子音인지 相關ᄒᆞ여 母音下에 쓰여지는 字를 子音下에 쓸 ᄯᅢ에는 母音을 首加ᄒᆞ여 쓰는 分別이 잇음으로 音下의 分別로 볼 수밖에 없ᄂᆞ니라

母音下 (例) 로(나무로, 조히로) 조히는 母音 ㅣ가 末音된 名號요 로는 그 알에 쓰여진 引接

子音下 (例) 으로(붓으로) 붓은 子音 ㅅ이 末音된 名號요 으로는 그 알에 쓰여진 引接

注意 子音이 末音된 알에 로로 바로 쓰면 接變의 形勢가 싱기겟는 故로 ㅡ를 더ᄒᆞᄂᆞ니라

57) 이와 관련하여서는 김민수(1977:133-4), 정승철(2005:101) 등에서도 언급된 바 있다.

子母音不問[58] (例)에 (조히에/ 븟에)

가/이 : 가는 單字로 母音下에 쓰이는 專制格되는 格表引接이니라

이는 우에 가와 ᄀᆞᆮ은 것인ᄃᆡ 子音下에 쓰여지는 것만 달흐니라

를/을 : 소가 ᄭᅩᆯ을 먹는다 - 을은 單字로 子音下에 쓰이는 專受格되는 格表引接이니라

배를 먹는다 - 를은 우에 을과 ᄀᆞᆮ은 것인ᄃᆡ 母音下에 쓰이는 것만 달흐니라

밸 먹는다 - 이는 배를의 르를 ᄲᅢ고 주려 쓰는 것이라

는/은 : 는은 格表引接이니 는은 母音下에 쓰이는 反格이요 은은 格表引接이니 子音下에 쓰이는 反格이니라

나는 간다　말은 달린다

난 간다 - 이는 나는의 느를 ᄲᅢ어 두 소ᄅᆡ를 한 소ᄅᆡ로 주린 것이니라[59]

〈조선어문법(초판)〉(106-110)

겻씨의 쓰이는 곳

一 **소리 알에** 읏듬소리와 붙음소리의 다름을 따르어 쓰이는 곳을 가르는 것

一 읏듬소리 알에 (본) 가, 를, 로, 는

一 붙음소리 알에 (본) 이, 을, 으로, 은

一 읏듬소리든지 붙음소리 알에 읏듬, 붙음 두 소리 알에 두로 쓰

58) 이는 자음으로 끝나는 어간이나 모음으로 끝나는 어간에 공통으로 쓰이는 형태를 말하는 것인데, 이를 '子母音下通用'이라 하기도 하였다. 예컨대 '먹게 만들다/가게 만들다'의 '게'에 대하여 그와 같이 설명하였다(고본말 69ㄱ).

59) 이런 예를 통하여 〈한글 맞춤법 통일안〉에서 '난'('나'의 주제격)과 '날'('나'의 대격)을 '나는'과 '나를'의 준말로 처리하게 된 것은 주시경에게서 비롯된 것임을 알 수 있다. 그러나 '난, 날'이 '나는, 나를'의 준말일 수 없음에 대하여는 송철의(1993) 참조.

는 것 (본) 도, 에

잇씨의 쓰이는 곳

一 소리 알에

一 읏듬소리 알에 (본) 와, 면, ㄴ데, 니

一 붙음소리 알에 (본) 과, 으면, 이면 은데, 인데, 으니, 이니

一 읏듬소리든지 붙음소리 알에 (본) 는데, 다가, 고, 그러함으로

끗씨의 쓰이는 곳

一 소리 알에

一 읏듬소리 알에 (본) 가오 오가 끗씨니 읏듬소리 ㅏ로 끗진 가 알에 쓰이는 것

一 붙음소리 알에 (본) 먹으오 으오가 끗씨니 붙음소리 ㄱ이 끗진 먹 알에 쓰이는 것

(잡이) 으오의 대로 소를 쓰어 흔이 먹소라 하나니라

一 읏듬소리든지 붙음소리 알에 (본) 가더라 먹더라 더라가 끗씨니 읏듬소리 ㅏ가 끗진 가와 붙음소리 ㄱ이 끗진 먹 알에 다 한 가지로 쓰이는 것

위에서 볼 수 있는 바와 같이 겻씨(조사), 잇씨(연결어미), 끗씨(종결어미)에 대하여는 어간의 음운론적 환경(어간이 모음으로 끝나는지 자음으로 끝나는지)에 따라 서로 다른 형태로 나타나는 예들과 그렇지 않은 예들을 열거하였다. 여기서 어간의 음운론적 환경에 따라 달리 나타나는 형태들을 따로 열거하였다는 것은 이들 형태들을 교체로 보지 않고 양쪽을 다 본체로 본 것이라고 할 수 있다. 즉 어느 한쪽을 기본으로 해서 다른 한쪽이 교체되는 것이라고 보지 않고 두 개의 형태 중 하나가 음운론적 환경에 따라 선택되는 것이라고 본 것이다. 그렇기

때문에 이들에 대해서는 본체를 하나로 잡으려는 시도를 하지 않았다. 그러나 이들이 "ᄀᆞᆮ은 ᄯᅳᆺ ᄀᆞᆮ은 法"으로 쓰이는 것들이라는 사실을 분명히 인식하고 있었으므로 이는 형태소의 이형태들에 대한 인식이었다고 해도 크게 잘못된 것은 아닐 것이다.

2.2.5. 조어법

조어법과 관련된 서술은 《고본말》의 '言體의 變法' 부분과 《국어문법》의 '기몸박굼, 기몸헴, 기뜻박굼' 부분에서 이루어졌다.

《고본말》에서 우선 주목되는 것은 "關係部는 變體함이 없다"는 언급이다(고본말 80ㄱ). 이는 관계부에 속하는 요소들, 즉 조사나 어미에서는 단어형성(품사전성)이 이루어지지 않는다는 것을 인식한 것이라는 점에서 주목할 만한 것이다.

주시경은 조어법을 하나의 단어가 다른 기능을 가지는 단어로 변화하는 것이라고 인식하였다. 그리고 이러한 변화법(단어형성법, 혹은 품사전성법)을 알아야 비로소 국어를 짐작할 수 있다고 하였다. 이는 조어법에 대한 이해가 국어를 이해하는 데에 매우 중요하다는 것을 언급한 것이라고 할 수 있겠다.

言體의 變法

言語字가 그 體를 서로 變ᄒᆞ는 것이니 이 變化法을 알아야 비로소 國語를 斟酌ᄒᆞᆫ다 ᄒᆞ리라 〈고본말 29ㄱ〉

原體部 … 名號 形容 動作

言語字의 此 三體는 言語의 原體니 其職責을 相換ᄒᆞᆯ 必要가 有ᄒᆞ어 他職으로 遷移ᄒᆞ랴면 本職體에 他職으로 遷移ᄒᆞ는 表를 付ᄒᆞᄂᆞ니라

〈고본말 29ㄱ〉

《고본말》에서 주시경은 분명하게 드러내지는 않았지만 조어법 부분을 크게 두 부분으로 나누려 했던 것이 아닌가 여겨진다. 즉 원체부에 속하는 단어들(명사, 형용사, 동사)의 조어법과 원체부에 속하지 않는 단어들(관형사, 부사)의 조어법을 구별하려 했던 것이 아닌가 여겨지는 것이다. '특별변법'을 포함하여 명사, 형용사, 동사에 대한 변법의 기술이 끝난 다음에

> 以上은 文法의 줄기를 차지ᄒᆞ는 字들이 其體를 서로 變ᄒᆞ는 것을 部分 삼아 辨明ᄒᆞᆷ이라 〈고본말 32ㄴ〉

라고 하고서 관형사(형명)와 부사(형성)의 조어법을 다루고 있다는 점에서 그러하다.

명사, 형용사, 동사의 경우에는 먼저 일반적인 조어법을 기술하고서 다시 '특별변법'이라는 부분을 두어 일반적인 변법(조어법)이라고 보기 어려운 예들을 다루었다.

명사 형성(명호되게 ᄒᆞ는 것)의 경우, 일반적인 조어법 부분에서는 '음, 기' 등의 명사형어미가 관여하는 경우나(검음, 검기) '이, 질' 등의 파생접미사가 관여하는 경우들(두루막이, 바ᄂᆞ질)을 기술하였고, '특별변법' 부분에서는 '이것, 그것, 큰것, 작은것' 등 관형사 또는 관형사형과 의존명사가 결합된 예들을 기술하였다.

형용사 형성(형용되게 ᄒᆞ는 것)과 동사 형성(동작되게 ᄒᆞ는 것)의 경우는 많은 것들을 일반적인 조어법 부분에서 다루고 특수조사에 해당하는 '는, 도, 만' 등이 관여한 경우만(크기는ᄒᆞ, 크기도ᄒᆞ, 크기만ᄒᆞ / 보기는ᄒᆞ, 보기도ᄒᆞ) '특별변법' 부분에서 다루었다. 주시경은 '는, 도, 만'과 같은 요소들은 품사를 변체시키는 요소가 아니라고 인식하고서 이러한 요소들이 관여된 경우를 특별변법 부분에서 따로 다룬 것이 아닌가 여겨진다.

검음

검은 形本이요 음은 子音이 씉진 形本에 더ᄒᆞ어 名號로 變ᄒᆞ게 ᄒᆞ는 것(形本은 卽 形用) 〈고본말 29ㄴ〉

일ᄒᆞ게ᄒᆞ

일은 名號요 ᄒᆞ는 그 名號 일에 더ᄒᆞ어 動作되게 ᄒᆞᆫ 것이요 게는 그 動作 일ᄒᆞ에 더ᄒᆞ어 形成되게 ᄒᆞ는 것이요 그 末 ᄒᆞ는 그 形成 일ᄒᆞ게에 더ᄒᆞ어 다시 動作되게 ᄒᆞ는 것 〈고본말 31ㄱ〉

사람스럽

사람은 名號요 스럽은 名號 사람에 더ᄒᆞ어 形本體되게 ᄒᆞ는 것 〈고본말 30ㄴ〉

벼룻물

上名號 벼루의 末音은 母音 ㅜ요 下名號 물의 初聲은 子音 ㅁ인ᄃᆡ ㅅ은 上名號 벼루에 더ᄒᆞ어 下名號 물의 所用이 무엇이라고 說明ᄒᆞ게 ᄒᆞ는 表 (벼룸물이라고도 ᄒᆞᆷ) 〈고본말 35ㄱ〉

먹게만들다

먹은 動本이요 만들다는 長語式으로 한 動作部 즉 成者部로 보는 것인ᄃᆡ 게는 子母音下 通用으로 動本 먹에 더ᄒᆞ여 그 動本 먹이 下動作部 만든다의 만드는 일이 엇더ᄒᆞ게스리 혹 엇더케 ᄒᆞ기 위ᄒᆞ여 만드는 것이라고 說明ᄒᆞ는 形成體로 變케 하는 것 〈고본말 69ㄱ〉

길이

길은 形本이요 이는 代名인ᄃᆡ 形本體 길ᄌᆞ가 그냥 '것'과 ᄀᆞᆮ은 代名 '이'를 形容ᄒᆞ는 形名體 노릇ᄒᆞ는것 〈고본말 49ㄴ〉

주시경은 어느 한 품사에 속하는 단어가 늘 그 품사로만 기능하는 것이 아니라 다른 품사로 전성되어 기능하기도 한다고 인식하였다. 예컨대 명사가 동사화할 수도 있고 동사가 명사화할 수도 있다고 본 것이다. 단 이러한 변화는 대개 본체에 어떤 요소가 더해져서 일어난다고 보았다. 형용사 '검'에 '음'이 결합되면 명사 '검음'이 되고 명사 '사람'에 '스럽'이 결합되면 형용사 '사람스럽'이 된다고 보았다. 오늘의 관점에서 보면 조어법에 드는 것이라고 보기 어려운 예들도 많지만 주시경의 관점에서는 이들이 모두 조어법의 범위에 드는 것들이었다고 할 수 있다.

《국어문법》에 와서는 '언체의 변법'을 '기몸박굼'이라 하였고《조선어문법》(초판)부터는 '기'를 '씨'로 바꿈에 따라 '씨몸박굼'이라 하였다. '씨몸박굼'에 대하여 그는 다음과 같이 설명하였다.

> 어느 씨든지 서로 박구어 쓰지 못하면 말(다)을 꿈일 수가 없음으로 각 씨의 결에를 서로 박구어 씀이 잇으니 이를 씨몸박굼이라 이름이라 〈조선어문법(초판) 112〉

그는 '짬듬갈'에서 여러 용어들을 만들어 제시하고 각각의 용어에 대한 설명을 베풀었는데, 위의 인용문 중 괄호 속에 제시한 '다'에 대하여는 다음과 같이 개념을 정의하였다.

> 다 : 둘로붙어 둘 더 되는 씨로 짠말을 다 이름이라

그러니까 '다'는 두 개 이상의 씨로 구성된 모든 언어 단위들을 의미하는데, 이 '다'에는 통사론적으로 구성되는 것도 있고(句나 文章), 형태론적으로 구성되는 것(꾸민씨)도 있다. 주시경은 통사론적으로 구성되는 '다'는 '짬듬갈'에서 기술하고 형태론적으로 구성되는 '다'는

'씨몸박굼, 씨몸헴, 씨뜻박굼'에서 기술하였다. 이는 언어의 단위들(문법단위들)이 구성되는 방법을 두 가지로 구분한 것이라 할 수 있다. 즉 통사론적 구성과 형태론적 구성을 구별한 셈이 되는 것이다.

물론 앞에서 언급한 바와 같이 그가 씨몸박굼의 예로 든 것 중에는 형태론적 구성이라고 보기 어려운 것들도 많은데 그는 의미나 기능을 중심으로 같은 의미나 기능을 실현하는 것들은 같은 범주에 드는 것이라고 여긴 듯하다. 그는 '먹이-'는 '먹게하-'와 한 가지라고 하였는데[60] 그렇다면 '먹이-'를 형태론적 구성(씨몸박굼)으로 본 그로서는 '먹게하-'도 형태론적 구성이라고 볼 수밖에는 없었을 것이다. '먹게하-'가 형태론적 구성이라면 '일하게하-'도 형태론적 구성이 될 수밖에 없다. 동일한 의미나 기능을 실현한다고 볼 수 있기 때문이다.

60) (알이) 먹이는 먹게하와 한 가지니 먹에 게와 하를 더함은 씀남움 먹을 시김(원문:시기)남움 되게 함이라 〈조선어문법(초판) 127〉

3. 주시경의 문자론

3.1. 문자관

주시경은 말과 글, 즉 음성언어와 문자언어를 구별하려는 인식이 있었으며 또한 이와 평행되게 소리와 문자를 구별하려는 인식이 있었다. 말에는 두 가지 유분이 있는바 하나는 '소리 있는 말'이요 다른 하나는 '소리 없는 말(붓으로 종이에 기록한 것=글)'이라고 한 것이나(《말》), 말은 '뜻을 구별하여 표하는 소리'요 글은 '말을 표하는 그림'이라고 한 것(《대한국어문법》) 등을 통하여 그러한 사실을 알 수 있다.

> ○ 말의 두 가지 류분
> 말에 두 가지 류분이 잇스니 ᄒᆞᆫ 가지ᄂᆞᆫ 쇼ᄅᆡ 잇ᄂᆞᆫ 말이오 ᄒᆞᆫ 가지ᄂᆞᆫ 쇼ᄅᆡ 업ᄂᆞᆫ 말이라 〈말, 신학월보 1권 10호 : 394, 전서 1 : 29〉
>
> 일문 : 말이 무엇이뇨
> 답 : ᄯᅳᆺ을 표ᄒᆞ는 것이니이다
>
> 삼문 : 말로 ᄯᅳᆺ을 엇더케 달은 사람에게 통ᄒᆞᄂᆞ뇨

답 : 말은 곳 뜻을 구별ᄒᆞ여 표ᄒᆞᄂᆞᆫ 소ᄅᆡ니 그 소ᄅᆡ로 달은 사람에게 젼ᄒᆞᄂᆞ이다 〈대한국어문법 1ㄱ-ㄴ〉

륙문 : 글은 무엇이뇨
답 : 글은 말을 표ᄒᆞᄂᆞᆫ 그림이니이다 〈대한국어문법 2ㄱ〉

물론 그에게 있어서 말과 글, 소리와 문자의 구분이 그렇게 명확했던 것은 아니지만 말은 소리를 매개로 하는 의사소통 수단이요 글은 문자를 매개로 하는 의사소통 수단이라는 인식을 가지고 있었던 것만은 틀림이 없다. 나아가서 그는 소리와 문자가 전달되는 과정을 과학적으로 설명하려 하였는바, 이는 소리는 청각적 기호요 문자는 시각적 기호라는 인식도 가지고 있었음을 말해 주는 것이다.

ᄉᆞ문 : 이 소ᄅᆡ를 져 사람이 엇더케 알 수 잇ᄂᆞ뇨
답 : 소ᄅᆡ는 공긔가 울리는 파동이 퍼져나가셔 져 사람 <u>귀청을 울려 듯ᄂᆞᆫ 경락으로 들어가면 신이 ᄭᅢ듯고 아ᄂᆞ니</u> 젼어통으로 비교ᄒᆞ여 볼 만ᄒᆞ니이다 〈대한국어문법 1ㄴ〉

칠문 : 글로 말을 달은 사람에게 엇더케 통ᄒᆞᆯ 수 잇ᄂᆞ뇨
답 : 글은 표니 이 표를 남에게 들어내어 그 <u>눈에 빗최어 보ᄂᆞᆫ 경락으로 들어가면 신이 ᄭᅢ듯고 알ᄂᆞ이다</u> 〈대한국어문법 2ㄱ-ㄴ〉

그는 이와 같이 말과 글, 소리와 문자를 구별하면서 다른 한편으로는 이들이, 즉 소리와 문자(혹은 말과 글)가 서로 일치하여야 한다는 생각도 가지고 있었던 것으로 여겨진다.[61]

61) 물론 이때의 문자는 표음문자(주시경의 용어로는 기음문자)를 뜻한다.

말ᄒᆞᄂᆞᆫ 거슬 표로 모하 긔록ᄒᆞ여 놋ᄂᆞᆫ 거시나 표로 모하 긔록ᄒᆞ여 노흔 거슬 입으로 닑ᄂᆞᆫ 거시나 말에 마듸와 토가 분명ᄒᆞ고 서로 음이 ᄯᅩᆨ ᄀᆞᆺᄒᆞ야 이거시 참 글ᄌᆞ요 〈국문론, 독립신문 제2권 제47호, 1897. 4. 22.〉

그런고로 글로 ᄯᅳᆺ을 통ᄒᆞ나 소릭로 ᄯᅳᆺ을 통ᄒᆞ나 다 일반이니 글은 눈으로 듯ᄂᆞᆫ 말이라 ᄒᆞᆯ 만ᄒᆞ고 말은 귀로 보ᄂᆞᆫ 글이라 ᄒᆞᆯ 만ᄒᆞ니이다[62]

〈대한국어문법 2ㄴ〉

이러한 그의 생각은 '言'과 '文'이 일치해야 한다는 '言文一致'론과 맥을 같이 하는 것이라고 할 수 있을 것이다.

그런데 그는 음(소리)과 말은 자연발생적으로 형성된 것이고 문자는 말을 표기하기 위하여 인위적으로 만들어진 것이라고 인식하였다.

地球上에 陸地가 天然으로 난호여 五大洲가 되고 五大洲가 ᄯᅩ 天然으로 난호여 여러 나라 境界가 되니 人種도 이를 ᄯᅡ라 黃白黑棕赤으로 난호여 五大種이 되고 五大種이 ᄯᅩ 난호여 그 居住ᄒᆞ는 句域대로[63] 各〃 닮은지라 그 天然境界와 人種의 各異홈을 ᄯᅡ라 그 水土風氣의 稟賦대로 各〃 그 人種이 쳐음으로 생길 ᄯᅢ붙어 自然 發音되어 그 音으로 物件을 일홈ᄒᆞ고 意思를 표ᄒᆞ어 次〃 그 社會에 通用ᄒᆞ는 말이 되고 ᄯᅩ 그 말에 合當ᄒᆞᆫ 文字를 지어 쓰며 或은 그 말은 相關업시 物件과 意思를 表ᄒᆞ는 文字를 特別이 만들어 쓰니[64] 〈대한국어문법 발문〉

62) 이와 유사한 언급이 이규대의《국문정리》(1897년) '셔글'(서문)에도 보인다.

글이ᄅᆞ ᄒᆞᄂᆞᆫ 것은 눈으로 듯는 말이오 말이ᄅᆞ ᄒᆞᄂᆞᆫ 것은 귀로 보ᄂᆞᆫ 글이ᄅᆞ

63)주시경은 '구역'에 대한 한자를 '句域'으로 쓰기도 하고 '區域'으로 쓰기도(국문연구) 하였다.

64) 원문에서는 띄어쓰기를 하지 않았으나 독해의 편의를 위해서 띄어쓰기를 하였으며 중요한 부분에 밑줄을 그었다. 이하에서도 마찬가지이다.

위에서 볼 수 있는 바와 같이 그는 지구상의 구역이 천연으로 나누어지고 나누어진 구역에 따라 인종이 생겨났으며 구역(경계)과 인종의 각이(各異)함에 따라 각이한 소리와 말이 자연적으로 발생했다고 보았다. 그리고 각각의 말을 표기하기 위하여 그 말에 합당한 문자를 만들어 쓰게 되었다고 보았다. 그는 소리(말소리), 즉 음은 자연발생적으로 형성되는 것이라고 보았기 때문에 "音은 天地에 自在ᄒᆞᆫ 者"(국어문전음학 5)라고 인식하였던 것이다. 이처럼 음은 천지에 '自在'한 것이요 문자는 그 음을 표기하기 위하여 인위적으로 만들어지는 것이라고 인식한 그는 소리와 글, 혹은 음과 문자의 관계에 대하여 다음과 같은 생각을 가지게 되었던 것이다.

> 소ᄅᆡ라 ᄒᆞ는 것은 텬디에 ᄌᆞ연히 잇는 것이라 이럼으로 텬디에 ᄌᆞ연히 잇는 소ᄅᆡ를 뉘 능히 덜ᄒᆞᆯ 수 업고 텬디에 ᄌᆞ연히 업는 소ᄅᆡ를 뉘 능히 더ᄒᆞ지도 못ᄒᆞᆯ지라 이럼으로 졍 학역ᄌᆡ도 훈민졍음 셔에 텬디에 ᄌᆞ연ᄒᆞᆫ 소ᄅᆡ가 잇은즉 반ᄃᆞᆺ이 텬디에 ᄌᆞ연ᄒᆞᆫ 글이 잇으리라 ᄒᆞ엿으니 글은 텬디에 ᄌᆞ연히 잇는 소ᄅᆡ 대로 될것이요 한졈 한획이라도 잇는 것을 덜ᄒᆞ거나 업는 것을 더ᄒᆞᆯ 수 업스리라 ᄒᆞᆷ이 명ᄇᆡᆨᄒᆞ니라 〈국문, 가뎡잡지 1년 5호: 23, 전서 1 : 320〉

> 音을 表ᄒᆞ는 文字라도 文字가 音을 盡ᄒᆞ지 못ᄒᆞᆯ지언정 音이 文字를 盡ᄒᆞ지 못ᄒᆞᆷ은 無ᄒᆞ고 文字가 音에 違ᄒᆞᆯ지언정 音이 文字에 違ᄒᆞᆷ은 無ᄒᆞ고 文字가 音에 不足ᄒᆞᆯ지언정 音은 文字에 不足ᄒᆞᆷ이 無ᄒᆞ니 文字가 音에 外ᄒᆞᆫ즉 文字가 안이라 〈국어문전음학 6-7〉

천지에 자재한 음은 모자람이나 부족함이 없는 존재일 것이다. 그러나 인위적으로 만들어진 문자는 그렇게 완전한 존재일 수는 없을 것이다. 그렇기 때문에 어떤 문자가 비록 표음문자라 하더라도 문자가 음을 제대로 드러내지 못하는 경우는 있을 수 있어도 음이 문자를 제대로 드러내지 못하는 경우는 없고 문자가 음에 어긋나는 경우는 있을 수 있어도 음이 문자에 어긋나는 경우는 없으며 문자가 음에 부족한 경우는 있을 수 있어도 음이 문자에 부족한 경우는 없는 것이다. 그래서 음을 떠난 문자는 문자가 아닌 것이다. 이는 결국 '言'에 일치되는 문자라야 진정한 문자이며 수정하고 보완해야 하는 것은 음이 아니라 문자라는 것을 은연 중에 드러낸 것이라 할 수 있다. 그리고 한 걸음 더 나아간다면, 음을 충실하게 반영할 수 있는 문자라야 진정한 문자라는 것과 언문일치란 '言'에 '文'을 일치시키는 것이지 '文'에 '言'을 일치시키는 것은 아니라는 것을 표방한 것이라 할 수 있다.

한편 앞에서 언급한 바와 같이 그는 나라가 다르면(구역이 다르면) 언어도 달라진다는 인식과 문자는 그 말에 합당하게 만들어진다는 인식을 가지고 있었는데, 그렇기 때문에 그로서는 당연히 나라가 다르면 문자도 부동(不同)하게 된다고 이해하였다.

> 글은 나라 마다 그 텬연 구역의 풍토 인졍을 싸라 각각 그 나라에셔 쓰기에 합당ᄒᆞ도록 만든 것인고로 〈국문, 가명잡지 1년 1호 : 29, 전서 1 : 289〉

> 人類의 音이 普通은 如斯히 相同ᄒᆞ되 句域과 人種이 不同홈으로 語音도 各異ᄒᆞ니 此는 天然의 理라 故로 音을 依ᄒᆞ여 文을 制홈에 나라마다 不同홈이 此故니라 〈국어문전음학 6〉

문자와 관련하여 그는 일찍부터 문자에 두 가지 종류가 있다는 사실도 알고 있었다. 그의 최초의 글인 〈국문론〉에서 이미 그러한 언급을 하였다.

사ᄅᆞᆷ들 사ᄂᆞᆫ ᄶᅡ덩이 우희 다셧 큰 부쥬 안에 잇ᄂᆞᆫ 나라들이 졔각금 본토말들이 잇고 졔각금 본국글ᄌᆞ들이 잇서셔 각기 말과 일을 긔록ᄒᆞ고 혹간 말과 글ᄌᆞ가 남의 나라와 ᄀᆞᆺ흔 나라도 잇ᄂᆞᆫᄃᆡ 그 즁에 말ᄒᆞᄂᆞᆫ 음ᄃᆡ로 일을 긔록ᄒᆞ야 표ᄒᆞᄂᆞᆫ 글ᄌᆞ도 잇고 무ᄉᆞᆷ 말은 무ᄉᆞᆷ 표라고 그려놋ᄂᆞᆫ 글ᄌᆞ도 잇ᄂᆞᆫ지라 〈국문론, 독립신문 제2권 제47호, 1897. 4. 22.〉

문자에 이와 같이 두 가지 종류, 즉 '말하는 음대로 일을 기록하여 표하는 글자[記音文字]'와 '무슨 말은 무슨 표라고 그려놓는 글자[記事文字]'가 있음을 언급하면서[65] 기음문자가 기사문자보다 우수하다는 점을 누누이 강조하였다. 이는 기사문자인 한자를 폐하고 기음문자인 국문을 사용해야 하는 당위성을 주장하기 위한 것이었는데[66] 기음문자가 기사문자보다 우수하다고 보는 근거는 다음과 같다.

첫째 기음문자로 말을 적으면 언문이 일치하는데 기사문자로 말을 적으면 언문이 일치하지 않는다는 것이다. 즉 기음문자의 경우에는 말하는 것을 문자로 기록하여 놓은 것이나 문자로 기록된 것을 입으로 읽는 것이 서로 음이 똑같은데(언문이 일치하는데) 기사문자의 경우에는 문자로 기록하여 놓은 것과 입으로 말하는 것의 음이 서로 같지 아니하다(언문이 일치하지 않는다)는 것이다.

---

65) 두 종류의 문자를 지칭하는 용어는 계속 달라졌는데, 이를 정리해 보면 다음과 같다. (〈국문론〉에서는 漢字를 '그림글자'라 하기도 하였다.)

대한국어문법	말표 (소ᄅᆡ를표하어말을그린것)	그림 (말은샹관업시므ᄉᆞᆫ뜻은무ᄉᆞᆫ표로그린것)
국문 (가명잡지1-3)	말 소ᄅᆡ를 그린 그림	뜻을 그린 그림
必尙自國文言 國文硏究案	記音文字	象形文字
國文硏究	記音文字	記事文字

66) 이러한 사실은 정승철(2003ㄴ:6-7 / 2005:84-86)에서 이미 언급된 바 있다.

둘째 기음문자는 문자의 수가 적고 문리가 있어서 배우기와 쓰기가 쉬운데 기사문자는 문자의 수도 많고 획수도 많아서 배우기와 쓰기가 어렵다는 것이다. 기사문자는 배우는 데 시간도 많이 걸린다는 것이다.

뜻을 표ᄒᆞ는 글은 쳔만가지 뜻을 다 각각 그리매 글ᄌᆞ와 획수가 번다ᄒᆞ고 말 외에 ᄯᅡ로 더 배호는 것인 고로 어렵고 조치 못ᄒᆞ며 말 소릐를 구별ᄒᆞ여 그린 글은 글ᄌᆞ가 몃 못 되고 획수가 심히 간단ᄒᆞᆫ ᄭᆞ닭에 배호고 쓰기가 쉽고 닑으면 곳 말인 고로 알기도 대단이 쉬어 뜻을 표ᄒᆞ는 글보다 매우 조흡니다. 〈국문, 가뎡잡지 1년 3호 : 28, 전서 1 : 305〉

셋째 서구의 문명국들은 기음문자를 쓰고 있으며 기사문자는 옛날 미개한 시대에 만들어 쓰던 문자이요 기음문자는 근세의 문명한 시대에 만들어 쓰는 문자라는 것이다

녯적 유롭 쇽에 잇든 헤늬쉬아른 나라에셔 ᄆᆞᆫ든 글ᄌᆞ들은 ᄌᆞ모음을 합ᄒᆞ야 스믈 여셧ᄌᆞ로되 사ᄅᆞᆷ들의 말ᄒᆞᄂᆞᆫ 음들은 다 가쵸엿ᄂᆞᆫ 고로 엇던 나라 말의 음이던지 긔록지 못ᄒᆞᆯ 거시 업고 ᄯᅩ 쓰기가 쉬음을 인ᄒᆞ야 지금 문면ᄒᆞᆫ 유롭 쇽에 여러 나라들과 아메리가 쇽에 여러 나라들이 다 이 글ᄌᆞ로 져의 나라 말의 음을 조차 긔록ᄒᆞ야 쓰ᄂᆞᆫ 지라 〈국문론, 독립신문 제2권 제47호, 1897. 4. 22.〉

大槪로 計ᄒᆞ면 象形文字ᄂᆞᆫ 古昔 未開ᄒᆞᆫ 時代에 制用ᄒᆞ던것이오 記音文字ᄂᆞᆫ 近世 文明ᄒᆞᆫ 時代에 制用ᄒᆞᄂᆞᆫ것이니 〈必尙自國文言, 황성신문 1907. 4. 3〉

이처럼 주시경은 기음문자가 기사문자보다 우월하다는 것을 강조

하면서 우리나라 사람을 모두 가르치려면 불가불 기음문자인 국문을 사용해야 할 것이라고 하였다.

이제 이삼십년식 전력ᄒᆞ여도 특별ᄒᆞᆫ ᄌᆡ조 안이면 졸업ᄒᆞᆯ 수 업는 한문으로는 왼 나라 사람을 학식 잇게 ᄒᆞᆯ 수 업스니 우리나라 모든 사람을 다 가르치랴 ᄒᆞ면 불가불 국문을 써야 될지라 〈국문, 가뎡잡지 1년 1호: 30, 전서 1:290〉

주시경은 기음문자(표음문자)가 기사문자(표의문자)보다 우월하다는 것을 강조하면서도 다른 한편으로는 앞에서 언급한 것처럼 기음문자라고 하더라도 그것이 음을 제대로 반영하지 못하면 문자가 아니라고 하였다(文字가 音에 外ᄒᆞᆫ즉 文字가 안이니라 〈국어문전음학 7〉).[67] 이는 주시경이 문자란 음을 충실히 반영하는 것이어야 한다는 생각을 가지고 있었음을 의미하는 것이라고 할 수 있을 것이다.《말의소리》의 〈우리글의 가로 쓰는 익힘〉에서는 "사람의 겨레가 저마다 글을 그 소리에 맞게 만들어 쓰어야 하날을 따르는 일이니라"라고 하였다.

넷째 하나의 음에 대해서는 하나의 문자가 대응되어야 한다는 것이다.

웨 ㆍᄌᆞ를 ㅏᄌᆞ와 ᄀᆞᇀ이 ᄂᆞᆰ는지 더욱 크게 의심나는지라

셩왕이 편리ᄒᆞ도록 문ᄌᆞ를 간단ᄒᆞ케 짓으시매 웨 ᄀᆞᇀ은 음을 하나인 ᄃᆞᆯ 쳡 만ᄃᆞᆯ셧스리요 〈대한국어문법 27ㄴ〉

一音에 二字를 用ᄒᆞᆷ도 不可ᄒᆞ고 同音의 字를 初終으로 二製ᄒᆞᆷ도[68]

---

67) 정승철(2003ㄴ:4 주4 / 2005:82 주4)에서 이미 이러한 점을 지적한 바 있다.

68) 〈국문연구안〉(전서 2:222에는 '二製'가 '異制'로 되어 있다.

不可ᄒᆞ고 〈국문연구 74ㄴ〉

위의 인용문들을 통해서 주시경은 하나의 음에 대하여 두 개의 문자를 사용하는 것은 불가하다는 생각을 가지고 있었음을 알 수 있다. 이는 결국 주시경이 음과 문자는 1:1 대응관계를 가져야 한다는 생각을 가지고 있었다는 것을 말해 주는 것이라 할 수 있다.

이상에서 살펴 본 주시경의 문자관을 요약하면 다음과 같다.[69]

1) 음은 청각기호이지만 문자는 시각기호이다.
2) 음은 천지에 자재한 것이지만 문자는 인위적으로 만들어진 것이다.
3) 언어는 구역과 인종에 따라서 다른데, 문자는 언어음에 기반하여 만들어지는 것이므로 언어가 다르면 문자도 다르다.
4) 문자에는 기음문자와 기사문자의 두 종류가 있는데 기음문자가 기사문자보다 우월하다.
5) 기음문자라도 그것이 언어음을 제대로 반영하지 못하면 그것은 문자가 아니다. 따라서 문자는 그 말의 음(소리)에 맞게 만들어져야 한다.
6) 음과 문자는 1:1 대응관계를 이루어야 한다.

3.2. 문자체계에 대한 인식과 문자체계의 재정립

개화기에 국어의 표기법을 재정립하려 했을 때, 그보다 앞서 해야 할

69) 정승철(2003ㄴ / 2005)에서는 주시경의 문자관을 한 마디로 '표음주의 문자관'이라고 하였다.

일은 한글의 문자체계를 재정립하는 일이었다. 문자체계 재정립의 필요성은 'ㆍ' 때문에 제기되었을 것으로 생각된다. 이미 잘 알려져 있는 바와 같이 당시에 'ㆍ'는 극심한 표기상의 혼란을 보여주었기 때문이다. 이러한 사정은 다음과 같은 윤치호의 글에 잘 드러나 있다.

> 우리나라 국문은 지극히 편리 ᄒᆞ고 지극히 용이 ᄒᆞ나 아(ㅏ ㆍ)음이 둘이 되는 고로 가량 네 사ᄅᆞᆷ이 사ᄅᆞᆷ인ᄌᆞ를 쓰랴면 혹은 (사람) 혹은 (사ᄅᆞᆷ) 혹은 (ᄉᆞ람) 혹은 (ᄉᆞᄅᆞᆷ)이라 쓰니 뉘가 올코 뉘가 그른지 엇지 알니요 〈독립신문 제2권 제62호, 1897. 5. 27.〉

이처럼 'ㆍ'는 표기상의 문제를 일으켰는데, 이 'ㆍ'에 대한 불신이 문자체계 전체로 번져 급기야는 문자체계를 전반적으로 재정립해야 할 필요성이 제기되었던 것이 아닌가 한다.

이러한 시대상황 속에서 국어와 국문에 대하여 누구보다도 더 많은 관심을 가졌던 주시경은 국어의 음운에 대한 연구와 한글 각 문자의 음가에 대한 연구를 병행하면서 문자체계를 재정립하여 갔다. 그 과정에서 그는 다음과 같은 인식을 하게 되었던 것으로 보인다.

첫째는 국어를 표기하는 데 합당한 문자체계를 수립해야 한다는 것이다. 그는 국음(國音, 우리말 고유어의 음)과 한음(漢音, 중국의 한자음), 또는 국음파(國音波)와 한음파(漢音波)를 구별하고서[70)]

---

70) 이와 관련하여서는 이기문(1970: 91-93)에서 자세히 언급된 바 있다.

그런데 주시경은 국음과 한음을 구별하는 이외에 한국한자음도 구별하려고 하였다. 한국한자음에 대하여는 '東音, 我漢音, 我音' 등의 용어를 사용하면서 동음은 원래의 한자음[漢音]을 우리말 음에 근사하게 발음함으로써 형성된 것이라고 보았다. 따라서 동음(한국 한자음)은 국음과 차이가 거의 없는 것이라고 보았으며 한자음으로 인해서 국어음이 변화를 입지는 않았다고 보았다.

> 然ᄒᆞ나 漢文音을 仍用홈이라도 朝鮮音에 順ᄒᆞᆫ 대로 近似ᄒᆞ게만 發ᄒᆞ매 漢文의 東

右는 四聲通攷의 發音이니 漢音으로 主ᄒᆞ고 國音을 考ᄒᆞᆫ 故로 漢音波에 屬ᄒᆞᆫ 沿革이라 〈국문연구 41ㄱ〉

四聲通解에는 齒音의 齒頭整齒를 分別ᄒᆞᆷ에 用ᄒᆞᆫ 國文이 四聲通攷와 同ᄒᆞ나 字會에는 此別이 無ᄒᆞ고 正音과 同ᄒᆞ니 此는 漢音波와 國音波가 異流ᄒᆞᆷ이로다 〈국문연구 47ㄱ〉

한음을 표기하는 데에는 필요할지 모르지만 국음을 표기하는 데에는 필요없는 문자는 문자체계에서 제외하고자 하였다. 예컨대 'ㆆ'에 대하여 그는 다음과 같이 기술하였다.

然ᄒᆞᆫ則 ㆆ字는 漢文影母에 當ᄒᆞᆫ 音이요 國語에 無ᄒᆞᆫ 音이라 〈국문연구 36ㄱ〉

ㆆ字는 … 國音에는 無ᄒᆞ여 此字가 안이라도 記치 못ᄒᆞᆯ 바가 無ᄒᆞ니 國音에는 自然 復用치 못ᄒᆞᆷ 〈국문연구 75ㄱ〉

즉 'ㆆ'은 한문 영모자(影母字)의 음을 표기하는 데에는 필요할지 모르지만 국어에는 이런 음이 없기 때문에 'ㆆ'자가 없어도 국어를 표기

音이 自是로 始出ᄒᆞᆫ지라 故로 漢字의 音이 由來로 國語에 混用ᄒᆞᆷ이 不少ᄒᆞ나 本國音은 變치 안ᄒᆞᆫ지라 〈국문연구 18ㄱ〉

그러나 종성에서는 한국한자음(동음)과 우리말 고유어 사이에 차이가 있다는 것도 인식하였다. 즉 동음에는 종성으로 탁음과 쌍자음, 'ㅅ, ㄷ' 등이 없으나 우리말에는 있다고 하였다.

한ᄌᆞ는 동음에 탁음과 쌍ᄌᆞ음과 ㅅ ㄷ 등 ᄌᆞ가 죵셩에 업스되 우리말에는 이런 음들이 다 죵셩에도 잇으니 〈대한국어문법 37ㄱ-ㄴ〉

하지 못할 바가 없으므로 'ㆆ'자는 부용(復用)할 필요가 없다는 것이다. 'ㅿ ◇'이나 순경음자들에 대해서도 비슷한 설명을 하였다. 그리고 이런 맥락 속에서 그는 세종대왕이 국음을 바탕으로 하여 국문(훈민정음)을 만들었다는 점을 강조하기도 하였다.

> 申公叔舟 四聲通攷 凡例에 … 訓民正音出於本國之音이라 ᄒᆞ니 … 訓民正音은 國音을 依ᄒᆞ여 制作ᄒᆞ심이 此說의 또한 明白ᄒᆞ도다 〈국문연구 19ㄴ-20ㄱ〉

> 世宗朝게서 國音을 依ᄒᆞ여 國文을 作ᄒᆞ시니 國文의 發音이 곳 國語의 發音이라 〈국문연구 17ㄴ〉

둘째는 당시의 국어를 표기하기에 합당한 문자체계를 수립해야 한다는 것이다. 주시경은 당시에 행용되던 문자라도 그 문자에 대응되는 음이 없으면 폐기해야 하고 당시에 행용되지 않던 문자라도 당시의 국어를 표기하기에 필요한 문자라면 다시 사용해야 한다는 생각을 했던 것으로 여겨진다. 'ㆍ'의 음가를 밝히려 한 것이 전자와 관련된 것이라면 이미 사용되지 않게 된 문자들까지도 그 음가를 밝혀보려 했던 것은 후자와 관련된 것이라 할 수 있을 것이다. 후자와 관련된 주시경의 그러한 인식의 일단은 다음의 인용문을 통해서 엿볼 수 있다.

> ◇ ㅿ ㆁ ㆆ는 지금 쓰지 아니 ᄒᆞ나 그 소리ᄂᆞᆫ 잇스니 아니 쓸 슈가 업스되 지금 분명히 젼ᄒᆞᆷ이 업ᄂᆞᆫ고로 셰〃히 말ᄒᆞ지 못ᄒᆞ며 〈국문문법 11ㄱ〉

위의 인용문을 통해서 주시경은 당시에 이미 사용되지 않게 된 문자라도 그것이 음가가 있고 당시의 국어를 표기하는 데에 필요한 문자라면 다시 사용할 수도 있다는 생각을 가지고 있었음을 짐작할 수 있다.

셋째는 음가가 없는 문자는 사용할 필요가 없다는 것이다. "音은 無ᄒᆞᆫᄃᆡ 字가 有ᄒᆞᆷ도 不可ᄒᆞ니"(국문연구 74ㄴ)라는 언급을 통해서 주시경이 그러한 생각을 가지고 있었다는 것을 알 수 있다. 이는 초성으로 쓰이는 'ㅇ'과 관련된 것이다(자세한 것은 후술 참조).

주시경은 이상과 같은 생각을 바탕에 깔고서 각 문자의 음가와 국어의 음운을 연구하여 문자체계를 재정립하였는데 다음에서는 한글의 문제체계에 대한 그의 인식의 변화 과정과 문자체계의 재정립 과정을 검토해 보기로 하겠다.

주시경이 한글의 문자체계에 대해서 처음으로 언급한 것은 〈국문론〉에서였다. 그러나 〈국문론〉에서 보여준 한글의 문자체계에 대한 그의 인식은 아직은 아주 미숙한 것이었다.

> 죠션글ᄌᆞ가 헤늬쉬아에셔 ᄆᆞᆫ든 글ᄌᆞ보다 더 유죠ᄒᆞ고 규모가 잇게 된 거슨 ᄌᆞ모음을 아조 합ᄒᆞ야 ᄆᆞᆫ드럿고 단지 밧침ᄆᆞᆫ 림시ᄒᆞ야 너코 아니 너키를 음의 도라가ᄂᆞᆫ ᄃᆡ로 쓰나니 헤늬쉬아 글ᄌᆞ 모양으로 ᄌᆞ모음을 올케 모아쓰랴ᄂᆞᆫ 수고가 업고 〈국문론, 독립신문 제2권 제47호, 1897. 4. 22.〉

> 이 글ᄌᆞ들은[71] ᄌᆞ음이 여ᄃᆞᆲᄀᆞ지 표요 모음이 열ᄒᆞᆫᄀᆞ지 표로 합ᄒᆞ야 ᄆᆞᆫ드셧ᄂᆞᆫᄃᆡ(ㅣ 이표ᄂᆞᆫ 모음에 든 것신ᄃᆡ 밧침으로도쓰고 ㅏ ㆍ 이 두ᄀᆞ지 모음표ᄂᆞᆫ 모양은 다르나 음은 달을 거시 업고 단지 ㆍ 이 표ᄂᆞᆫ 밧침이 만히 드러가ᄂᆞᆫ 음에ᄆᆞᆫ 쓰쟈ᄂᆞᆫ 것) ᄒᆞ린ᄌᆞ음은 ᄆᆞᆰ은ᄌᆞ음에다가 획을 더 넛코 ᄌᆞ음

71) 여기서 '이 글ᄌᆞ들'이란 반절표의 음절합자들, 즉 '가 갸 거 겨 …' 등과 같은 글자들을 가리킨 것으로 생각된다. 이현희(1988: 202의 주22) 참조.

마다 모음을 합ᄒᆞ야 ᄆᆞᆰ은음 일곱 줄은 바른편에 두고 흐린음 일곱줄은 왼편에 두고 그 가온ᄃᆡ에 모음을 ᄭᅵ여셔 이거슨 일홈을 반졀이라 ᄒᆞ고
〈국문론, 독립신문 제2권 제47호, 1897. 4. 22.〉

위의 인용문들을 통해서 볼 때 〈국문론〉을 집필할 당시의 주시경은 다음과 같은 14행반절을[72] 한글의 문자체계로 인식한 듯하다.

하	파	타	카	차	자	아	사	바	마	라	다	나	가	
햐	퍄	탸	캬	챠	쟈	야	샤	뱌	먀	랴	댜	냐	갸	ㄱ
허	퍼	터	커	처	저	어	서	버	머	러	더	너	거	ㄴ
혀	펴	텨	켜	쳐	져	여	셔	벼	며	려	뎌	녀	겨	ㄷ
호	포	토	코	초	조	오	소	보	모	로	도	노	고	ㄹ
효	표	툐	쿄	쵸	죠	요	쇼	뵤	묘	료	됴	뇨	교	ㅁ
후	푸	투	쿠	추	주	우	수	부	무	루	두	누	구	ㅂ
휴	퓨	튜	큐	츄	쥬	유	슈	뷰	뮤	류	듀	뉴	규	ㅅ
흐	프	트	크	츠	즈	으	스	브	므	르	드	느	그	ㅣ
히	피	티	키	치	지	이	시	비	미	리	디	니	기	ㅇ
ᄒᆞ	ᄑᆞ	ᄐᆞ	ᄏᆞ	ᄎᆞ	ᄌᆞ	ᄋᆞ	ᄉᆞ	ᄇᆞ	ᄆᆞ	ᄅᆞ	ᄃᆞ	ᄂᆞ	ᄀᆞ	

여기서 그는 '글자'와 '표'를 구별하려 하였다는 점이 주목된다. '글자'는 '가 나 다 라…' 등과 같이 자음자와 모음자가 결합된 음절합자를 의미하고 '표'는 자음자와 모음자의 낱자들을 의미한 것으로 보인

---

72) 반절표에는 14행 반절표와 16행 반절표가 있는데 〈국문론〉에서 주시경이 언급하고 있는 반절표는 14행 반절표이다. "ᄆᆞᆰ은음 일곱줄은 바른편에 두고 흐린음 일곱줄은 왼편에 두고"라 한 데서 그러한 사실을 알 수 있다. 주시경이 16행 반절표에 대하여 언급한 것은《국어문전음학》에 와서의 일이다.

다.[73] 그는 모음은 11가지 표요 자음은 8가지 표인데 흐린자음은 맑은자음에 획을 더 넣어 만들었으며 자음표마다 모음표를 합하여 글자를 만들었다고 이해하였다.

주시경이 자음표가 여덟 가지라고 한 것은 위의 반절표에서 제일 오른쪽에 제시된 받침자 8자를 의미했던 것으로 여겨진다. "ㅣ 이 표는 모음에 든 것신ᄃᆡ 밧침으로도 쓰고"라고 한 것으로 보아서 'ㅣ'는 받침자에 들어 있기는 하지만 자음표가 아니고 모음표라는 것을 알았다고 할 수 있다.

이상의 내용을 정리해 보면 이 당시 주시경이 이해한 한글의 문자체계는 '19표 154자 체계'였다고 할 수 있겠다.

반절표를 바탕으로 한 문자체계의 설명은 〈국문론〉 이후로는 나타나지 않는데, 이는 그가 한글과 관련된 여러 문헌들을 보게 되면서 반절이 한글의 문자체계는 아니라는 것을 알게 되었기 때문일 것이다.《문헌비고(文獻備考)》〈악고(樂考)〉에 실린 훈민정음을 보게 되면서는[74] 세종이 창제한 훈민정음은 28자 체계였다는 것을 알게 된다. 그리하여《대한국어문법》에서는 세종이 28자를 창제했다는 언급을 하게 되며 〈국문연구안〉에서는 국문은 자모를 각제(各製)하였다는 언급도 하게 된다.

> 국문은 다 셰종됴 어제 이십팔ᄌᆞ에 근본되어 돌나 쓰임이 무궁ᄒᆞ고 긔록지 못홀 것이 업고 〈대한국어문법 16ㄱ〉

73) 여기서 사용하고 있는 '표'는 '부호(符號)' 정도의 의미일 것이다.

74) 주시경이《문헌비고》〈악고〉에 실린 훈민정음을 보게 되는 것은 1905년(을사년) 여름의 일이다.

> 다만 훈민정음 보기를 원ᄒᆞ더니 을ᄉᆞ년 여름에 디교쟝(지석영- 필자 주)이 문헌비고 樂考에 실린 훈민졍음을 찾아 내게 보이니 〈대한국어문법 32ㄱ〉

國文은 子母를 各製ᄒᆞ여 隨時換用ᄒᆞ고 〈국문연구안, 전서 2: 76〉

그리고 주시경은 훈민정음 28자 이외에 'ㅸ ㅱ ㅹ ㆄ'과 같은 순경음자와 박성원이 창제한 '◇' 등의 문자가 있다는 것도 알게 되었다. 따라서 이들에 대해서도 음가를 밝혀 보려는 노력을 하였다. 물론 지석영이 신제(新制)한 '='에 대하여도 언급하였고 신경준이 《훈민정음도해(訓民正音圖解)》에서 제시한 '‥'에 대해서도 언급하였다.

주시경 시대에 한글의 문자체계를 재정립하는 데 있어서 문제가 되었던 것은 (1) 'ㆍ' 사용 여부 문제, (2) 'ㅇ'과 'ㆁ'의 사용 여부 문제, (3) 기타 사라진 자음자들의 사용 여부 문제, (4) 된소리의 표기 방법 문제, (5) '='자 창제의 타당성 문제 등이었다. 다음에서는 이런 문제들에 대한 주시경의 견해를 검토해 보고자 한다.

(1) 'ㆍ'의 사용 여부 문제

주시경이 자술한 바에 따르면[75] 그는 어려서 국문을 공부할 때부터 'ㅏ'와 'ㆍ'를 같게 읽는 것을 이상히 여기고 여러 가지로 궁구하게 되었다고 한다.

내가 어려서 국문을 공부ᄒᆞᆯ ᄯᅢ에 셰상에서 쓰는 국문이 音理와 法式에 不適ᄒᆞᆫ 것이 만ᄒᆞᆫ 듯ᄒᆞ여 심샹이 보지 안이 하는ᄃᆡ 아 ᄋᆞ의 음을 서로 ᄀᆞᆺ게 읽음을 더욱 이샹히 역여 여러 가지로 궁구ᄒᆞ더니 〈고본말 5

75) 주시경은 'ㆍ'의 음가가 'ㅣ ㅡ'의 합음이라는 것을 깨닫고 이를 증명하고자 노력한 과정을 여러 군데에서 회고형식으로 자술하였다.
《대한국어문법》: 27ㄴ-30ㄱ, 32ㄴ-33ㄱ
《고본말》: 5ㄱ-6ㄴ
《국어문전음학》: 34, 60-61

ㄱ-ㄴ〉

'ㅏ'와 '、'를 왜 같게 읽는가 하는 문제를 궁구하는 과정에서 그는 세종이 문자를 편리하고 간단하게 만들면서 같은 음에 대하여 두 개의 문자를 만들었을 리는 없으므로 'ㅏ'와 '、'를 별도의 문자로 만든 데에는 반드시 그럴 만한 이유가 있으리라, 즉 'ㅏ'와 '、'의 음가가 원래는 달랐으리라는[76] 생각을 하게 되었고, 그렇다면 '、'의 음가는 무엇일까 하는 의문을 가지게 되었던 것으로 보인다. 'ㅏ'의 음가는 분명하였기 때문에 'ㅏ'에 대해서는 별다른 의문이 없었을 것이다.

그는 그러한 의문을 풀기 위하여 한편으로는 'ㅏ'와 '、'의 음가가 현재는 같지만 원래는 같지 않았다는 근거를 찾으려 노력하였으며 다른 한편으로는 '、'의 음가가 'ㅣㅡ'의 합음이리라는 가설을 세우고 이를 증명하기 위하여 노력하였다.

'ㅏ'와 '、'의 음가가 같지 않았다는 근거는 《화동정음통석운고》와 《훈민정음》에서 찾을 수 있었다. 《화동정음통석운고》에서는 'ㅏ'에는 '阿'자로 음을 달고 '、'에는 '思不用初聲'자로 음을 단 것을[77] 보게 되었고(대한국어문법 29ㄱ) 《훈민정음》에서는 '、'는 '呑字中聲'이라 하고 'ㅏ'는 '覃字中聲'이라 한 것을 보게 되었는바(국문연구 61ㄴ-62ㄱ) 이

76) 'ㅏ'와 '、'의 음가가 다르리라는 생각을 언제부터 하게 되었는지는 불분명하다. 그는 《국어문전음학》(60-61)에서 18세 때인 계사년(癸巳年, 1893년)에 "國文 母音字의 分合됨을 연구하다가 、는 ㅏ가 아니요 ㅣ ㅡ의 합음이 되리라"는 것을 각오(覺悟)하였고 19세 때인 갑오년(甲午年, 1894년)에 "、가 ㅣ ㅡ의 합음이라는 第一証을 作하였다"고 하였으나 이는 그가 〈국문론〉(1897년)에서 "ㅏ 、이 두ᄀᆞ지 모음표ᄂᆞᆫ 모양은 다르나 음은 달을 거시 업고 단지 、 이 표ᄂᆞᆫ 밧침이 만히 드러가ᄂᆞᆫ 음에 ᄆᆞᆫ 쓰쟈ᄂᆞᆫ 것"이라고 한 내용과는 잘 맞지 않는다. 1894년에 이미 '、'는 'ㅏ'가 아니요 'ㅣ ㅡ'의 합음이라는 것을 깨달았다면 1897년의 〈국문론〉에서는 왜 'ㅏ'와 '、'가 모양은 다르지만 음은 다를 것이 없다고 하였는지 이해할 수 없다. 이현희(1988: 204의 주33)에서도 이러한 지적을 한 바 있다.

77) 나중에는 이것이 《훈몽자회》에서 유래한 것이라는 사실도 알게 된다.

를 통하여 그는 ㅏ와 ㆍ의 음가가 같지 않았다는 확신을 가지게 되었다.

'ㅏ'와 'ㆍ'가 같은 음이 아니라면 'ㆍ'의 음가는 무엇일까? 이 의문에 대한 해답을 탐구하는 과정에서 그는 'ㆍ'가 'ㅣㅡ'의 합음일 것이라는 가설을 세우게 된 것으로 보인다.

'ㆍ'가 'ㅣㅡ'의 합음이라는 주장은 《국문문법》에서부터 나타나기 시작한다.

> 이 여러 증거로 가이 ㆍ가 ㅣㅡ의 합음인 쥴을 알겟도다. 〈국문문법 8ㄴ〉

《국문문법》 이후 주시경은 'ㆍ'가 'ㅣㅡ'의 합음이라는 것을 입증하기 위하여 다소 장황한 논지를 전개하였는데, 그 논거는 대략 세 가지로 요약될 수 있을 것이다.[78] (1) 국문 모음자의 차서규모로 볼 때 'ㅣㅏ, ㅣㅓ, ㅣㅗ, ㅣㅜ'의 합음자들이 있으므로(ㅑ ㅕ ㅛ ㅠ) 'ㅣㅡ'의 합음자도 있어야 할 터인데 'ㅣㅡ'의 합음자가 될 수 있는 것은 'ㆍ'뿐이다. (2) 《훈민정음》에서 'ㆍ'는 '呑字中聲'이라 하였고 'ㅏ'는 '覃字中聲'하였으며 《훈몽자회》에서 'ㅏ'는 '阿'자로 음을 달고 'ㆍ'는 '思不用初聲'자로 음을 달았는바, 'ㆍ'와 'ㅏ'가 같은 음이라면 이렇게 하였을 리가 없다. 'ㆍ'와 'ㅏ'의 음가를 나타내는 데에 서로 다른 한자를 사용한 것은 'ㆍ'와 'ㅏ'가 원래 다른 음이었기 때문이라고 볼 수밖에 없는데 중국 사람에게 '阿'와 '思'를 발음하게 하여 보았더니 '阿'는 '아'로 발음하고 '思'는 '스' 또는 '시으'와 유사하게 발음하였다. 따라서 'ㆍ'의 음가는 'ㅣㅡ'의 합음임이 분명하다. (3) '婦'를 뜻하는 국어를 '며ᄂᆞ

---

78) 《국어문전음학》에서는 제1증(第一証)에서 제6증(第六証)까지 제시하였으나 〈국문연구〉에서는 이를 제3증(第三証)까지로 재정리하여 제시하였다.

리'라 적어 왔는데 실제의 언어에서는 '느'를 '느' 또는 '늬'처럼 발음하는바 이는 'ㆍ'가 'ㅏ'와는 상관없고 'ㅡ'와 'ㅣ'에 가까운 음이라는 것을 말해 주는 것이다.

이상과 같은 논증 과정을 거쳐 그는 'ㆍ'가 'ㅣㅡ'의 합음이라는 것을 확신하게 되었는데, 당시의 국어에서는 그러한 음('ㅣㅡ'의 합음)을 발견할 수 없었다. 따라서 당시의 국어를 표기하는 데에는 'ㆍ'가 필요 없다고 판단하고서 'ㆍ'를 문자체계에서 제외시켰다. 그리고 'ㆍ'자로 표기하던 것들은 실제 발음되는 대로 표기하는 것이 타당하다고 하였다.

> ㆍ의 一字를 ㅡ ㅓ ㅜ ㅏ와 ㅣㅡ의 合音 五種으로 讀ᄒᆞ니 何如ᄒᆞ여야 ㅡ라ᄒᆞ며 何如ᄒᆞ여야 ㅓ라 ᄒᆞ며 何如ᄒᆞ여야 ㅜ라 ᄒᆞ며 何如ᄒᆞ여야 ㅏ라ᄒᆞ며 何如ᄒᆞ여야 ㅣㅡ의 合音으로 發ᄒᆞᄂᆞᆫ지 誰ㅣ 能히 知ᄒᆞ리오
>
> 此弊를 矯救치 안이 ᄒᆞ면 國文이 恒常 濁亂ᄒᆞ여 淸淨ᄒᆞᆫ 문자를 成치 못ᄒᆞᆯ지요 此弊를 除코자 ᄒᆞ면 不可不 前에ㆍ字로 記ᄒᆞ던 漢字나 國語를 發音되는 대로 ㅏ라 ᄒᆞ는 것은 ㅏ로 ㅓ라 ᄒᆞ는 것은 ㅓ로 ㅜ라 ᄒᆞ는 것은 ㅜ로 其餘는 다 ㅡ로 記ᄒᆞ며ㆍ는 ㅣㅡ 合音의 準備로만 寘ᄒᆞ고 實地에는 不用ᄒᆞᆷ이 可ᄒᆞ다 ᄒᆞᄂᆞ이다 〈국문연구안(전서2:257-8) 및 국문연구(76ㄱ-ㄴ) '中聲에 ＝字 創製ㆍ字 廢止 當否'〉

(2) 'ㅇ'과 'ㆁ'의 문제

'ㅇ'과 'ㆁ'의 문제도 주시경이 상당히 고심했던 문제 중의 하나이었다. 주시경이 'ㅇ'과 'ㆁ'에 대하여 인식해 간 과정을 정리해 보면 다음과 같다. 먼저 《훈몽자회》, 《훈민정음》, 《용비어천가》 등은 보지 못하고 《화동정음통석운고》만 보았던 단계인 《국문문법》의 단계에서는 'ㅇ'은 현용(現用)되는 문자이고 'ㆁ'은 현용되지 않는 문자라는 것,

'ㅇ'은 초종성에 통용되는 문자인데 초성으로 쓰일 때에는 음가가 없고 종성으로 쓰일 때에만 음가([ŋ])를 가진다는 것, 'ㆁ'은 초성에만 쓰이는 문자인데 종성 'ㅇ'과 같은 음가를 가지는 문자라는 것, 'ㆁ'은 중국 한자음 표기에 쓰이는 문자라는 것 정도의 인식을 가지게 되었던 것으로 보인다. 'ㆁ'이 초성에만 쓰이는 문자라고 생각하게 된 것은 《화동정음통석운고》에서 'ㆁ'을 '초성독용팔자(初聲獨用八字)'에 소속시켜 놓았기 때문이며 'ㆁ'이 한자음 표기에 쓰이는 문자라고 생각한 것은 국어 표기에 'ㆁ'이 쓰인 예는 볼 수 없고 한자음 표기에 쓰인 예만 볼 수 있었기 때문일 것이다.

이 단계에서 그는 'ㅇ'과 'ㆁ'의 음가와 용법에 대하여 적지 않은 의문을 가지면서 상당한 혼란도 겪었던 것으로 보인다. 그가 'ㅇ'과 'ㆁ' 문제에 대하여 가졌던 의문은 대략 다음과 같은 두 가지였던 것으로 짐작된다. 첫째는 'ㅇ'이 초성으로는 음가를 가지지 못하고 종성으로만 음가를 가지는바, 왜 'ㅇ'이 이렇게 두 가지 용법을 가지는가 하는 것이고, 둘째는 'ㆁ'은 초성에만 쓰이고 [ŋ]의 음가를 가지는데, 그렇다면 왜 초성의 [ŋ]은 'ㆁ'으로 표기하고 종성의 [ŋ]은 'ㅇ'으로 표기하는가 하는 것이었다. 이 두 번째 문제와 관련하여 그는 초성으로 쓰이는 'ㆁ'과 종성으로 쓰이는 'ㅇ'이 음가가 같은 것이라면 각표(各表) 하지 않는 것이 可할 듯하다고 하였다(국문문법 11ㄱ). 이로 보면 그는 동일한 음에 대하여 두 가지 문자를 사용하는 것은 불합리하다는 생각을 가지고 있었던 듯하다.

'ㅇ'과 'ㆁ'에 대한 위와 같은 의문은 《훈민정음》과 《용비어천가》를 보게 되면서 풀릴 수 있는 계기가 마련되었다. 'ㅇ'은 음가가 없는 문자이고 'ㆁ'은 음가가 있는 문자라는 것과 국어의 표기에서 'ㅇ'은 초성에만 쓰였고 'ㆁ'은 초종성에 모두 쓰였다는 것을 알게 되었기 때문이다.

그런데 《훈민정음》과 《용비어천가》를 통하여 'ㅇ'과 'ㆁ'의 음가와 용법을 이렇게 제대로 파악했음에도 불구하고 그는《화동정음통석운고》에서 'ㅇ'을 '異凝'이라 하고 'ㆁ'을 '伊'라고 한 것을 떨쳐버리지 못하여 혼란을 제대로 수습하지는 못하였다.

이러한 혼란은 〈국문연구〉를 집필할 때까지 계속되어 〈국문연구〉(74ㄴ)에서는 다음과 같이 결론하였던 것이다.

> ㆁ ㅇ 兩字에서 畫이 簡ᄒᆞ여 用ᄒᆞ기 便宜ᄒᆞᆫ ㅇ字만 取하여 初終에 通用ᄒᆞ되 音만 隨ᄒᆞ여 有ᄒᆞ면 記ᄒᆞ고 無ᄒᆞ면 記치 안이홈이 當〃ᄒᆞᆫ 法이라 홈

이는 [ŋ]음을 표기하는 데에는 'ㅇ'만 사용하되 음([ŋ])이 있을 때에만 표기하고 음이 없을 때에는 표기하지 말자는 것으로서[79]《훈민정음》이나《용비어천가》의 표기법과는 다른 것이다. 이 결론에 따라 그는 한때 'ㆁ'을 한글의 문자체계에서 배제하였다.

그런데 주시경은《소리갈》(1912년 추정)에서부터 위에서와 같은 자신의 결론을 번복하였다. [ŋ]의 표기에 'ㅇ' 대신 'ㆁ'을 사용하기 시작했다는 점에서 그러하다.[80] 그가 이와 같이 자신의 결론을 번복하게 된 것은《훈몽자회》를 재간하기 위하여 그것을 고교(考校)하는 과정에서 'ㅇ'과 'ㆁ'에 대한 인식을 다시금 새롭게 할 수 있었기 때문이 아닌가 추정된다.[81] 조선광문회에서 재간된《훈몽자회》는 주시경이 고

---

79) 주시경은 〈국문연구〉의 '字母의 音讀 一定'에서 자모의 명칭을 2자로 할 경우에는 "ㄱ字는 가ᄀ ㄴ字는 나ᄂ … ㅇ字는 아ᅌ" 등으로 하는 것이 可하다고 하였다. 이는 [ŋ] 소리가 없는 곳에는 'ㅇ'을 표기하지 않음을 보인 것이다. '아ᅌ'의 경우에는 초성으로 쓰인 'ㅇ'이나 종성으로 쓰인 'ㅇ'이나 모두 [ŋ]의 음가를 가진다는 것을 분명히 하였다.

80) 이러한 사실은 최명옥(1978)에서 이미 지적된 바 있다.《소리갈》의 간행시기가 1912년경일 것이라는 사실도 최명옥(1978)에서 밝혀진 것이다.

81) 주시경이《훈몽자회》를 처음 본 것은 1908년 말쯤이었던 것으로 추정된다. 1908년

교한 것인데 그 범례를 보면 'ㆁ'(異凝)이 '초종성통용팔자(初終聲通用八字)' 속에, 'ㅇ'(伊)'이 '초성독용팔자(初聲獨用八字)' 속에 제대로 들어가 있고[82]. 주시경 자신이 쓴 '훈몽자회재간례(訓蒙字會再刊例)'에서도 "本書에는 ㅋ ㅌ ㅍ ㅈ ㅊ ㅿ ㅇ ㅎ는 初聲獨用이라 하여 終聲으로 不用하매"라고 하였는바, 이러한 사실들을 통하여 우리는 주시경이 《훈몽자회》를 고교하는 과정에서 'ㅇ'과 'ㆁ'에 대한 인식을 바르게 할 수 있었을 것으로 추정하는 것이다. 그가 '훈몽자회재간례'를 쓴 것은 1912년 11월(壬子至月)이므로 이는 《소리갈》이 간행된 시기와도 거의 맞아떨어진다.

주시경은 《조선어문법》(초판, 1911)에서까지는 《훈몽자회》에 "ㅇ은

11월 6일에 간행된 《국어문전음학》에서는 《훈몽자회》를 보지 못했음이 분명히 드러나는데 1908년 12월 16일에 마지막으로 제출한 〈국문연구안〉에서는 《훈몽자회》를 보았음이 분명하게 드러나기 때문이다. 이 연구안의 '字母의 音讀 一定' 부분에서 ㄷ字의 명칭에 쓰인 '池'字와 ㅌ字의 명칭에 쓰인 '治'字의 음을 각각 《훈몽자회》에서 '디'와 '티'로 달았다는 사실을 언급을 하고 있는바, 이는 《훈몽자회》를 직접 보지 않고서는 언급할 수 없는 내용이다(이기문1976:56의 주19 및 이기문 편 《周時經全集(上)》의 '해설' 11쪽에서는 주시경이 《훈몽자회》를 본 것이 1908년 말에서 1909년 초 사이였을 것으로 추정한 바 있다.) 그러나 그가 이때 본 《훈몽자회》는 좋은 판본은 아니어서 거기에는 '異凝'과 '伊'가 모두 'ㅇ'으로 되어 있었던 듯하다(周時經全書4 참조). 그래서 주시경은 《훈몽자회》의 언문자모 부분을 그대로 인용하기는 하되 '초성독용팔자' 속의 'ㅇ'에 대하여 "此行의 ㅇ字는 반듯이 ㆁ字니 ㆁ字의 上劃이 無홈은 落書됨이라 홈 周時經攷"라고 주석을 달았다. 따라서 이때 본 《훈몽자회》는 'ㅇ'과 'ㆁ'의 문제를 해결하는 데에는 아무런 도움도 되지 못하였다. 《국어문법》과 《조선어문법》(초판)의 《훈몽자회》 인용 부분에서 '초성종성통용팔자' 부분의 '異凝'과 '초성독용팔자' 부분의 '伊'가 모두 'ㅇ'으로 되어 있는 것도 그가 처음 본 《훈몽자회》에 그렇게 되어 있었기 때문일 것이다.

82) 이능화, 지석영, 주시경이 공동으로 작성하여 1908년(융희2년) 9월 1일에 제출한 〈國文硏究第一 二回問題〉에 대한 '硏究議案'(국문연구안 4권)에는 《훈몽자회》의 언문자모 부분이 제대로 제시되어 있다. 즉 '초종성통용팔자'의 '異凝'은 'ㆁ'으로 '초성독용팔자'의 '伊'는 'ㅇ'으로 제시되어 있다. 그럼에도 불구하고 주시경이 왜 일찍이 이것에 주목하지 못했는지 알 수 없다.

名을 異凝이라 하고 ㆁ은 名을 伊"라 하였다고 잘못된 기술을 해 왔는데《조선어문법》(재판, 1913)에서는《훈몽자회》에 "ㆁ은 名을 異凝이라 하고 ㅇ은 名을 伊"라 하였다고 제대로 된 기술을 하고 있다.

《훈몽자회》에서 'ㆁ'을 '초종성통용팔자'로 분류하여 '異凝'이라 하고 'ㅇ'을 '초성독용팔자'로 분류하여 '伊'라 했다는 것을 알게 되면서 주시경은 'ㅇ'과 'ㆁ'에 관련된 모든 혼란을 수습할 수가 있게 되었던 것으로 여겨진다. 이《훈몽자회》에서 제시하고 있는 'ㅇ'과 'ㆁ'의 용법은 그가《훈민정음》이나《용비어천가》를 통하여 파악했던 것과 일치하는 것이었기 때문이다.《소리갈》이후《조선어문법》(재판, 1913년),《말의소리》(1914년) 등에서 종성의 [ŋ] 표기에 'ㆁ'자를 사용한 것은 이러한 사정을 반영한 것이라고 할 수 있겠다.

이상에서 살펴 본 바를 종합하면 주시경은〈국문연구〉단계에서는 한글의 문자체계에서 'ㆁ'을 배제하고 'ㅇ'만 포함시키는 것이 타당하다는 결론을 내렸다가《소리갈》단계에 와서는 'ㅇ'을 배제하고 'ㆁ'을 포함시키는 것이 타당하다고 생각하여 결론을 번복했다고 할 수 있겠다. 따라서 이것이 'ㅇ'과 'ㆁ' 문제에 대한 그의 최종적인 결론이 된 셈이다.

실제로《말의소리》끝에 붙어 있는 '우리글의 가로 쓰는 익힘'을 보면 'ㅇ'을 전혀 사용하지 않고 있다. [ŋ]이 있는 자리에만 'ㆁ'으로 표기하였다. 'ㅇ'을 문자체계에서 완전히 배제해 버린 것이다. 그러나 풀어쓰기의 경우에는 그것이 가능하겠지만 모아쓰기를 하는 경우에도 그것이 가능할지는 의문이다. 그의 최후의 저서인《말의소리》에서도 초성의 'ㅇ'은 여전히 사용되고 있기 때문이다.

주시경이 [ŋ]의 표기에 'ㆁ'을 사용해야 한다고 결론을 내린 것은 이론적으로나 훈민정음 창제 당시의 취지에서 본다면 타당한 것이었다. 그러나 그 결정은 현실과는 거리가 먼 것이었다. 현실에서는 'ㆁ'이 사용되지 않은 지 이미 오래고 'ㆁ'을 다시 살려 쓰지 않는다고 해서 그리 문제될 것도 없었기 때문이다.

(3) 소실 문자 및 그밖의 문자들

'ㆆ'에 대하여 주시경은 'ㅎ'보다는 청(淸)한 음인데 국어에서는 발견할 수 없는 음이라고 하였다. 《용비어천가》의 '오싫제'와 같은 예에서 'ㆆ'이 사용되기는 하였으나 그 원음(原音)을 구하기가 불능하다고 하였다. 그러면서 'ㆆ'은 한자의 영모(影母)에나 합당한 음이요 국어에는 없는 음이므로 국어 표기에 이 글자를 부용(復用)할 필요가 없다고 결론하였다.

> 오싫제에서 ㆆ 자의 原音을 求ᄒᆞ기 不能ᄒᆞᆫ지라 〈국문연구 36ㄱ〉
>
> 然ᄒᆞᆫ則 ㆆ字는 漢文 影母에 當ᄒᆞᆫ 音이요 國語에 無ᄒᆞᆫ 音이라 〈국문연구 36ㄱ〉
>
> ㆆ字는 … 國音에는 無ᄒᆞ여 此字가 안이라도 記치 못ᄒᆞᆯ 바가 無ᄒᆞ니 國音에는 自然 復用치 못ᄒᆞᆷ 〈국문연구 75ㄱ〉

'ㅿ'에 대하여는 《훈민정음》을 보기 전까지는 'ㅅ'과 'ㅇ'의 합음일 것이라고 생각하였다.

> ㅿ는 ㅅㅇ 의 합음이요 〈국문문법 11ㄱ〉

이는 《화동정음통석운고》에서 "華音之ᅀᆞ者 ᄉᆞᄋᆞ之間音"이라고 한 것을 그대로 받아들인 것이었다.[83] 그러나 《훈민정음》을 보게 되면서

---

83) 주시경은 '間音'이라는 용어를 처음에는 '合音'과 같은 의미를 가지는 것으로 해석하였다.

는 생각이 바뀌었다. 'ㅿ'을 'ㄹ'과 'ㅎ'의 합음이라고 생각하게 된 것이다.[84] 그는《훈민정음》에서의 자모의 배열순서(ㄱㅋㆁ ㄷㅌㄴ ㅂㅍㅁ ㅈㅊㅅ ㆆㅎㅇ ㄹㅿ)와 상호관계(그의 용어로는 '次序規模')에 주목하였다. 그 결과 각 계열의 두 번째에 배열된 자음은 첫 번째에 배열된 자음에 'ㅎ'을 합한 음이라는 사실을 발견하였다. 그리고 이러한 사실로부터 'ㄹ' 다음에 위치한 'ㅿ'은 'ㄹ'과 'ㅎ'의 합음일 것이라고 유추하였다. 그는 'ㄹ'과 'ㅿ'이 '반음(半音)'이라는 하나의 부류로 묶일 수 있는 것으로 생각하였던 듯하다.

> 右陳ᄒᆞᆫ 規例를 推觀ᄒᆞ면 牙舌脣齒喉 五音이 各各 其類마다 第二位字는 第一位字에 ㅎ를 合ᄒᆞᆫ 音이라 然ᄒᆞᆫ즉 ㅿ字는 ㄹ의 次位에 載在ᄒᆞ엿으니 ㄹㅎ의 合音됨이 明白ᄒᆞᆫ지라 〈국어문전음학 22〉

'ㅿ'의 음가에 대한 이와 같은 해석은 이중모음 체계의 빈칸을 인식하고서 'ㆍ'의 음가를 'ㅣ ㅡ'의 합음일 것이라고 추정했던 것과 흡사한 것이다.

주시경은 'ㅿ'이 'ㄹㅎ'의 합음이라는 믿음을 가지면서 한 때(국문연구안) '옳-, 싫-' 등의 받침 'ㅀ'을 'ㅿ'으로 쓰는 것이 타당하겠다(옰-, 싨-)는 생각까지 하였으며 따라서 'ㅿ'자는 부용(復用)함이 可하다는

> 여긔 間音이라 ᄒᆞᆷ은 곳 合音이라 〈대한국어문법 53ㄱ〉
> 間音이라ᄒᆞᆷ이 甚히 糢糊ᄒᆞᆫ 名稱인ᄃᆡ 前에 間音이라 ᄒᆞᆷ은 實地로 觀ᄒᆞ면 다 合音이니라 〈국어문전음학 50〉

그러나《국어문법》에서부터는 合音(겹소리)을 間音이라고 하는 것은 잘못이라고 하였다.

> 겹소리 곳 合音을 間音이라 함은 訛니라 〈국어문법 14〉

84) ㅿ는 訓民正音ᄃᆡ로 ㄹ의 탁음이리니 곳 ㄹㅎ의 合音이리라〈대한국어문법 58ㄱ〉

주장을 하기도 하였다

> ㅿ字는 (중략) ㄹㅎ나 ㅎㄹ의 合音이라 國語에 옳(可) 긇(不可) 잃(失) 싫(厭) 等字가 有ᄒᆞ니 (중략) ㄱㅎ나 ㅎㄱ을 ㅋ로 ㄷㅎ나 ㅎㄷ을 ㅌ로 ㅂㅎ나 ㅎㅂ을 ㅍ로 ㅈㅎ나 ㅎㅈ를 ㅊ로 制ᄒᆞᆷ은 行用에 簡便ᄒᆞ기를 爲ᄒᆞᆷ인즉 畫이 多ᄒᆞᆫ ㄹㅎ나 ㅎㄹ로 記ᄒᆞᆯ 것이 안이요 ㅿ字를 取ᄒᆞ여 오ᇗ可 그ᇗ不可 이ᇗ失 시ᇗ厭 로 記用ᄒᆞᆷ이 簡便ᄒᆞ니 此字는 復用ᄒᆞᆷ이 可ᄒᆞ다 ᄒᆞᄂᆞ이다 〈국문연구안, 전서 2 : 223-4〉

그러나 그는 'ㅿ'의 음가가 'ㄹㅎ'의 합음이라는 근거를 찾을 수 없었다. 중국 한자음과 일본 한자음까지 참고하여 보았으나 'ㅿ'의 음가가 'ㄹㅎ'의 합음이라는 근거는 찾을 수 없었던 것이다. 뿐만 아니라 'ㄹ'은 반설음이고 'ㅿ'은 반치음이어서 'ㄹ'과 'ㅿ'이 한 부류로 묶일 수 없다는 것도 알게 되었을 것이다. 그리하여 〈국문연구〉에서는 'ㅿ'은 그 음가를 알기 어려우며 'ㅿ'이 아니라도 표기하지 못할 바가 없으므로 'ㅿ'은 부용(復用)치 않는 것이 可하다는 결론을 내리게 되었다. 'ㅿ'에 대응되는 현실음을 찾을 수 없었기 때문이었을 것이다.

> ㅿ字는 其音이 未詳ᄒᆞᆷ으로 此에 同列치 안이ᄒᆞᆷ 〈국문연구 63ㄱ〉
>
> ㅿ字는 …其音을 知키 難ᄒᆞ고 … ㅿ字가 안이라도 記치 못ᄒᆞᆯ 바가 無ᄒᆞ니 復用치 안이ᄒᆞᆷ이 可ᄒᆞᆷ 〈국문연구 75ㄱ〉

'◇'에 대해서는 'ㅁㅇ'의 합음이라고 보았다. 'ㅁㅇ'의 합음은 'ㅱ'으로 표기했던 것이라고 하면서 순경음 중 'ㅱ'에 대해서만 별도의 문자를 만드는 것은 타당하지 않다고 생각하였다. 그리고 이 字가 아니라도 표기하지 못할 바가 없으므로 이 자도 부용(復用)하지 않는 것이 可하다고 결론하였다.

◇는 ㅁㅇ 의 합음이요 〈국문문법 11ㄱ〉

◇는 訓民正音에는 업는 것인딕 ㅁㅇ 의 合音이리라 合音으로 말ᄒᆞ면 각 ᄌᆞ가 다 合音이 되니 何必 ㅱ 만 異製ᄒᆞ리요 〈대한국어문법 58ㄴ〉

◇자는 輕脣音 ㅱ의 代表라 〈국어문전음학 48〉

◇字가 안이라도 記치 못ᄒᆞᆯ 바가 無ᄒᆞ니 復用치 안이ᄒᆞᆷ이 可ᄒᆞᆷ 〈국문연구 75ㄱ〉

'ㅸ ㆄ ㅹ ㅱ' 등의 순경음자들에 대해서는 국어에 순경음이 없기 때문에 국어를 표기하는 데에는 이들 순경음자들을 사용하지 않는 것이 가하다고 하였다.

龍飛御天歌에 國語도 ㅸ으로 記ᄒᆞᆫ 字가 有ᄒᆞ나 國音을 考ᄒᆞ건대 通常 脣音뿐이요 脣重脣輕의 別이 無ᄒᆞᆫ지라 〈국문연구 39ㄱ〉

國語에는 脣輕音이 無ᄒᆞ며 (중략) 故로 國音에는 脣輕音을 用치 안이ᄒᆞᆷ이 可ᄒᆞᆷ 〈국문연구 75ㄴ〉

(4) '='와 '‥'의 문제

주시경은 'ㆍ'를 'ㅣㅡ'의 합음이라고 생각하였기 때문에 'ㆍ'자 대신에 '='자를 다시 만드는 것은 "實用ᄒᆞᆯ 바가 無ᄒᆞ다"고 하였다. 따라서 그는 '='자의 창제를 반대한 셈이다.

ㆍ를 =字로 變制ᄒᆞᆯ지라도 實用ᄒᆞᆯ 바가 無ᄒᆞᆯ 것이요 音의 準備에 不外ᄒᆞᆯ지라 然則 ㆍ字를 ㅣㅡ 의 合音의 準備로 寘ᄒᆞᆷ이 足ᄒᆞ다 ᄒᆞ고 =字로 變制ᄒᆞᆷ이 有益ᄒᆞᆯ지 覺悟치 못ᄒᆞᄂᆞ이다 〈국문연구안(전서 2 : 258), 국문연구 76ㄴ-77ㄱ〉

신경준이 신제(新制)한 '‥'에 대해서는 "其音은 何를 謂홈인지 未詳ᄒᆞ며"(국문연구 53ㄱ)라고만 하고 더 이상 언급하지 않았다. '‥'가 어떤 음을 표기하기 위한 문자인지 짐작하기가 어려웠던 듯하다.

(5) 된소리 표기 글자

주시경은 된소리를 동일 자음이 중복된 혼합음으로 보았다. 그는 된소리를 중음(重音) 또는 쌍음(雙音)이라 불렀다.

> ㄲ ㄴㄴ ㄸ ㄹㄹ ㅁㅁ ㅃ ㅆ ㅉ ㆅ 이런 것들은 즁음(重音)이니[85] 곳 쌍음(雙音)이라 근속(近俗)에셔 된ㅅ이라 ᄒᆞᄂᆞᆫ 것들인ᄃᆡ 지금 쓰ᄂᆞᆫ 것들은 ㄲ ㄸ ㅃ ㅆ ㅉ ᄲᅳᆫ이니라 〈국문문법 12ㄱ〉

> 單音은 雙音이 되ᄂᆞ니 ㄲ ㆀ ㄸ ㄴㄴ ㅃ ㅁㅁ ㅉ ㅆ ㆆㆆ 이러ᄒᆞᆫᄃᆡ 곳 濁音이니라 〈대한국어문법 57ㄱ－ㄴ〉

> ㄲ은 ㄱ의 重音이요 ㄸ은 ㄷ의 重音이요 ㅉ은 ㅈ의 重音이라 〈고본말 8ㄴ〉

그는 된소리를 쌍음으로 보았기 때문에 된소리 표기도 '同字 竝書'(各字竝書)로 하는 것이 옳다고 생각하였다. 그러나 당시에는 된소리를 ㅅ계합용병서로 표기하는 것이 더 일반적이었기 때문에 된소리를 왜 ㅅ계합용병서로 표기하게 되었을까 하는 의문을 가지게 되었다. 이 의문과 관련하여 그는 된소리 표기에 쓰이는 된시옷이 '자찍는 법'에서 유래했을 것이라는 지석영의 설을 받아들였다.[86]

---

85) 원문에는 '즁음'의 '즁'이 '쥬'로 되어있다. 오자일 것이다.

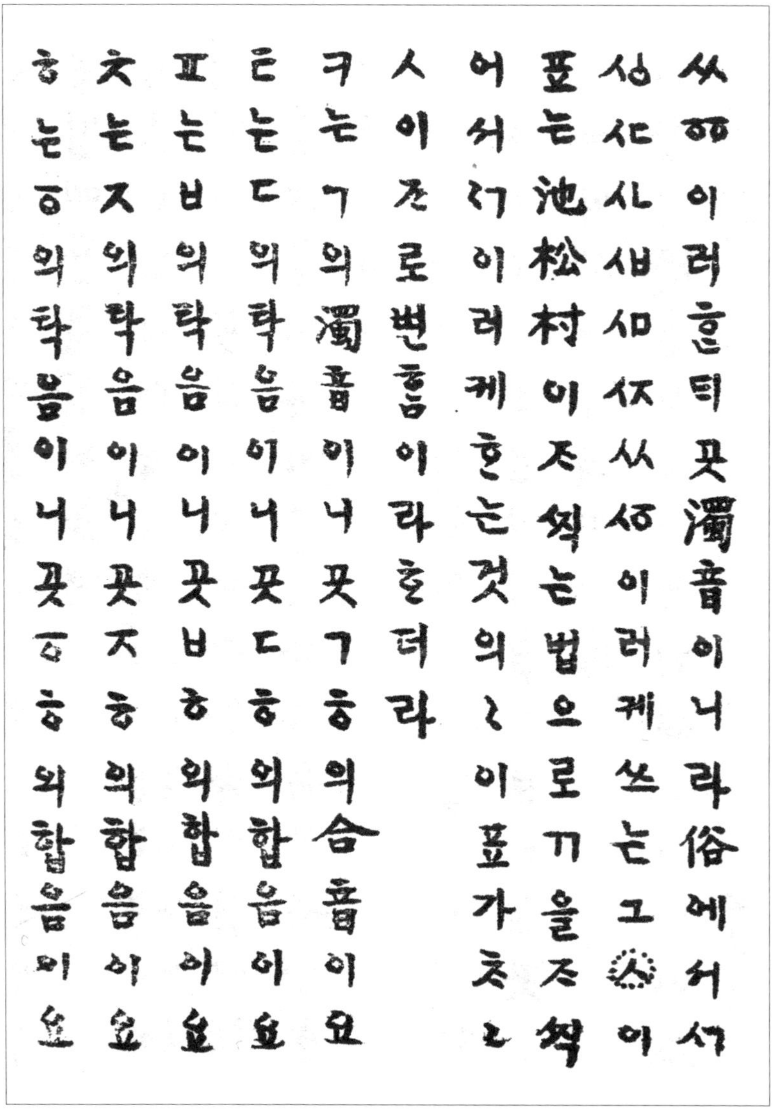

ㅆ ㆅ 이러ᄒᆞᆫ듸 곳 濁音이니라 俗에서 ᄭᅥ
ᄵ ᄯ ᄮ ᄲ ᄱ ᄶ ㅆ ㅅㆆ 이러케 쓰는 그 ⓢ이
표는 池松村이 ᄌᆞ쎡는 법으로 ㄲ을 ᄌᆞ쎡
어셔 ㅺ 이러케 ᄒᆞᆫ는 것의 ㅅ이 표가 ᄎᆞㄹ
ㅅ이 ᄌᆞ로 변홈이라 ᄒᆞ더라
ㅋ는 ㄱ의 濁音이니 곳 ㄱㅎ의 合音이요
ㅌ는 ㄷ의 탁음이니 곳 ㄷㅎ의 합음이요
ㅍ는 ㅂ의 탁음이니 곳 ㅂㅎ의 합음이요
ㅊ는 ㅈ의 탁음이니 곳 ㅈㅎ의 합음이요
ㅎ는 ㆆ의 탁음이니 곳 ㆆㅎ와 합음이요

[그림4] 〈대한국어문법 57ㄴ〉

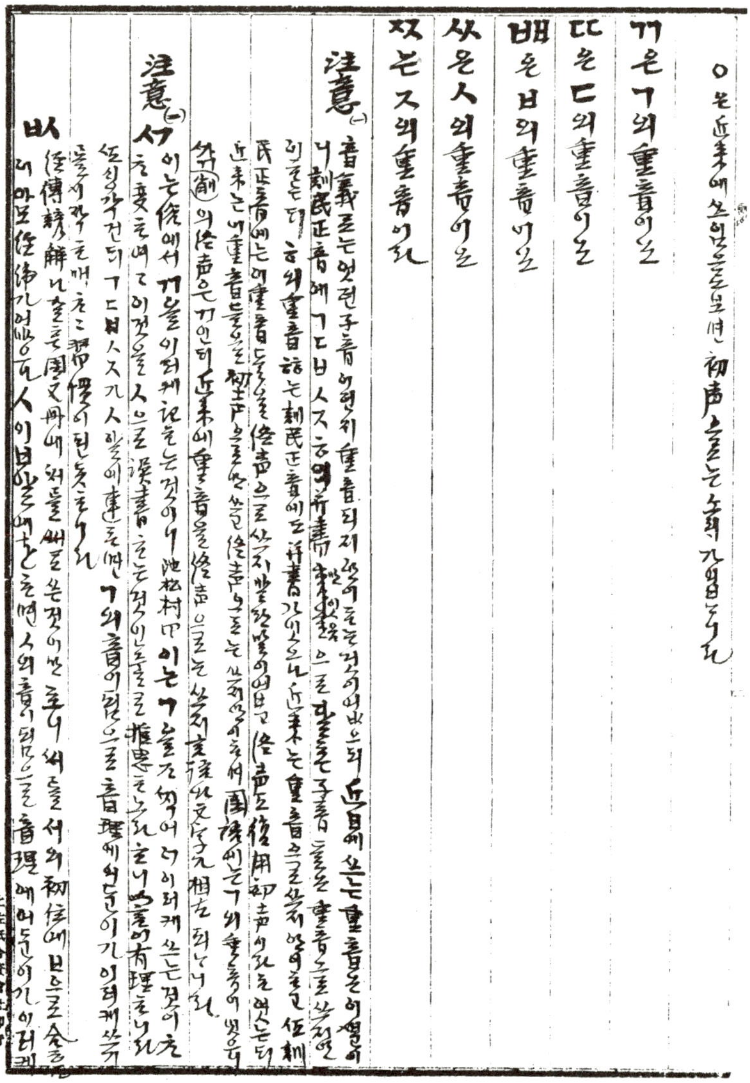
ㄲ은 ㄱ의 重音이오
ㄸ은 ㄷ의 重音이오
ㅃ은 ㅂ의 重音이오
ㅆ은 ㅅ의 重音이오
ㅉ은 ㅈ의 重音이라

[그림5] 〈고본말 8ㄴ〉

앞의 [그림 4]와 [그림 5]에서 그러한 사실을 확인할 수 있는데 해당 부분을 옮겨보면 다음과 같다.

俗에서 ㅺ ᄵ ㅼ ᄮ ㅽ ᄱ ᄶ ㅆ ᄻ 이러케 쓰는 ㅅ 이 표는 池松村이 ᄌᆞ 찍는 법으로 ㄲ을 ᄌᆞ 찍어서 ᄼㄱ 이러케 ᄒᆞ는 것의 ᄼ 이 표가 ᄎᆞ〃 ㅅ 이 ᄌᆞ로 변홈이라 ᄒᆞ더라 〈대한국어문법 57ㄴ〉

ㅺ 이는 俗에서 ㄲ을 이러케 記ᄒᆞ는 것이니 池松村 曰 이는 ㄱ을 ᄌᆞ 찍어 ᄼㄱ 이러케 쓰는 것이 ᄎᆞᄎᆞ 變ᄒᆞ여 ᄼ 이것을 ㅅ으로 誤書ᄒᆞ는 것인 줄로 推思ᄒᆞ노라 하니 此言이 有理ᄒᆞ니라 〈고본말 8ㄴ〉

그러나 된소리를 ㅅ계합용병서로 표기하는 것은 음리상으로 맞지 않는다고 생각하였다. 된소리를 ㅅ계합용병서로 표기하면 본음과 문자가 상이하게 되기 때문이다. 그는 《용비어천가》에서 어두 위치에 쓰인 'ㅄ'을 'ㅅ'의 된소리 표기라고 보고서 이의 부당성을 다음과 같이 설명하였는데 'ㄱ'의 된소리를 'ㅺ'과 같이 표기하는 것에 대해서도 같은 논리가 적용될 수 있을 것이다.

正音에 竝書라 ᄒᆞᆫ ㄲ ㅃ ㅆ ㅉ ㄸ을 ㅺ ㅽ ㅆ ᄶ ㅼ 으로 行用되는ᄃᆡ 音理에는 雙子音을 單子音에 ㅅ을 先合홈이 不當ᄒᆞ니라 〈국어문전음학 52〉

86) 된소리를 ㅅ계합용병서로 표기하게 된 유래(예컨대 'ㄱ'의 된소리를 'ㅺ'으로 표기하게 된 유래)에 대해서는 다음과 같이 추정해 보기도 하였다.

쏘 ᄉᆡᇰ각건ᄃᆡ ㄱ ㄷ ㅂ ㅅ ㅈ 가 ㅅ 알에 連ᄒᆞ면 ㄱ의 음이 됨으로 音理에 어둔 이가 이러케 쓰기를 시작ᄒᆞ매 ᄎᆞ〃 習慣이 된 듯ᄒᆞ니라 〈고본말 8ㄴ〉

一例로 言ᄒᆞᆯ진대 갑사의 音을 讀ᄒᆞ면 가와 ㅏ의 사이에서 ㅂ ㅅ이 發ᄒᆞ여 삿사의 發音과 不同ᄒᆞᆫ지라 故로 ㅆ을 ㅄ으로 用ᄒᆞᆷ은 本音과 文字가 相異ᄒᆞ니 不可ᄒᆞ고 〈국문연구 79ㄴ〉

된소리를 ㅅ계합용병서로 표기하는 것은 부당하다고 생각하였지만 '자찍는 법'으로 표기하는 것에 대해서는 처음부터 부정적으로 생각하지는 않았던 듯하다. 일면의 타당성이 있다고 생각하였기 때문일 것이다. 〈국문연구안〉에서는 된소리를 '자찍는 법'으로 표기하는 경우와 각자병서로 표기하는 경우의 장단점을 제시하면서 된소리 표기는 이 두가지 중에서 하나를 택하든가 손으로 글씨를 쓸 때에는 '자찍는 법'을 쓰고 인쇄를 할 때는 병서법을 쓰는 것이 可하다고 하였다.

故로 ㅅ을 左加ᄒᆞᆷ으로 重音을 作ᄒᆞ는 通用法을 삼음이 不可ᄒᆞ고 近日에 重音의 書法에 對ᄒᆞ여 一議가 有ᄒᆞ니 重音은 ᄌᆞ찍는 法을 取ᄒᆞ여 單音의 左에 〻表를 加ᄒᆞᆷ이 可ᄒᆞ다 ᄒᆞ니 此法이 書寫ᄒᆞ기는 最便ᄒᆞ되 正當ᄒᆞᆫ 法式이라 ᄒᆞᆯ 수 업고 ᄯᅩ 音理를 說明ᄒᆞ기에도 不便ᄒᆞᆷ이 不無ᄒᆞᆯ 것이요 單音을 重書ᄒᆞ여 ㄲ ㄸ으로 書ᄒᆞ는 法을 取ᄒᆞ면 此는 書法이 正當ᄒᆞ고 音理를 說明ᄒᆞ기도 最便ᄒᆞ나 書寫ᄒᆞ기는 ᄌᆞ찍는 法을 取ᄒᆞᆷ보다 甚히 不便ᄒᆞᆫ지라

故로 重音의 書法은 此 二法 中에서 一法을 取ᄒᆞ든지 書記에는 字찍는 法을 用ᄒᆞ고 印刷에는 竝書法을 取ᄒᆞ든지 此 數法으로만 取捨ᄒᆞᆯ 것이요 其他는 不取ᄒᆞᆷ이 可ᄒᆞ다 ᄒᆞᄂᆞ이다 〈국문연구안, 전서 2 : 244-5〉

그러나 〈국문연구〉에 와서는 생각이 달라졌다. '자찍는 법'이 서사(書寫)하기는 편하지만 정당한 법이 아니고 음리를 설명하기도 어렵기 때문에 된소리 표기는 각자병서로 하는 것이 可하다고 하였다. 즉 각자병서법만을 된소리 표기법으로 인정한 것이다.

或 ᄌᆞ찍는 法을 取ᄒᆞ여 ᄁᆞ은 ᇌ 뺘은 ᆲ 等 法을 用홈이 可ᄒᆞ다 ᄒᆞᆯ지나 此法이 書寫에는 便易ᄒᆞ되 正當ᄒᆞᆫ 法이 안이요 音理를 說明ᄒᆞ기도 不順ᄒᆞ니 同音竝發홈을 同字로 竝書홈이 가홈 〈국문연구 80ㄴ〉

(6) 합음자

주시경은 국문(한글)의 문자적 성격에 대하여

國文은 象形文이 안이요 記音文이니 곳 事物을 隨ᄒᆞ여 圖形ᄒᆞᆫ 文字가 안이요 天地自然ᄒᆞᆫ 音의 原素만 表別ᄒᆞᆫ 文字라 〈국문연구 15ㄱ〉

라고 하였는데 국문의 문자체계는 '음의 원소만 표별한' 문자체계는 아니다. 합음자들도 문자체계 속에 포함되어 있기 때문이다. 우선 모음자와 관련하여 주시경은 음이 상합하는 대로 그 표도 그 각자를 상합한 것(ㅐ ㅔ ㅘ ㅝ 등)과 두 음의 합음을 별도의 문자로 만든 것(ㅑ ㅕ ㅛ ㅠ)을 구별하고서 후자를 '합음별표(合音別表)'라고 하였다. 전자에 대해서는 별도의 명칭을 부여하지 않았는데 굳이 명칭을 붙이자면 '相合字'라 할 수 있을 것이다. 그러니까 주시경은 합음자를 상합자와 합음별표로 구분한 셈이다. 그는 이 둘 중에서 합음별표만 문자체계에 포함시켰다. 합음별표에 해당하는 문자들에 대해서는 '특제(特製)' 하였다는 언급도 하였다.

또 이를 보면 모음의 합음은 ㅏ ㅓ ㅗ ㅜ ㅡ ㅣ의 서로 합ᄒᆞ는 것인고로 이 여섯 음들이 서로 합ᄒᆞ는 ᄃᆡ로 그 표도 그 합ᄒᆞ는 각ᄌᆞᄃᆡ로 합ᄒᆞ여 ㅏㅣ의 합음은 ㅐ로 쓰고 ㅗㅏ의 합음은 ㅘ로 쓰고 ㅜㅓ의 합음은 ㅝ로 쓰되 ㅏ ㅓ ㅗ ㅜ ㅡ에 ㅣ가 몬저 합ᄒᆞ여 발ᄒᆞ는 것은 ㅣㅏ ㅣㅓ ㅣㅗ ㅣㅜ ㅣㅡ로 쓰지 안코 <u>별표</u>를 만들어 ㅣㅏ는 ㅑ로 ㅣㅓ는 ㅕ로

ㅣㅗ는 ㅛ로 ㅣㅜ는 ㅠ로 만ᄃᆞᆯ엇으니 ㅣㅡ의 합음도 별표로 만들엇을 지라

이런즉 우리 국문의 <u>합음별표</u>를 겸ᄒᆞ여 ㅏ ㅓ ㅗ ㅜ ㅡ ㅣ ㅑ ㅕ ㅛ ㅠ 외에 더 잇을 것은 ㅣㅡ의 합음별표쌘이요 〈고본말 3ㄴ-4ㄱ〉

ㅏ ㅓ ㅗ ㅜ ㅡ ㅣ 六字에 ㅣ 先合ᄒᆞᆫ 字들(ㅑ ㅕ ㅛ ㅠ 字들)을 特製ᄒᆞ엿으니 〈고본말 22ㄱ〉

또 此를 觀ᄒᆞ면 母音의 모든 合音은 ㅏ ㅓ ㅗ ㅜ ㅡ ㅣ 六元素의 相合ᄒᆞ는 것이라 故로 此 六音이 相合ᄒᆞ는 ᄃᆡ로 그 表도 그 各字를 合ᄒᆞ여 ㅏㅣ의 合音은 ㅐ로 ㅗㅏ의 合音은 ㅘ로 書ᄒᆞ고 ㅜㅓ의 合音은 ㅝ로 書ᄒᆞ되 ㅏ ㅓ ㅗ ㅜ ㅡ에 各〃 ㅣ가 先合ᄒᆞ여 發ᄒᆞᆷ은 ㅣㅏ ㅣㅓ ㅣㅗ ㅣㅜ ㅣㅡ로 書ᄒᆞ지 안코 別體를 作ᄒᆞ여 ㅣㅏ는 ㅑ로 ㅣㅓ는 ㅕ로 ㅣㅗ는 ㅛ로 ㅣㅜ는 ㅠ로 代表ᄒᆞ엿으니 ㅣㅡ의 合音도 別表를 作 ᄒᆞ엿을 지라 然ᄒᆞᆫ즉 母音字는 <u>合音別表</u>를 兼ᄒᆞ여 ㅏ ㅓ ㅗ ㅜ ㅡ ㅣ ㅑ ㅕ ㅛ ㅠ 外에 又有ᄒᆞᆯ 것은 ㅣㅡ의 合音뿐이요 〈국문연구 60ㄱ-ㄴ〉

ㅑ ㅕ ㅛ ㅠ ㆍ는 ㅐ ㅔ ㅚ ㅟ ㅢ ㅘ ㅝ ㅙ의 쓰는 대로 하면 ㅣㅏ ㅣㅓ ㅣㅗ ㅣㅜ ㅣㅡ가 될 것인대 그 넛에[87] 따로 만들음이니라 〈말의소리 ㄷ〉

자음자에 대해서는 합음별표라는 용어를 사용하지 않았으나 자음자의 경우에도 유사한 생각을 했던 것으로 여겨진다. 즉 자음자에도 상합자와 합음별표가 있다고 생각한 듯하다. 예컨대 'ㄲ ㄺ' 등은 상

87) '넛에'는 '대신에'의 의미다. '넛'은 '代'의 훈이다. 조선광문회 편《新字典》(1915년) 참조.

합자요 'ㅋ ㅌ ㅍ ㅊ'은 합음별표라고 생각한 듯하다. 《말의소리》에서 모음자 'ㅑ ㅕ ㅛ ㅠ'를 설명했던 방식과 동일한 방식으로 자음자 'ㅋ ㅌ ㅍ ㅊ '을 설명하였고 자음자의 경우에도 합음별표에 해당하는 문자들만 문자체계에 포함시켰다는 점에서 그러하다.

> ㅋ ㅌ ㅍ ㅊ 는 ㄲ ㄺ의 쓰는 대로 하면 ㄱㅎ ㅎㄱ나 ㄷㅎ ㅎㄷ나 ㅂㅎ ㅎㅂ나 ㅈㅎ ㅎㅈ가 될 것인대 그 넷에 이러하게 따로 만들음이니라
>
> 〈말의소리 ㅁ〉

자음의 경우 'ㄱㅎ ㄷㅎ ㅂㅎ ㅈㅎ' 등의 합음을 상합자로 표기하지 않고 별도의 문자를 만든 것은 행용(行用)에 간편하게 하기 위함이라고 해석하였다.

> ㄱㅎ나 ㅎㄱ을 ㅋ로 ㄷㅎ나 ㅎㄷ을 ㅌ로 ㅂㅎ나 ㅎㅂ을 ㅍ로 ㅈㅎ나 ㅎㅈ를 ㅊ로 制홈은 行用에 簡便ᄒᆞ기를 爲홈인즉 〈국문연구안, 전서 2 : 223-4〉

(7) 주시경이 재정립한 문자체계

이상에서 서술한 바와 같은 과정을 거쳐 주시경은 한글의 문자체계를 다음과 같이 24자체계로 재정립하였다.

> 모음자 10자 : ㅏ ㅑ ㅓ ㅕ ㅗ ㅛ ㅜ ㅠ ㅡ ㅣ
> 자음자 14자 : ㄱ ㄴ ㄷ ㄹ ㅁ ㅂ ㅅ ㆁ ㅈ ㅊ ㅋ ㅌ ㅍ ㅎ

그런데 여기서 한 가지 문제가 되는 것은 'ㅇ'(음가가 없는 'ㅇ')이다. 물론 풀어쓰기를 할 때에는 'ㅇ'을 사용하지 않았기 때문에, 그리고

'ㅇ'을 사용하지 않아도 되기 때문에 문제가 없으나 모아쓰기를 할 때에는 음절두음을 가지지 않는 음절의 초성 자리에 'ㅇ'을 쓰지 않으면 매우 이상하게 느껴질 수밖에 없어서 문제인 것이다. 주시경도 그의 논저들에서 끝까지 초성 위치에 'ㅇ'을 표기해 주고 있다. 따라서 위의 24자체계 속의 'ㆁ'자 옆에 괄호를 하고 'ㅇ'을 넣어 주어야 하지 않을까 싶다(ㆁ(ㅇ)과 같이). 그러나 그의 문자관에 따른다면 음가가 없는 'ㅇ'은 문자체계 속에 포함될 수 없다.

3.3. 한글자모의 자체에 대한 인식

주시경은 초기에 훈민정음은 세종이 서장국 글자를 인하여 만들었다든가(국문론)[88] '고전(古篆)'과 '범자(梵字)'를 의방하여 만들었다고(국문문법5ㄱ, 대한국어문법 12ㄴ)[89] 언급한 적이 있기는 하나 이에 대한 자세한 논의를 펼치지는 않았다. 그는 한글(국문)의 연원(淵源)과 자체(字體)를 연구하는 과정에서 그러한 설들이 신빙성이 없다고 판단하였던 듯하다.

주시경이 한글의 제자원리를 직접적으로 언급한 바는 없다. 자체(字體)에 대해서만 언급하였을 뿐이다. 그러나 한글의 자체를 분석하여 서술한 내용을 보면 제자원리를 나름대로 밝힌 것이라 하여도 무방하

88) 셰죵대왕씌셔 (중략) 셔장국 글ᄌᆞ를 인ᄒᆞ야 말ᄒᆞᄂᆞᆫ 음을 조차 쓰게 글ᄌᆞ들을 어리셕은 아ᄒᆡ라도 하로 동안ᄆᆞᆫ ᄇᆡ호면 다 알게 만드샤 국ᄂᆡ에 ᄇᆡᆨ셩을 가ᄅᆞ치시며(일홈은 훈민뎡음이라 ᄒᆞ셧스니) 〈국문론, 독립신문 제2권 제47호, 1897. 4. 22.〉

89) 고전과 범자 모방설은 이봉운의 〈국문경리〉에서 가져온 것이 아닌가 여겨진다. 이러한 사실은 이현희(1988:203 주26)에서 이미 언급된 바 있다.

> 셰종조 끠셔 … 일일은 인도국 범셔와 고젼을 샹고ᄒᆞ신즉 죠션말 음과 샹ᄉᆞᄒᆞᆫ 고로 음은 범셔로 좃고 ᄌᆞ양은 고젼을 죠곰씩 변ᄒᆞ야 반졀을 ᄆᆞᆫᄃᆞ시니 〈국문경리 1ㄴ-2ㄱ〉

지 않을까 한다.

한글의 제자원리와 관련하여 주시경은 한글이 상형(象形)에 의하여 만들어진 문자는 아니라는 생각을 가지고 있었다. 앞에서 언급한 바와 같이 그는 문자의 종류에 크게 두 가지, 즉 상형문자(象形文字) 또는 기사문자(記事文字)와 기음문자(記音文字)가 있다는 것을 알고 있었는데, 상형문자는 글자 그대로 상형에 의하여 만들어진 문자이지만 기음문자는 상형에 의하여 만들어진 문자가 아니라고 생각하였다. 상형을 하려면 상형의 대상이 어떤 형상을 가지고 있어야 하는데 소리는 형상을 가지고 있는 것이 아니므로 기음문자는 상형에 의해 만들어질 수 없는 문자라고 생각하였던 것이다. 따라서 기음문자인 한글은 상형과는 관련이 없는 문자일 것이라고 생각했던 것이다. 그로서는 상형이라면 으레 사물을 상형하는 것으로만 생각하였던 듯하다.

> 國文은 象形文이 안이오 記音文이니 곳 事物을 隨ᄒᆞ여 圖形ᄒᆞᆫ 文字가 안이요 天地自然ᄒᆞᆫ 音의 原素만 表別ᄒᆞᆫ 文字라
>
> 音은 形象이 無ᄒᆞ니 形象이 無ᄒᆞᆫ 音을 形象이 有ᄒᆞᆫ 字畫으로 作ᄒᆞᆷ이 엇지 音을 形象ᄒᆞᆫ다 ᄒᆞ리오 〈국문연구 15ㄱ〉

주시경은 한글이 상형에 의해 만들어진 문자는 아니라고 생각하였기 때문에 한글자모 각 글자의 자체와 각 글자의 음가를 분석하여 한글의 제자원리를 밝혀 보려고 하였다. 그러는 과정에서 자음자의 가획의 원리를 발견하기도 하였고 모음자의 기본은 직획(직선)이요 자음자의 기본은 곡획(곡선)이라는 생각도 하게 되었으며 단음자(單音字)를 바탕으로 합음자(合音字)가 만들어졌다는 인식도 하게 되었다.

주시경이 모음자에 대하여 최초로 언급한 것은《국문문법》에서였다.

> ㅏ ㅑ ㅓ ㅕ ㅗ ㅛ ㅜ ㅠ ㅡ ㅣ ㆍ 이 모음의 규모 ᄎᆞ셔를 보면 한 점은

슌일훈 음이요 두 졈은 합음이니[90] ㅏ ㅓ ㅗ ㅜ ㅡ ㅣ는 다 슌일훈 음이요 〈국문문법 8ㄱ〉

여기서는 단음자와 합음자의 차이를 언급했을 뿐 단음자를 바탕으로 합음자가 만들어졌다는 인식은 보이지 않는다. 합음자가 단음자에 한 획을 더하여 만들어졌다는 기술은《고본말》에서 나타난다.

ㅣㅏ의 합음ㅑ로 ㅣㅓ의 합음 ㅕ로 ㅣㅗ의 합음 ㅛ로 ㅣㅜ의 합음 ㅠ로 표훈 것을 보면 다 ㅏ ㅓ ㅗ ㅜ에 한 획식 더후엿은즉 ㅣㅡ의 합음 표는 ㅡ에 한 획을 더후여 =로 만들엇을 터인듸 =로 후면 달흔 즈와 련훌 때에 서로 굳은 표가 만하 혼잡훈 폐가 잇음으로 두 획을 합후여 간단후고 특별훔을 취후여 ㆍ으로 만들엇나 보며 〈고본말 4ㄱ-ㄴ〉

〈국문연구안〉과 〈국문연구〉에서는 모음자의 기본은 직획이라고 보았다. 그리고 그 획이 '一橫一竪'뿐인 것은 '단음자류(單音字類)'요 단음자에 '一橫'이나 '一竪'가 더 加해진 것은 '합음자류(合音字類)'라고 하였다.

ㅏ ㅑ ㅓ ㅕ ㅗ ㅛ ㅜ ㅠ ㅡ ㅣ ㆍ 字는 各〃 直畫이니 다 母音字요 然則 直畫은 母音의 字類요 曲畫은 子音의 字類로다

ㅏ ㅓ ㅗ ㅜ ㅡ ㅣ 字는 그 畫이 各〃 一橫一竪뿐이니 單音字類요 ㅑ ㅕ ㅛ ㅠ ㆍ 字는 그 畫이 各〃 單音字에 一橫이나 一竪가 加훔이니 合音字類라

90) 원문은 '두 졈 합은 훈음이니'로 되어 있으나 내용상으로 볼 때 '두 졈은 합음이니'라고 보아야 타당할 듯하다.

、는 此制에 特別흔 形象이니 單音表 竪 ㅣ와 橫 ㅡ를 合흔 形象이라 何故오 竪橫이 相合ᄒ면 非竪非橫이니 、는 非竪非橫의 形象인 故로 竪橫의 相合홈을 簡短ᄒ게 、로 代表홈이라 〈국문연구안(전서 2:66-7), 국문연구 8ㄱ-ㄴ〉

《고등국어문전》에 오면 한글 자모의 자형(字形)을 선으로 인식하게 된다. 즉 자음자들은 곡선이요 모음자들은 직선이라고 보았다.

然이나 字母는 極히 簡要흔 曲直二線에 不外하니 曲線은 初聲字類요 直線은 中聲字類라 〈고등국어문전 16〉

그리고 이어서 모음자들은 종직선(縱直線) 'ㅣ'와 횡직선(橫直線) 'ㅡ'를 기본으로 하여 단횡선(短橫線) '-, ='와 단종선(短縱線) 'ı, ıı'가 첨가되어 만들어졌다고 인식하였다. 즉 'ㅣ'를 기본으로 하여 'ㅏ ㅑ ㅓ ㅕ'가 만들어지고 'ㅡ'를 기본으로 하여 'ㅗ ㅛ ㅜ ㅠ'가 만들어졌다고 이해하였다. 여기에 와서는 각 글자의 음가에 대해서는 전혀 언급이 없는바, 한글 자형(혹은 자체)을 순전히 문자론적으로 인식하려 하였다고 할 수 있다. 주시경이 인식한 이러한 모음자들의 제자원리는 훈민정음 중성자의 제자원리와 흡사한 면이 있다. 기본자를 바탕으로 나머지 문자들이 만들어졌는데 이들이 음가와는 상관없이 만들어졌다는 점에서 그러하다. '、'는 여전히 'ㅣㅡ'의 합음이라고 믿고 있었기 때문에 기본자로 인식하지 않고 특별하게 만들어진 합음자라고 인식하였다. 물론 '、'가 'ㅣㅡ'의 합음은 아니기 때문에 '、'자의 자형에 대한 설명 역시 억지스러움을 면하지 못하였다.

縱直線基本
- ㅣ 基本 自上直下한 垂直形이라
- 右傍短橫線
  - ㅏ ㅣ에 短橫線 -를 右加한 것이라
  - ㅑ ㅣ에 短橫線 =를 右加한 것이라
- 左傍短橫線
  - ㅓ ㅣ에 短橫線 -를 左加한 것이라
  - ㅕ ㅣ에 短橫線 =를 左加한 것이라

橫直線基本
- ㅡ 基本 自左向直한 平直形이라
- 上面에 短橫線
  - ㅗ ㅡ에 短縱線 ı를 上加한 것이라
  - ㅛ ㅡ에 短縱線 ıı를 上加한 것이라
- 下面에 短橫線
  - ㅜ ㅡ에 短縱線 ı를 下加한 것이라
  - ㅠ ㅡ에 短縱線 ıı를 下加한 것이라

縱橫交叉點 ㆍ 縱ㅣ 橫ㅡ를 上下左右로 相加하면 他字와 同흔 故로 ㅣㅡ를 中 加하면 즉 十의 交叉處에 非縱非橫의 ㆍ으로 代表한 것이라

〈고등국어문전 17-8〉

자음자와 관련하여서는 가획의 원리를 일찍부터 어느 정도 인식하였던 듯하다. 이미 〈국문론〉에서 "흐린ᄌᆞ음은 ᄆᆞᆰ은ᄌᆞ음에다가 획을 더 넛코"라고 언급한 것을 통하여 그러한 사실을 알 수 있다. 주시경은 이때에 벌써 'ㅋ, ㅌ' 등이 'ㄱ, ㄷ'에 가획을 하여 만들어진 문자라는 사실을 인식하였던 것으로 보인다.

앞에서 언급한 바와 같이 주시경은 국어의 자음을 청음(淸音)과 탁음(濁音)으로 분류하였는데 처음에는 '초종성통용팔자'로 분류된 것은 청음이고 '초성독용팔자(初聲獨用八字)'로 분류된 것은 탁음이라고 이해하였다.

그리고 자음을 이렇게 청음과 탁음으로 분류했을 때 대체로 탁음자

들은 청음자들에 가획을 한 것이라는 사실을 깨달았던 듯하다. 그는 탁음을 어떤 두 음의 합음이라고 이해하였는데("ㅊ는 ㅈ의 탁음이니 곳 ㅈㅎ의 합음인딕 … ㅿ는 ㅅㅇ의 합음이요"), 탁음이 이와 같이 복합음이듯이 탁음자도 청음자에 획이 더해진 복합자라고 이해하였던 듯하다. 그러나 국어의 음운에 대한 이해가 깊어지면서 자형상으로는 탁음자(가획자)이지만 음가상으로는 탁음이 아닌 경우도 있다는 것을 발견하였다.《국문문법》(10ㄴ)에서 ㅈ은 그 모양이 ㅅ에 ㅡ를 더한 것이므로 문자상으로 보면 ㅅ의 탁음이라 하겠는데 음가상으로 보면 청음이라고 한 것이 그러한 예에 해당한다.

가획에 대한 언급은《대한국어문법》에서부터 구체화된다.

> ㅋ는 ㄱ에 ㅡ이를 더흠이요
> ㅌ는 ㄷ에 ㅡ이를 더흠이요
> ㅍ는 ㅂ에 ㅡ이를 더흘 딕신에 ㅂ를 돌라 ㅍ가 됨이요
> ㅊ는 ㅈ에 ㅡ이를 더흠이요
> ㅎ는 ㆆ에 ㅡ이를 더흠이요
>
> 〈대한국어문법 52ㄴ〉

〈국문연구안〉에 이르러서는 자음 각 계열의 기본자에 대한 인식을 하게 되며 가획이 'ㅎ'을 대표하는 것이라는 생각을 하게 된다. 그는 각 계열의 기본자에 해당하는 것을 '同類의 表'라고 하였다. 설음(舌音)에 관련된 부분만 인용해 보면 다음과 같다.

> ㄷ ㅌ ㄴ 舌音이니 左竪右截(横)흔 直角 ㄴ이 同類의 表요 ㅌ는 ㄷ에 一畫을 加흔 것이니곳 ㄷ에 何聲이 合흠을 表흔 것이요 〈국문연구안 '字體' 부분, 전서 2 : 68〉

舌音 ㄷ ㅌ ㄴ

ㅌ는 ㄷ의 濁音이니 곳 ㄷㅎ나 ㅎㄷ의 混合音인ᄃᆡ ㄷ 上에 一 畫은 ㅎ를 代表ᄒᆞᆫ 畫이요 ㄴ은 ㄷ ㅌ(원문 ㅎ)와 함게 舌音의 同類로 相屬ᄒᆞᆯ ᄲᅮᆫ이요 他關係는 無ᄒᆞ며 〈국문연구안 '發音' 부분, 전서 2 : 106〉

주시경은 〈국문연구안〉의 '字體'에 관한 설명 부분에서 아음자(牙音字) 중에서는 'ㄱ'을, 설음자(舌音字) 중에서는 'ㄴ'을, 순음자(脣音字) 중에서는 'ㅁ'을, 치음자(齒音字) 중에서는 'ㅅ'을, 후음자(喉音字) 중에서는 'ㅇ'을 각각 '同類의 表'라고 하였는바, 이는 결국 'ㄱ ㄴ ㅁ ㅅ ㅇ'이 각 계열의 기본자라는 것을 인식한 것이라고 할 수 있을 것이다.[91] 가획과 관련하여서는 'ㅋ ㅌ ㅊ ㅎ'만 가획으로 설명하였다. 'ㅍ'에 대해서는 《대한국어문법》에서도 그랬듯이 'ㅂ'을 전횡(轉橫)한 것으로 보았다. 가획의 의미는 'ㅎ'을 대표하는 것이라고 보았다.

그러나 그는 곧 가획이 일률적으로 'ㅎ'을 대표한다고 하기는 어렵다는 것도 인식하였다. 〈국문연구〉에 와서는 'ㅎ'과 'ㅿ'에 대하여 다음과 같이 설명하고 있는바,

ㅎ는 ㆆ에 一畫을 上加ᄒᆞᆷ이니 곳 ㆆ보다 實ᄒᆞᆷ을 表ᄒᆞᆷ이요

ㅿ 齒音 ㅅ에 一畫이 底加ᄒᆞᆫ 形象이니 곳 ㅅ에 如何ᄒᆞᆫ 關係가 有ᄒᆞᆷ을 表ᄒᆞᆷ이요 〈국문연구 9ㄴ〉

이는 'ㅎ'과 'ㅿ'이 가획자이기는 하되 이들에서의 가획은 'ㅎ'을 대표하는 것이 아니라는 것을 분명히 인식했음을 보여주는 것이라고 할 수 있다.

---

91) 안병희(2003ㄴ:339)에서도 주시경이 말한 '同類의 表'는 '기본자(基本字)'를 의미하는 것으로 이해된다고 하였다.

〈국문연구〉에서는 〈국문연구안〉에서보다 문자론과 음운론을 좀더 구별하려 한 듯한 점이 있어 주목된다. 즉 〈국문연구안〉에서는 '자체' 부분에서뿐만 아니라 '발음' 부분에서도 가획에 대하여 언급하고 있는데 〈국문연구〉에서는 '자체' 부분에서만 가획에 대하여 언급하고 '발음' 부분에서는 가획에 대한 언급이 없다는 점에서 그러하다.

ㄷ ㅌ ㄴ ㄹ 舌音類니 左竪右截ᄒᆞᆫ 直角形 ㄴ이 同類의 表요
ㅌ는 ㄷ에 一畫을 中加ᄒᆞᆷ이니 곳 ㄷ에 何聲이 合ᄒᆞᆷ을 表ᄒᆞᆷ이요

〈국문연구 '字體' 부분, 8ㄴ〉

ㄴ ㄷ ㅌ
此三字는 舌音이니 곳 舌로 節制되는 類라
ㄷ은 單音이니 곳 淸音이요
ㅌ는 ㄷㅎ나 ㅎㄷ이 混合한 複音이니 곳 濁音이라
ㄴ은 單音이니 곳 淸音이라

〈국문연구 '發音' 부분, 33ㄴ-34ㄱ〉

그러나 〈국문연구〉 단계까지에서는 음의 청탁 구분과 가획의 상관성을 불가분의 관계인 것으로 인식하였던 듯하다. 물론 'ㅈ'이나 'ㅎ'은 가획자이기는 하되 이들의 음가가 탁음은 아니라는 사실을 알게 되기는 하였지만 그래도 여전히 가획은 청음자와 탁음자 사이에서만 이루어진다는 인식을 떨쳐버리지 못했던 것이다. 그렇기 때문에 청음자들 사이에도 가획 관계가 성립하는 경우가 있으리라는 생각은 하지 못했던 것이다. 예컨대 같은 청음자인 'ㄴ'과 'ㄷ' 사이에도 가획관계가 성립하리라는 인식은 하지 못했던 것이다.

그러다가 《고등국어문전》(第五課 字母의 形体)에 오면 순수히 문자론적인 관점에서 자음자들을 기술하는데, 기본자에 대한 인식을 분명

하게 드러내면서 가획의 원리를 체계적으로 이해했음을 보여준다. 여기에 와서는 문자론과 음운론을 좀더 분명하게 구별하게 된 것이 아닌가 여겨진다. 그래서 'ㄴ'과 'ㄷ'의 관계도 가획으로 설명할 수 있게 되었을 것이다.

牙音 ㄱ 基本. 上橫下曲한 直角形이라
ㅋ ㄱ에 ㅡ를 中加한 것이라

舌音 ㄴ 基本. 左縱右曲한 直角形이라
ㄷ ㄴ에 ㅡ를 上加한 것이라
ㅌ ㄷ에 ㅡ를 又上加한 것이라
ㄹ ㄷ에 ㄱ을 上加한 것이라

脣音 ㅁ 基本. 上橫下曲ᄒᆞ고 左縱右曲한 四角形이라
ㅂ ㅁ에 上部兩角線이 上으로 稍長케 變한 것이라
ㅍ ㅂ을 橫置變形한 것이라

齒音 ㅅ 基本. 左右斜曲한 山形이라
ㅈ ㅅ에 ㅡ를 上加한 것이라
ㅊ ㅈ 에 ㅣ를 上加한 것이라
ㅿ ㅅ 에 ㅡ를 下加한 것이라

喉音 ㅇ 基本. 圓曲한 正圓形이라
ㆁ ㅇ에 ㅣ를 上加한 것이라(字形은 喉音屬이나 正音에는 牙音屬)
ㆆ ㅇ에 ㅡ를 上加한 것이라
ㅎ ㆆ에 ㅣ를 上加한 것이라

위의 내용을 요약하여 도표로 정리하면 다음과 같은데,

ㄱ → ㅋ

ㄴ → ㄷ → ㅌ

ㅁ → ㅂ → ㅍ

ㅅ → ㅈ → ㅊ (ㅅ → ㅿ)

ㅇ → ㆆ → ㅎ (ㅇ → ㆁ)

이는 〈훈민정음 해례〉에서 설명하고 있는 가획의 내용과 거의 다를 바가 없다.

주시경이 합음자에 해당한다고 생각했던 것들에 대해서만 가획으로 설명하다가 합음자가 아닌 것들(ㄷ ㅂ ㅈ ㆆ)에 대해서도 가획으로 설명하게 된 것은 한편으로는 가획이 반드시 합음과 관련되는 것은 아니라는 사실을 인식하였기 때문이고 다른 한편으로는《훈민정음도해》의 영향을 받았기 때문이 아닌가 여겨진다[92].

주시경은 〈국문연구안〉의 '國文字體及發音의 沿革' 부분에서《훈민정음도해》의 내용을 길게 인용하고 있는데, 그 중의 '오음변성(五音變成)' 부분을 발췌하여 옮겨 보면 다음과 같다.

ㅇ變而加ㅡ於上爲ㆆ ㆆ變而加ㅡ於上爲ㅎ

ㆁ變而加ㅡ於上爲ㄱ ㄱ變而加ㅡ於上爲ㅋ

ㄴ變而加ㅡ於上爲ㄷ ㄷ變而加ㅡ於上爲ㅌ

ㅅ變而加ㅡ於上爲ㅈ ㅈ變而加ㅡ於上爲ㅊ

ㅁ變而縱四角生爲ㅂ ㅂ變而橫四角生爲ㅍ

---

92)〈국문연구안〉 이후의 주시경의 한글 자체에 대한 기술이《훈민정음도해》의 '五音變成' 부분의 영향을 받았을 것이라는 사실은 한택동(1998:178-9)에서 이미 지적한 것이다.

이 '오음변성'의 내용과 《고등국어문전》에서 베푼 자음자의 자체에 대한 설명 부분을 비교해 보면 그 둘이 매우 유사하다는 것을 알 수 있다. 주시경은 〈국문연구안〉을 작성하면서 참고했던 내용을 그 후에 좀더 깊이 있게 이해하면서 가획에 대한 인식을 한 차원 높일 수 있게 되었던 것이 아닌가 여겨진다.

이상에서 알 수 있는 바와 같이 주시경은 한글자모의 자체(字體)를 나름대로 분석하여 한글의 제자원리를 추론하였는바, 그는 한글이 초성자와 중성자 모두 기본자를 바탕으로 나머지 글자들이 순차적으로 만들어진 문자체계라고 이해하였다. 이는 훈민정음 해례의 제자원리와 매우 유사한 것으로서, 비록 《훈민정음도해》의 '오음변성' 부분의 영향을 받았을 가능성이 없지는 않지만, 《훈민정음 해례본》을 보지 못한 상태에서 이러한 추론을 해 내었다는 것은 높이 평가받을 만한 것이 아닌가 여겨진다.[93)]

93) 안병희(2003ㄴ:339)에서도 주시경의 이러한 학설은 한글 기원설(起源說)의 역사에서 높이 평가되어야 할 것이라고 하였다.

4. 주시경의 표기법 원리

4.1. 일반적 원리

주시경은 국문을 공부하게 되면서 국어의 표기법이 매우 혼란스럽다는 것을 알게 되었다. 주시경이 파악한 당시의 표기법은 "誤解誤書ᄒᆞ는 弊"가 많을[94] 뿐만 아니라 "書書不同하고 人人異用"하여 "一言을 數十種"으로 표기하기도 하는 혼란된 것이었다.[95] 주시경은 이러한

94) 聖明ᄒᆞ신 우리 世宗大王ᄭᅴ서 이를 深慮ᄒᆞ샤 我東 天然의 土音ᄃᆡ로 正音을 始製ᄒᆞ어 上下智愚 貧富貴賤 無論ᄒᆞ고 本國말을 記錄ᄒᆞ어 學文을 講究ᄒᆞ기에 쉽도록ᄒᆞ고 쓰기와 알기에 便利(토)록 ᄒᆞ셧거ᄂᆞᆯ 後生들이 이 뜻을 받아 힝치 안이ᄒᆞ고 注意 밖에 더펴 두어 如干 쓰이는 것도 誤解誤書ᄒᆞ는 弊가 만은지라 <대한국어문법 拔 4ㄱ>

95) 이와 관련하여 주시경이 언급한 구체적인 내용은 다음과 같다.

> 由來文字와 今日 行用을 觀하면 國語와 音理를 未解하고 拘拘히 그 連發音만 强搆함이 多 하여 此音을 彼音으로 記하고 彼音을 此音으로 記하며 二音을 一音으로 記하고 一音을 二音으로 記하며 上字의 音을 下字에 移하고 下字의 音을 上字에 附하며 上字의 音을 上下字에 分屬하고 下字의 音을 上下字에 分屬하며 此類에는 不書하고 彼類에는 書하며 或은 正을 取하고 或은 俗을 取하며 朝에는 此法을 用하고 暮에는 他意를 從하여 書書不同하고 人人異用하매 一言을 數十種으로 記함이 有하며 文字를 未解하는 弊가 語音에 及하고 語音을 未辨하는 害가 文字에 至하여 言文이

혼란된 표기법을 통일하고 잘못된 표기법의 습속(習俗)을 교정하여 새로운 표기법을 정립하고자 혼신의 노력을 다하였다. 그는 아마도 이것이 자신에게 주어진 시대적 사명이라 인식하였던 것이 아닌가 여겨진다.

그런데 새로운 표기법의 정립이란 그리 간단한 일이 아니다. 음운, 문법, 문자에 대한 연구가 수반되지 않고서는 이루어질 수가 없는 일인 것이다. 그렇기 때문에 주시경은 국어 국문에 대한 연구를 진행하면서 자신의 연구 결과를 반영하여 점진적으로 표기법을 정립하여 갔다.

본 장에서는 주시경이 표기법을 정립해 나가면서 표기법과 관련하여 언급했던 내용들을 바탕으로 그가 생각했던 표기법의 원리를 재조명해 보고자 한다.

주시경이 자술한 바에 의하면 그는 21세 되던 병신년(1896년)에 '국문동식회'를 조직하여 'ㄷ ㅌ ㅈ ㅊ ㅍ ㅎ ㄲ ㅄ ㄵ ㅀ' 등도 받침으로 쓰자는 주장을 하였다고 한다.

이십일셰 병신에 여럿 벗을 권ᄒᆞ여 국문동식회를 조직ᄒᆞ다가 그 경영을 셩취ᄒᆞ지 못ᄒᆞ고 〈대한국어문법 31ㄴ〉

諸友를 請ᄒᆞ여 國文同式會를 組織ᄒᆞ고 國語에 ㄷ ㅌ ㅈ ㅊ ㅍ ㅎ ㄲ ㅄ ㄵ ㅀ 等音이 終聲으로 發ᄒᆞ는 字가 有ᄒᆞᆫ즉 國語대로 國文을 記用ᄒᆞ자 ᄒᆞ더니 同會 諸人이 獨立黨의 嫌으로 四處에 奔竄ᄒᆞ여 素志를 完成

不同하며 漢音의 變을 我音이 被하고 前人謬를 後人이 襲하여 苟且相因하고 混亂無稽하니 이에 깊이 硏究하여 크게 澄淸하지 안이 할 수 없나니라 〈국어문법 26〉

이와 거의 유사한 내용이 이미 〈국문연구〉의 '發音의 沿革' 부분에서 제시된 바 있다.

치 못ᄒᆞ엿으나 〈국어문전음학 61〉

그러나 글을 통하여 국어의 표기법에 대해서 처음으로 언급한 것은 〈국문론〉(1897년)에서였다.[96] 여기서 그가 주장한 것은 체언의 어간과 조사를 분리하여 표기해야 한다는 것이었다. 그의 표현대로 하자면 "말의 경계들을 다 옳게 찾아 써야 한다"는 것이었다.[97] 그는 '이것이'를 예로 들면서 이것을 '이것시'나 '이거시'와 같이 표기하는 것은 문법적으로 잘못된 것이고 '이것이'로 표기하는 것만이 문법적으로 옳다고 하였다.

아즉 글ᄌᆞ들을 올케 쓰지 못ᄒᆞᄂᆞᆫ것들이 만으니 셜령 이것이 ᄒᆞᆯ 말을 이것시[원문: 이것이] 이러케 쓰ᄂᆞᆫ 사ᄅᆞᆷ도 잇고 이거시 이러케 쓰ᄂᆞᆫ 사ᄅᆞᆷ도 잇스니 이ᄂᆞᆫ 문법을 몰으ᄂᆞᆫ 연괴라

이것시 이러케 쓰ᄂᆞᆫ 사ᄅᆞᆷ은 이것 이 ᄌᆞᄂᆞᆫ 올케 썻거니와 그 토ᄂᆞᆫ 이 이ᄌᆞ로 쓸 것을 시 이 ᄌᆞ로 썻스니 ᄒᆞᆫ가지ᄂᆞᆫ 틀엿고 이거시[원문: 이것시] 이러케 쓰ᄂᆞᆫ 사ᄅᆞᆷ은 이것 이러케 쓸것을 이거 이 ᄌᆞ로 썻스며 이 이ᄌᆞ로 쓸것을 시 이 ᄌᆞ로 썻스니 일홈된 말이나 그 일홈된 말 밋헤 드러가ᄂᆞᆫ 토나 두 글ᄌᆞ가 다 틀엿스니 문법으로ᄂᆞᆫ 대단이 실수 ᄒᆞᆷ이라

셜령 (墨먹으로) ᄒᆞᆯ것을 머그로 ᄒᆞ지 말고 (手손에) ᄒᆞᆯ것을 소네 ᄒᆞ지 말고 (足발은) ᄒᆞᆯ것을 바른 ᄒᆞ지 말고 (心맘이) ᄒᆞᆯ것을 마미 ᄒᆞ지 말고 (飯밥을) ᄒᆞᆯ것을 바블 ᄒᆞ지 말고 (筆붓에) ᄒᆞᆯ것을 부세 ᄒᆞ지 말것이니 이런 말의 경계들을 다 올케 차자 써야ᄒᆞ겟고

96) 이 부분은 송철의(2008 : 980-984)에서 이미 논의했던 내용이다.

97) 이에 대해서는 이미 이병근(1985 : 65-6)에서 언급한 바 있다.

〈국문론, 독립신문 제2권 제115호, 1897. 9. 28.〉

이 시기는 잘 알려져 있는 바와 같이 표기법상으로 소위 연철표기, 중철표기, 분철표기가 혼재하고 있던 시기이다. 물론 전체적인 흐름 상으로는 연철표기에서 중철표기를 거쳐 분철표기로 이행되어가는 경향을 보이기는 하였으나 표기법이 제대로 정비되지 못한 채 혼란된 모습을 보여주고 있었다. 이러한 때에 주시경은 연철표기와 중철표기의 부당함을 지적하면서 분철표기의 타당함을 주장했던 것이다. 그는 기초적인 문법지식을 바탕으로 국어에 대한 관찰을 통하여 하나의 곡용형은 몸(어간)과 토(조사)로 분석된다는 사실과 조사가 모음으로 시작되는 것일 때는 어간의 말음이 연음되어 발음된다는 사실을 인식하고서[98] 표기상으로는 몸과 토를 구별하여 적되(즉 몸과 토의 경계가 분명히 드러나도록 적되) 발음상으로는 연음규칙을 적용하여 발음하는 것이 문법적으로 타당하다는 생각을 했던 것으로 여겨진다. 그는 당시의 표기법의 혼란이 그러한 국어의 문법을 잘 모른 데에서 비롯되는 것이라고 생각하였다. 연철표기와 중철표기는 문법적으로 옳지 않은 표기라고 인식하였던 것이다.

몸과 토에 대한 이러한 인식은 용언으로 확대되어 용언의 경우에도 어간과 어미의 경계를 밝혀 적는 것이 타당하다는 생각을 하기에 이른 것으로 여겨진다.[99] 《대한국어문법》에서 '씻어도'를 '씨서도'로 표

98) ('이것'에다) 토 이ᄌᆞᄭᆞ지 합ᄒᆞ야 놋코 닑어 볼 것 ᄀᆞᆺᄒᆞ면 음으로ᄂᆞᆫ 이것이 ᄒᆞᄂᆞᆫ 것과 이거시 ᄒᆞᄂᆞᆫ 것이 두가지가 다 음은 죠곰도 달으지 아니ᄒᆞ니 이 달으지 아니한 ᄭᆞ닭은 반졀 쇽에 아ᄌᆞ 줄은 다 모음인ᄃᆡ 모음글ᄌᆞ들은 음이 느즈니 이ᄌᆞ도 모음글ᄌᆞ요 ᄯᅩᄒᆞᆫ 음이 느즌 고로 이것이 ᄒᆞᆯ 것 ᄀᆞᆺᄒᆞ면 ㅅ 이 밧침은 음이 즁간에 잇서 이ᄌᆞᄂᆞᆫ 시ᄌᆞ 음과 ᄀᆞᆺ고 것ᄌᆞᄂᆞᆫ 거ᄌᆞ 음과 ᄀᆞᆺᄒᆞᆫ 고인ᄃᆡ 이러케 도라가ᄂᆞᆫ 줄은 몰으고 〈국문론, 독립신문 제2권 제115호, 1897. 9. 28.〉

99) 이병근(1985 : 66)에서는 이를 주시경의 형태론적 인식의 단계를 보여주는 것이라고 하였다.

기하거나(연철표기) '씻서도'로 표기하는 것(중철표기)의 부당성을 설명한 내용을 보면 〈국문론〉에서 '이것이'를 '이거시'나 '이것시'로 표기하는 것의 부당성을 설명하던 것과 유사함을 알 수 있다. 다만 여기에 와서는 '본음'과 '원체'라는 개념을 동원하여 설명하고 있음이 다를 뿐이다[100]. 편의상 '씻-(洗)'과 관련된 내용만 발췌하여 제시하면 다음과 같다.

> 이 우에 법이라 ᄒᆞᆫ 줄은[101] 어음과 본톄와 법식과 련독(連讀)ᄒᆞᆷ이 다 옳으나 쇽이라 ᄒᆞᆫ 줄에 씨서도는 련쇽ᄒᆞ는 음은 옳으나 웃ᄌᆞ 죵셩을 알엣ᄌᆞ 초셩으로 옴겨서 씻은 씨가 되고 어도는 서도로 변ᄒᆞ엿스니 상하ᄌᆞ의 본음과 원톄를 다 잃고 그 본ᄌᆞ대로 각〃 쓰는 법을 잃음이요 씻서도는 씻은 옳으나 어도를 서도로 변ᄒᆞ엿스니 그 본ᄌᆞ를 잃엇고 이를 련독ᄒᆞ면 씨써도니 졉속ᄒᆞ는 음ᄭᆞ지 잃음이요 〈대한국어문법 38ㄱ-39ㄱ〉

주시경은 연철표기의 부당성을 다음과 같이 말하기도 하였다.

> 말가
>
> 이는 맑아와 連讀ᄒᆞ는 음은 일반이나 형본 맑의 ㄱ을 간접 아에 관ᄒᆞ여 양자의 본체를 다 변ᄒᆞ여 국어에 법이 없게 ᄒᆞ여 국어가 국어 노ᄅᆞᆺ을 못하게 ᄒᆞ니 심히 올치 안이 ᄒᆞ니라 〈고본말 68ㄱ〉

그런데 체언과 조사, 용언어간과 어미를 구별하여 표기하려면 당연

---

100) 표기법과 관련하여 '본음(本音)'과 '원톄(原體)'라는 용어가 처음 등장하는 것은《국문문법》에서이다. 그러나 거기에서는 표기법에 대한 자세한 설명이 없어서 본음과 원체가 표기법과 어떻게 관련되는지 자세히 알 수가 없다. 주시경은 나중에 '原體' 라는 용어 대신에 '本體'라는 용어를 쓰기도 하였다.

101) 다음 페이지의 [그림 6] 참조.

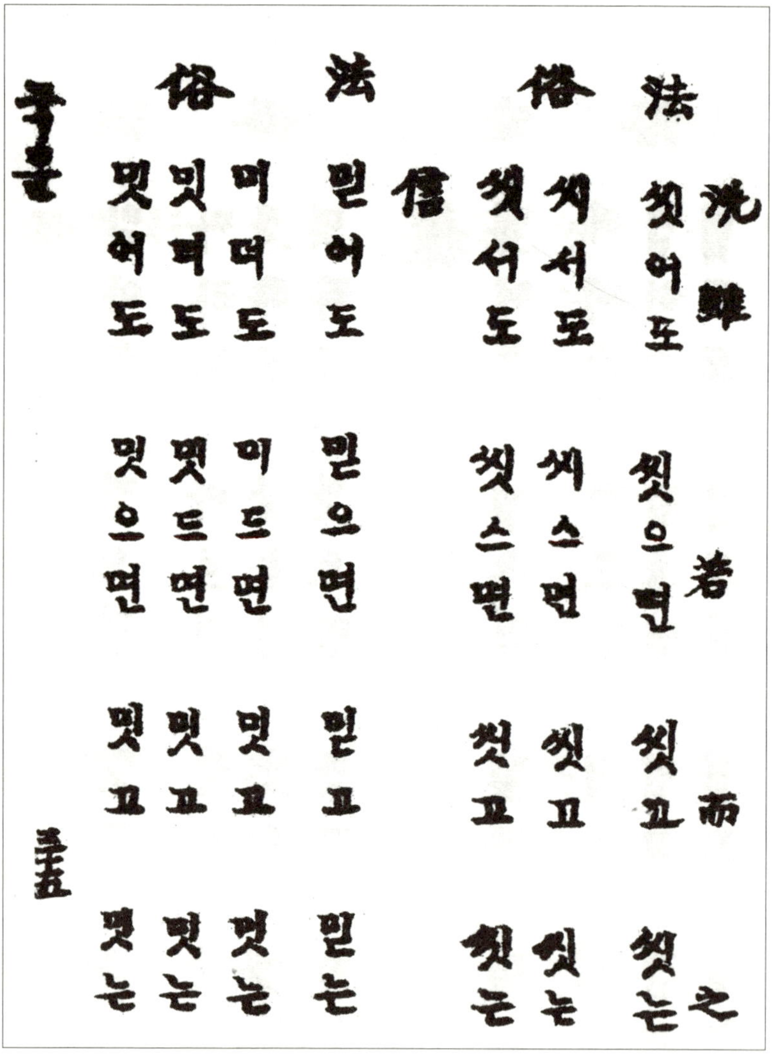

洗滌 法 씻어도 씻으면 씻고 씻는
俗 씨서도 씨스면 씻고 씻는
씻서도 씻스면 씻고 씻는

信 法 믿어도 믿으면 믿고 믿는
俗 미더도 미드면 밋고 밋는
밋더도 밋드면 밋고 밋는
밋어도 밋으면 밋고 밋는

若 而 之

[그림 6] 〈대한국어문법 35ㄱ〉

히 받침의 문제가 제기된다. 분철표기를 하자면 종래의 팔종성(八終聲) 혹은 칠종성(七終聲) 이외의 자음도 받침으로 사용하지 않으면 안 되는 경우가 생기기 때문이다. 예컨대 '마타도[任], 조차도[從]'를 분철표기하면 '맡아도, 좇아도'가 되는바, 이와 같이 분철표기하려면 'ㅌ, ㅊ' 등을 받침으로 쓰지 않을 수가 없는 것이다.

주시경도 당연히 그러한 사실을 인식하게 되었다. 그는 우리말을 "캐어보고", "궁구하여" 본 결과 종성이 'ㄷ ㅌ ㅍ ㅈ ㅊ ㅎ ㄲ'인 말들이 있음을 알게 되었으며 이들 종성을 받침으로 쓰는 것이 옳겠다는 생각을 하게 된 것이다. 그는 이런 종성을 가진 말들이 있음에도 불구하고 이들을 받침으로 쓰지 않았기 때문에 말과 글이 상좌되어 표기법이 혼잡하게 되었으며 문리를 잃게 되었다고 생각하였다.

> 말에는 ㄷ ㅌ ㅍ ㅈ ㅊ ㄲ 이런 것들이 만이 쓰되 글에는 쓰지 안이 ᄒᆞᆫ 고로 말과 글이 상좌되여 그 글ᄌᆞ의 원톄와 본음과 법식이 잘못되여 심히 혼잡ᄒᆞ고 문리가 업셔 그 ᄒᆡ됨이 지극히 큰고로 이 알에 변록ᄒᆞ노라 〈국문문법 13ㄴ〉

> 우리나라 말을 캐어본즉 ㄷ ㅌ ㅍ ㅈ ㅊ ㅎ ㄲ이 죵셩으로 쓰이는 말이 만으되 글에는 죵셩으로 쓰지 안이 ᄒᆞᆷ으로 말과 글이 샹좌되어 그 말의 원톄와 본음과 법식이 잘못되어 혼잡ᄒᆞ고 문리를 닗어 글이 글노릇을 ᄒᆞ지 못ᄒᆞ는지라 〈대한국어문법 25ㄴ-26ㄱ〉

> 이 알에 벌려 쓴 말들을 보면 ㅋ ㅌ ㅍ ㅈ ㅊ ㅎ ㄲ이 죵셩에도 쓰이는 말이 분명 잇고 이 말에는 이 ᄌᆞ(子)음들이 그 죵셩에 쓰어야 법이 옳을 줄을 알리라 〈대한국어문법 34ㄱ〉

그러나 모든 자음을 받침으로 써야 한다는 주시경의 주장(김민수

(1977 : 51)에서는 이를 '새받침說'이라고 하였다.)은 다른 사람들로부터 쾌한 용납을 얻지 못하였다.

> ᄒᆞᆼ샹 말과 글을 궁구ᄒᆞ어 씻洗 반受 맡任 맺結 덮覆 좇從 좋好 깎削 옳可 이러케 씀이 옳을 줄을 알고 여러 벗에게 이러ᄒᆞᆷ을 보이고 이러케 써야 법식이 옳음을 풀어 말ᄒᆞ나 쾌ᄒᆞᆫ 용랍을 얻지 못ᄒᆞ는지라 〈대한국어문법 27ㄱ〉

사람들이 자신의 '새받침설'을 받아들이지 못하는 이유를 주시경은 《훈몽자회》의 '초성독용팔자' 규정 때문이라고 생각하였다. 그의 표현을 빌자면 '초성독용팔자' 규정이 있음으로 해서 새받침설을 "다른 사람에게 알게 하여 믿게 할 길이 막혀" 있었던 것이다.

> 무슨 음이던지 초셩에 쓰이면 반듯이 죵셩에도 쓰이는 것은 ᄌᆞ연ᄒᆞᆫ 리셰어늘 여긔는[102] 이 여ᄃᆞᆲᄌᆞ는 죵셩에 쓰지 안이 ᄒᆞᆫ다 ᄒᆞᆷ은 그러치 안이 ᄒᆞᆯ 줄로 알되 이ᄀᆞᆮ은 문ᄌᆞ가 잇ᄉᆞᆫ즉[103] 이 ᄌᆞ음들이 쓰이는 것을 달은 사람에게 알게 ᄒᆞ어 믿게 ᄒᆞᆯ 길이 더욱 막혀 〈대한국어문법 30ㄴ〉

그러나 주시경은 주위 사람들이 쉽게 동조해 주지 않음에도 불구하고 모든 자음을 받침으로 써야 한다는 자신의 주장을 굽히려 하지 않았다.[104] 이론적으로 자신의 주장이 타당하고 '초성독용팔자' 규정이 잘못된 것이라 믿었기 때문이다. 그는 자신의 믿음을 뒷받침할 만한

---

102) 《화동정음통석운고》의 '諺文初中終三聲辨' 부분을 말하는 것인데, 주시경은 일찍부터 이것이 《훈몽자회》에서 가져온 것이라는 것을 알고 있었다.

103) 여기서 '이ᄀᆞᆮ은 문자'란 '初聲獨用八字' 규정을 의미하는 것일 듯하다.

104) 이 뜻을 쾌〃히 펴지 못ᄒᆞ나 이 뜻을 긔어코 이루어 보고자 ᄒᆞ는 마음을 근치지 안이 ᄒᆞ여 〈대한국어문법 31ㄱ〉

근거를 찾으려 애를 썼다.[105] 그러던 중 《훈민정음》을 보게 되면서 거기에 '終聲復用初聲'이라는 구절이 있음을 알게 되었고 《용비어천가》를 보게 되면서는 'ㅍ ㅊ ㅈ' 등이 받침(종성)으로 쓰인 예가 있음을 알게 되었다.[106] 이를 통하여 그는 훈민정음 창제 초기에는 모든 자음을 받침으로 쓰도록 되어 있었는데 《훈몽자회》에서부터 종성을 팔자(八字)로 제한하는 습속(習俗)이 생겼다고 생각하게 되었으며[107] 모든 자음을 받침으로 써야 한다는 자신의 주장이 옳다는 것을 확신하게 되었다.

주시경은 모든 자음을 받침으로 써야 한다고 주장하는 한편, 음운론과 형태론 연구의 결과를 표기법 설명에 접목시키기도 하였다. 위에서 이미 언급한 바와 같이 본체와 본음대로 표기해야 한다고 한 것이 그것이다. 본음은 음운론을 연구하는 과정에서 정립된 개념일 것이고 본체는 형태론을 연구하는 과정에서 나온 개념일 것인데 그는 이러한 개념들을 표기법의 원리를 설명하는 데에 활용하였던 것이다.

> 何國語를 何國文으로 記ᄒᆞ든지 其語의 本音으로 書ᄒᆞ고 自然ᄒᆞᆫ 音理대로 讀ᄒᆞᆷ이 古今天下에 通同ᄒᆞᆫ 常例라 〈국문연구 82ㄴ〉

---

105) 이 일로 달리 말ᄒᆞᆫ 칙이 잇나 ᄒᆞ여 국문에 관계되는 셔적들을 적지 안케 구ᄒᆞ여 보앗스나 〈대한국어문법 31ㄱ〉

106) 訓民正音에도 終聲復用初聲이라만 ᄒᆞ셧고 龍飛御天歌에도 ㅍ ㅊ ㅈ 等字를 終聲으로 용ᄒᆞ엿거ᄂᆞᆯ 〈국문연구 34ㄱ〉
訓民正音을 謹按ᄒᆞ매 終聲復用初聲이라 ᄒᆞ셧고 龍飛御天歌를 按ᄒᆞ매 ㄷ ㅈ ㅍ ㅊ 等字를 終聲으로 書ᄒᆞᆫ 字가 有ᄒᆞ니 右는 何字든지 初終을 勿論ᄒᆞ고 語音대로 記ᄒᆞᆷ이요 또 正音의 本義를 失치 안이ᄒᆞᆷ이라 〈국문연구 73ㄱ〉

107) 셰종대왕씌서는 텬연ᄒᆞᆫ 음ᄃᆡ로 각 子音들을 초죵셩 무론ᄒᆞ고 無礙通用케 ᄒᆞ심인ᄃᆡ ᄌᆞ회에 至ᄒᆞ여 ㅋ ㅌ ㅍ ㅈ ㅊ ㅿ ㆁ ㅎ를 초셩에만 쓰라 ᄒᆞᆷ으로 말과 문ᄌᆞ가 샹좌되어 큰 폐가 시작됨을 들어냄이로라 〈대한국어문법 23ㄱ-ㄴ〉

國文의 行用을 最便케 ᄒᆞᆯ 道는 國文의 本體되는 國語대로 記用ᄒᆞᆷ에 在ᄒᆞᆫ즉 決코 此道를 舍ᄒᆞ고 他道로 由ᄒᆞ여 强制ᄒᆞᆯ 바가 안이라 〈국문연구 86ㄴ〉

그러면 여기서 "其語의 本音으로 書"한다는 것은 무엇을 뜻하는가? 그것은 우선 자음동화나 중화와 같은 음운현상을 표기에 반영하지 않고 본래의 음대로 표기하는 것을 뜻한다. 다음의 두 인용문이 그러한 주시경의 표기원칙을 잘 드러낸 것이다.

百年 百萬 百里 十年 十萬 十里를 讀ᄒᆞ면 ᄇᆡᆼ년 ᄇᆡᆼ만 ᄇᆡᆼ리 심년 심만 심리라 ᄒᆞ되 書ᄒᆞ기는 百의 本音 ᄇᆡᆨ과 十의 本音 십을 取ᄒᆞ여 ᄇᆡᆨ년 ᄇᆡᆨ만 ᄇᆡᆨ리 십년 십만 십리로 記ᄒᆞ니 此는 本音을 存ᄒᆞ며 臨時의 音理를 隨ᄒᆞᆷ이라 〈국문연구 82ㄴ〉

國語에도 ㅅ이 終聲으로 本音되는 字가 有ᄒᆞ면 何時든지 ㅅ으로 記ᄒᆞᆷ이 可ᄒᆞ고 ㄷ이 終聲으로 本音되는 字가 有ᄒᆞ면 何時든지 ㄷ으로 記ᄒᆞᆷ이 可ᄒᆞ거늘 ㄷ과 ㅅ이 相同ᄒᆞᆯ 時가 有ᄒᆞ다고 ㅅ으로만 記ᄒᆞ든지 ㄷ으로만 記ᄒᆞ면 百年을 ᄇᆡᆼ년으로 記ᄒᆞ고 百日을 ᄇᆡᆼ일로 記ᄒᆞ고 百姓을 ᄇᆡᆼ셩으로 記ᄒᆞᆷ과 무엇이 다르리오 〈국문연구 82ㄴ-83ㄱ〉

위에서 앞의 인용문은 자음동화를 표기에 반영하지 않고 본음대로 표기한다는 원칙을 천명한 것이고 뒤의 인용문은 중화현상을 표기에 반영하지 않고 본음대로 표기한다는 원칙을 천명한 것이다. 이런 예들을 통해서 우리는 주시경의 본음대로의 표기가 무엇을 의미하는지 알 수가 있다. 우선 그것은 음운현상을 표기상에 반영하지 않는 표기를 의미하는 것이라 할 수 있다. 이렇게 되면 주시경의 표기법은 오늘날의 용어로 한다면 형태음소적 원리에 의한 표기법이 되는 것이

다.[108)]

그런데 주시경의 본음대로의 표기법은 이것만으로 끝나는 것이 아니다. 한 가지가 더 있는 것이다. 그것은 앞에서 인용한 '씻어도'의 표기와 관련한 설명을 통해서 알 수가 있다. 주시경은 '洗雖'를 뜻하는 국어 단어를 '씻어도'로 표기하면 본음대로 표기한 것이요, '씨서도'로 표기하면 어간 '씻'은 '씨'가 되고 어미 '으면'은 '스면'이 되어 어간과 어미의 본음을 모두 잃는 것이라고 하였다. 여기서 우리는 2.1.5.에서 논의했던 본음의 개념을 상기해 볼 필요가 있다. 거기서 우리는 주시경의 본음이라는 용어의 개념 속에는 '고정된 자형(字形)'이라는 문자적 개념도 포함되어 있다는 것을 밝혔는데, 바로 그러한 개념으로 본음이라는 용어를 사용하게 되면 '씨서도'는 '씻'이라는 고정된 자형에 변화가 온 것이므로 본음대로 표기한 것이 아닌 것이다. 그러니까 주시경에게 있어서 '洗'를 뜻하는 국어 단어의 본음은 음운론적으로는 /s'ïs-/이요, 문자적으로는 고정된 자형 '씻-'이었던 것이다. 따라서 주시경의 본음대로의 표기법이란 형태음소적으로 표기하는 것뿐만 아니라 자형을 고정시켜 표기하는 것까지를 의미하는 것이었던 것이다. 이를 현대적인 개념으로 바꾸어 말한다면 각 형태소의 기본형을 밝혀 적되 자형까지 고정시켜 표기하는 것이라 할 수 있을 것이다. 자형을 고정시켜 표기하면 자연히 형태소와 형태소의 경계를 밝혀 적는 결과(분철표기)가 된다. 그렇기 때문에 주시경은 표기법 관련 설명에 본음이라는 용어를 도입하면서부터 경계를 밝혀 적어야 한다는 언급을 하지 않게 되었던 것이다.

지금까지 주시경의 표기법을 '본음주의 표기법(本音主義 表記法)'이

108) 이기문(1970:33, 96-97)에서 이미 주시경의 표기법을 '형태음소적 표기법'이라고 언명한 바 있다.

라고[109] 언급한 경우가 많았는데, 왜 '씻어도'는 본음대로 표기한 것이고 '씨서도'는 본음대로 표기한 것이 아닌지에 대해서는 분명한 해명이 없었다. 이는 주시경의 본음의 개념을 정밀하게 검토하지 않았었기 때문일 것이다. 주시경의 본음이 문자적 개념도 포함하고 있다는 사실을 알지 않으면 '씻어도'는 본음대로 표기한 것이요, '씨서도'는 본음대로 표기한 것이 아니라는 것은 설명할 수가 없는 것이다. 지금까지 주시경의 표기법을 본음과 관련시켜 기술했던 논의들에서는 이런 부분들이 명쾌하게 해명되지 못했었다고 할 수 있다.

그밖에 본음이라는 용어를 단어를 대상으로 사용하게 되면 본음이라는 용어는 원체(또는 본체)라는 용어와 같은 의미가 된다. 그래서 주시경은 표기법의 설명에서 흔히 '본음'이라는 용어와 '원체'('본체')라는 용어를 함께 묶어서 사용하기도 하고 때로는 본음대로 표기하여야 한다고 하고 때로는 원체(본체)대로 표기해야 한다고 하기도 했던 것이다.

그는 또 말을 표기함에 있어서 음[소리]과 문자를 상동(相同)하게 표기하여야 한다고 강조하기도 하였는데, 이때의 음은 '임시의 음'이 아니라 '본음'을 의미하는 것이었다. 따라서 음과 문자를 상동하게 표기한다는 것은 음소적 표기를 의미하는 것이 아니라 형태음소적 표기를 의미하였던 것이다.

이상의 논의를 종합하면 주시경은 결국 각 형태소(그의 용어로 하지면 '씨' 또는 '늣씨')들의 기본형을 밝혀 적되 자형(字形)을 고정시켜 표기하는 표기법, 즉 '형태음소적 분철표기법'를 주장한 셈이라고 할 수 있겠다.

그런데 어휘형태소의 경우에는 본음과 본체를 밝혀 적는 원칙을 철

109) 주시경의 표기법을 '본음주의 표기법'이라 한 것은 박승빈(1936)이 처음이 아닌가 한다.

저하게 지켰으나 문법형태소의 경우에는 그렇지 못한 면이 있었다(이병근 1985 : 69). 앞의 2.2.4.에서 언급했던 바와 같이 주시경은 문법형태소에 해당하는 겻씨, 잇씨, 끗씨에 대하여는 〈씨갈래의 난틀〉에서 각각 '소리 알에'[音下]라는 항목을 두어 모음으로 끝나는 어간(모음어간) 아래 쓰이는 형태, 자음으로 끝나는 어간(자음어간) 아래에 쓰이는 형태, 모음으로 끝나는 어간과 자음으로 끝나는 어간에 공통으로 쓰이는 형태를 구분하곤 하였는데, 이는 이들에 대해서는 모음어간 아래 쓰이는 것과 자음어간 아래 쓰이는 것이 둘 다 본음이요 본체라고 인식하였음을 의미하는 것이 아닌가 여겨진다. 예컨대 공동격 조사 '와/과'의 경우 모음어간 아래에서는 '와'가 본음이고 본체요 자음어간 아래에서는 '과'가 본음이고 본체라고 인식한 듯하다는 것이다. 그렇기 때문에 이들에 대하여는 본체를 하나로 잡는 시도를 하지 않았던 것이다.

한자음(한자어) 표기에서 두음법칙을 적용하지 않은 표기를 하려 했던 것도(량패, 념려, 리치, 류리챵) 본음주의 표기법의 일환이었다고 해야 할 것이다.

4.2. 국한문혼용시의 표기

주시경은 〈국문론〉에서 한자(漢字), 한문(漢文)의 폐해를 역설하였는데, 그렇다고 해서 우리의 문자생활에서 한자를 완전히 축출해야 한다고 주장했던 것은 아닌 듯하다. 한문을 배격하고자 했던 것은 틀림없어 보이지만, 한자까지 완전히 배격하고자 한 것은 아닌 듯하다는 것이다.《말의소리》에서 한글전용을 한 것을 보면 궁극적으로는 한글전용을 지향한 것 같기는 하나 필요에 따라 국한혼용(國漢混用)의 글도 자주 썼었다는 점에서 보면 한자까지를 완전히 배격한 것은 아니지 않은가 하는 생각이 들기도 하는 것이다.

물론 그렇다고 주시경이 국한혼용을 지지했다든가 한 것은 아니다. 따라서 주시경이 국한혼용시의 표기법과 관련하여 깊은 관심을 보인 적은 없다. 다음과 같은 것이 유일한 것이 아닌가 여겨진다.

> ㄹ을 漢文字하에 附書ᄒᆞᆷ이 有ᄒᆞ니 곳 一百九章에 金罍ㄹ이라 書ᄒᆞᆫ 것인ᄃᆡ 此 ㄹ은 를을 ㄹ로 줄여서 發ᄒᆞ는 것을 書ᄒᆞᆷ이라 나를의 를을 줄여 ㄹ만 發ᄒᆞᆷ을 날로 書ᄒᆞ니 此例를 依ᄒᆞ면 國漢文을 交用ᄒᆞᆯ 時에도(원문; 交用에 ᄒᆞᆯ 時도) 漢字下에 附發ᄒᆞ는 音도 附書ᄒᆞᆷ이 加ᄒᆞ니라 〈국어문전음학 53〉

위 인용문을 통해서 볼 때 주시경은 대격의 이형태 'ㄹ'을 받침처럼 한자 밑에 표기해야 한다고 생각한 듯하다. 즉 '나'(我)에 대격 'ㄹ'이 결합될 때 이것을 '날'로 표기하듯이 '害'에 'ㄹ'이 결합된다면 '害ㄹ'('害'자 밑에 ㄹ 받침)과 같이 표기해야 한다고 생각한 듯하다. 그는 국한혼용시에도 철저하게 음절단위의 모아쓰기를 해야 한다고 생각했던 듯하다. 〈훈민정음 해례〉에서는 이런 경우 모아쓰기의 예외를 인정했던 것인데[110] 주시경은 그런 예외를 인정하지 않으려 했다고 할 수 있겠다.

그러나 한자(漢字) 밑에 한글로 받침자를 받쳐 적는 것은 이론적으로는 가능한 일이겠으나 현실적으로는 별로 바람직한 방안이 아니었을 것이다. 한자와 한글을 한 글자처럼 합해서 쓰는 것은 무엇인가 자연스럽지 못할 것이기 때문이다. 세로쓰기를 할 때에는 그래도 문제가 적겠지만 가로 쓰기를 할 때에는 인쇄상의 불편 등 적지 않은 문제

110) 잘 알려져 있는 바와 같이 《훈민정음》〈合字解〉에서는 "文與諺雜用則有因字音而補以中終聲者 如孔子ㅣ 魯ㅅ사ᄅᆞᆷ之類"라 하였다.

를 야기시킨다. 실제로 주시경도 국한혼용을 하면서 그렇게 표기를 한 경우는 없었던 것으로 보인다.

4.3. 가로풀어쓰기

주시경은 〈국문연구〉의 '綴字法' 조항에서 "綴字法은 訓民正音例를 從ᄒᆞ여 由來에 行用ᄒᆞ는 已熟의 法을 依홈이 可ᄒᆞ"다고 하면서도 "子母字를 各〃 橫書홈이 亦當ᄒᆞ"다고 하였다. 여기서 횡서(橫書)란 가로풀어쓰기를 의미하는데(주시경은《말의소리》에서 이를 그냥 '가로쓰기'라고 하였다.) 이러한 가로풀어쓰기가 "發音의 先後가 順ᄒᆞ고 敎曉ᄒᆞ기가 亦便ᄒᆞ며 鑄刊ᄒᆞ기에 至要ᄒᆞ"다는 것이다.[111] 이러한 설명과 함께 "우리나라가 밝고 곱다"를 가로풀어쓰기한 예를 보여 주었다(다음 페이지의 [그림 7] 참조). 이 예에서 주목되는 것은 초성의 'ㅇ', 즉 음가가 없는 'ㅇ'은 사용하지 않았는다는 점과 그가 말한 씨(단어) 단위의 띄어쓰기를 했다는 점이다.

가로풀어쓰기의 실례는《말의소리》마지막 페이지에서 좀더 자세하게 보여주는데 거기에서는 'ㅇ' 대신에 'ㆁ'을 사용하고 있으며(역시 음가가 없는 초성 'ㅇ'은 사용하지 않았다.) 한글자모의 자형을 일부 변형시켰다는 점이 주목된다. 자형을 변형시킨 자모는 'ㅡ'와 'ㅣ'이다. 'ㅡ'는 'H'와 같이 변형시키고 'ㅣ'는 'I'와 같이 변형시켰다(141페이지의 [그림 8] 참조).

가로풀어쓰기를 해야 하는 이유로 세 가지를 들었지만(가로 글은 쓰

111) 주시경의 橫書(가로풀어쓰기)에 대해서는 이기문(1970 : 22-23, 97)과 이기문(1981 : 157)에서 이미 언급한 바 있다. 이기문(1981)에서는 주시경이 가로풀어쓰기를 '주간(鑄刊)'과 관련시킨 것은 그가 출판에서 실제로 얻은 경험에서 나온 것이라고 하였다.

[그림7] 〈국문연구 104ㄴ〉

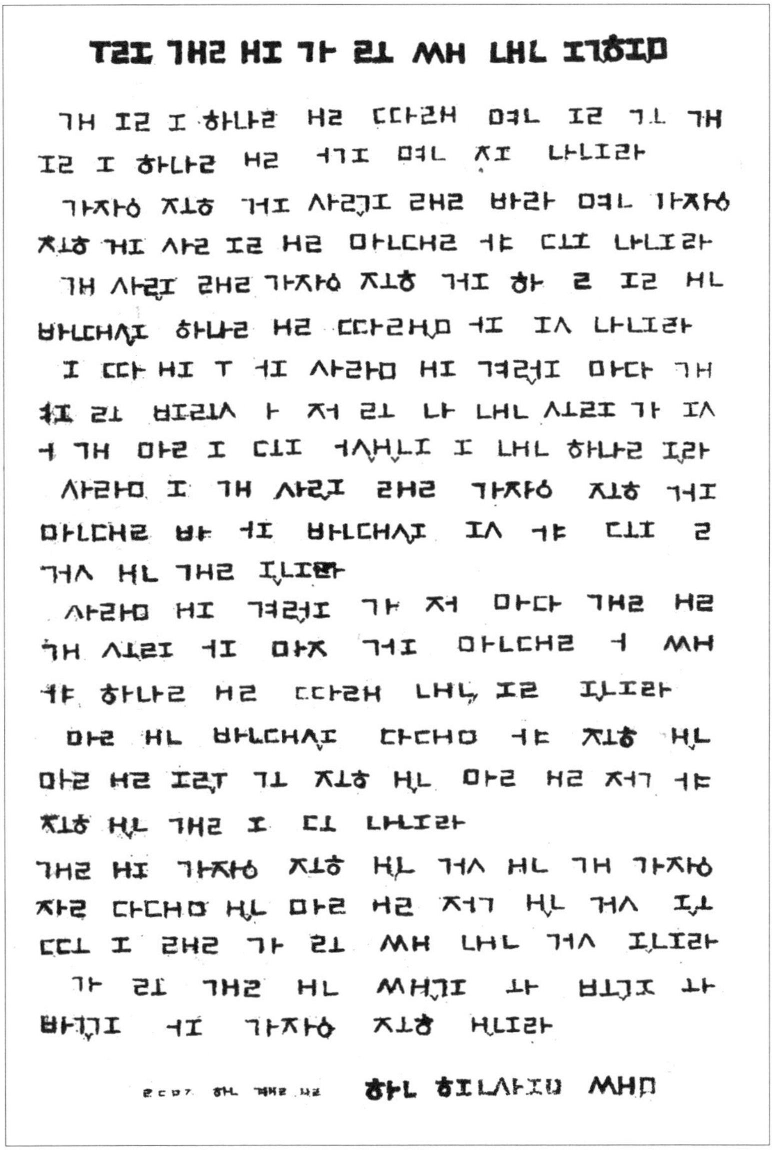

[그림8] 〈말의소리, 말소리의 夾入ㄴ〉

기와 보기와 박기에 가장 좋으니라, [그림8]의 끝부분 참조) 그 중에서도 인쇄상의 편의성이 가장 중요한 이유가 아니었나 생각된다. 모아쓰기를 할 경우 수천 가지의 활자가 필요하지만 가로풀어쓰기를 할 경우에는 24가지의 활자면 족하기 때문이다.

이 가로풀어쓰기는 조선언문회 강습원 제1회 졸업증서(맞힌 보람, 1913년 3월 2일) 등에서[112] 시험적으로 시행되었고 그의 몇몇 후계자들에 의해서 계승되기도 하였지만 일반적으로 실용되지는 못하였다. 가로풀어쓰기가 인쇄상의 편이성이라는 장점을 가지고 있는 것은 사실이지만, 훈민정음 창제 이후 모아쓰기의 전통이 오래 지속되어 일반인들로서는 가로풀어쓰기를 쉽게 받아들이려 하지 않았을 것이고, 읽는 사람의 편의나 독서의 효율성을 고려한다면 가로풀어쓰기가 모아쓰기보다 나은 표기법이라고 단정할 수는 없었기 때문일 것이다.[113]

112) 고영근(2008) xiv의 그림 및 동서(同書) p. 137의 기술 참조.

113) 모아쓰기의 장점에 대해서는 이익섭(1971) 및 이익섭(1977) 참조.

5. 주시경 표기법의 실제와 표기법의 세부원칙

주시경이 처음에 국어의 표기법을 어떻게 익혔는지는 정확히 알 수 없다. 아직은 그와 관련된 기록이 알려진 바 없기 때문이다. 그러나 당시의 상황을 고려해 보면 어느 정도 짐작해 볼 수는 있다. 대략 반절표를 가지고 기본적인 한글 운용법을 익히고 당시의 한글 문헌들을 통해서 세부적인 표기법(비록 그것이 혼란된 것이었긴 하지만)을 익히지 않았을까 추정해 볼 수 있다. 이는 개화기에도 반절표가 한글 교육의 중요한 교재이었다는 사실과 주시경의 초기 표기법이 당시의 일반적인 표기법과 크게 다르지 않다는 점을 고려한 것이다. 그는 당시의 표기법이 매우 혼란스럽고 문법에(혹은 이론적으로) 맞지 않는 경우가 많다는 것을 일찍이 인식하였던 듯하다. 그러나 그것을 어떻게 바로 잡아야 할지에 대해서는 아직 잘 알지 못하였기 때문에 처음에는 당시의 일반적인 관행에 따라 표기를 할 수밖에 없었던 듯하다. 그러다가 4.1.에서도 언급한 바와 같이 국어와 국문에 대한 연구가 진척됨에 따라 자신의 표기법을 자신의 이론에 맞추어 수정해 나갔다고 할 수 있다. 따라서 이 절에서는 그의 실제 표기의 변천과정을 추적하면서 그의 표기법의 세부 규정들을 검토해 보고자 한다. 검토해 볼 내용은 형태소 내부의 표기, 어간 말음 표기, 된소리 표기, 모음 교체와 관련된 표기, 불규칙 활용의 표기, 역사적 표기, 한자음 표기, 복합어 표기, 파생어 표기 등이다. 역사적 표기와 관련하여 주시경은 고유어 표기에서는 역사적 표기를 지양하려 하였으나 한자음 표기에서는 역사적 표기를 고수하려는 경향을 보이었다. 따라서 한자음 표기 문제를 따로 다루기로 한다.

5.1. 형태소 내부의 표기

(1) 과잉분철표기

2음절 이상의 형태소 내부에서 모음과 모음 사이에 자음이 하나만 있을 경우, 그 자음은 후행 음절의 초성으로 표기되는 것이 원칙이다. 다만, 'ㅇ[ŋ]'만은 예외적으로 선행음절의 종성으로 표기된다. 그런데 주시경은 한 때 두 모음 사이의 한 자음이 앞 음절의 종성(말음)이 될 수도 있고 뒤 음절의 초성이 될 수도 있다고 생각하였다. 따라서 표기도 모음 사이의 그 자음을 앞 음절의 종성으로 표기해도 좋고 뒤 음절의 초성으로 표기해도 좋다고 생각하였다. 그가 이런 생각을 하게 된 데에는 음절 초성으로 쓰이는 'ㅇ'은 음가가 없는 것이기 때문에 어떻게 표기하여도 발음은 같다는 인식이 바탕에 깔려 있었다. 다음의 인용문에서 그러한 사실들을 확인할 수 있다.

> ᄲᅡ르어
>
> ᄲᅡ르ᄉᆡ지가 本體이니 本體는 音만 틀리지 안이 ᄒᆞ면 고만이라 ᄲᅡ르 ᄲᅡᆯ으 즁에서 어ᄂᆞ 것이 올코 어ᄂᆞ 것이 글타 ᄒᆞᆯ 수 없ᄂᆞ니라 이는 ㅇ은 소ᄅᆡ가 없는 ᄯᅢ문이니라 〈고본말 61ㄴ〉

한 형태소 내부에서 두 모음 사이에 개재하는 하나의 자음을 앞 음절의 종성으로 올려 표기하는 것을 '과잉분철표기'라고 한다면 이러한 과잉분철표기는 대체로 개재되는 자음이 유성자음(ㄹ ㄴ ㅁ)일 때 많이 나타났다. '하나, 아니'를 '한아, 안이'로 표기한다든지 '모르-'를 '몰으-'로 표기한다든지 '꾸미-'를 '꿈(ᄡᅮᆷ)이-'로 표기한 것이 그 대표적인 예라 할 수 있다. 그러나 이러한 과잉분철표기는 대개 일관성이 없었다. 과잉분철표기를 했다가 다시 일반적인 표기로 되돌아가기도 하고 했던 것이다.

〈국문론〉	ᄒᆞ나/하나	아니ᄒᆞ리오	다른/ 달은	
〈대한국어문법〉	하나	안이ᄒᆞ고	다른/닭은	불으는
〈국어문법〉	한아	안이ᄒᆞ고	다른, 다르게	부르는
〈말의소리〉	--	아니하니	다른, 다르게	

그리고 전반적으로는 과잉분철표기가 줄어들어갔다. 이는 아마도 주시경이 한글 표기의 전통으로 보나 표기의 간편성이라는 측면으로 보나 과잉분철표기를 하지 않는 것이 타당하겠다는 결론에 이르렀기 때문일 것으로 짐작된다.

(2) 형태소 내부의 유기음 표기

형태소 내부의 유기음을 초기에는 재음소화하여 표기한다든가 유사(類似) 중철식으로 표기하는 경우가 있었다. 재음소화표기의 예로서는 '시키-'를 '식히-'로 표기한다든가(허비식히지) '다토-'를 '닷호-'로 표기한다든가(닷호고) '슬프-'를 '슯흐-'로 표기한 것을(슯흔) 들 수 있다. 이들은 어중의 'ㅋ, ㅌ, ㅍ'을 각각 'ㄱ+ㅎ, ㅅ+ㅎ, ㅂ+ㅎ'으로 재음소화하여 표기한 것이다. 여기서 'ㅌ'을 'ㄷ+ㅎ'으로 표기하지 않고 'ㅅ+ㅎ'으로 표기한 것은 받침의 'ㄷ'을 'ㅅ'으로 표기하던 전통(7종성법) 때문이었다. 유사 중철표기의 예로서는 '다토-'를 '닷토-'로 표기한다든가(닷토ᄂᆞᆫ) '슬프-'를 '슯프-'로 표기한다든가(슯프게) '비치-'를 '빗치-'로 표기한 것을(빗쳐) 들 수 있다.

《고본말》에서는 형태소 내부의 유기음을 재음소화하여 표기하는 것과 유기음으로 표기하는 것에 대하여 다음과 같이 말하기도 하였다.

> 곱흐어
>
> 곱흐ᄉᆞᆺ지 本體니 本體는 音만 틀리지 안이 ᄒᆞ면 고만인즉 곱흐, 고프중에서 어ᄂᆞ 것이 올코 어ᄂᆞ 것이 글흐다고 ᄒᆞᆯ 수 없으니라 이 두 가지가 音이 ᄀᆞᆮ은 것은 ㅂㅎ, ㅍ의 音이 서로 ᄀᆞᆮ은 ᄶᆞ닭이니라 〈고본말 63ㄴ〉

그런데 재음소화한 표기들이 초기에는 자주 나타나다가 《대한국어문법》에서부터는 현저히 줄어들며 《국어문법》에 이르러서는 거의 완전히 사라진다. 국어의 음운과 한글의 문자체계에 대한 연구가 깊어지면서 그러한 표기들이 합당하지 않다는 것을 인식했기 때문일 것이다. 즉 초기에는 유기음이 평음과 'ㅎ'으로 분석될 수 있다는 음운론적 사실에 이끌리어 재음소화한 표기를 시도했으나 한글의 문자체계에 대한 연구가 깊어지면서 'ㅋ ㅌ ㅍ ㅊ'이 'ㅑ ㅕ ㅛ ㅠ'와 유사한 합음별표(合音別表)라는 사실을 인식하고서는('합음별표' 대해서는 3.2.의 '(6)합음자' 부분 참조) 합음별표를 분석하여 표기하는 것은 타당하지 않겠다는 생각을 하게 된 것으로 여겨지는 것이다.

초기에 재음소화표기를 했던 예들과 유사 중철표기를 했던 예들을 몇 개씩 열거해 보면 다음과 같다.

> 〈국문론〉
>
> 붓침, 밧치면, 밧침

cf. 가쵸엿ᄂᆞᆫ, 가ᄅᆞ치시며, 가ᄅᆞ쳐

〈말〉

빗쳐, 슯흔, 슯프게

〈사ᄅᆞᆷ의 지혜와 권력〉

곳치고, 밋치게, 닷토ᄂᆞᆫ, 닷호매, 닷호고, 닷호며

cf. 보ᄐᆡ고

〈국문문법〉

닷토ᄂᆞᆫ

cf. 베프시고, 가ᄅᆞ쳐, 살피시고

〈국문, 가뎡잡지〉

빗치면, 맛챤가지, 맛ᄎᆞᆷ

밧침, 밧친

cf. 살펴본즉

〈대한국어문법〉

빗최어, 맛쳐, 긋치고, 곳쳐, 곳치고

cf. 나타ᄂᆞ니, 다토ᄂᆞᆫ, 가ᄅᆞ치면, 살피시고, 살펴본즉, 아츰, 아ᄎᆞᆷ

〈국어문법〉

바탕, 아츰, 가르치어, 그치는, 살피어

cf. 곱흐어[114]

114)《조선어문법》(초판)에서 '고프어'로 수정하였다.

(3) 형태소 내부의 된소리 표기

어중의 된소리는 'ㅅ $ ㄱ, ㅅ $ ㄷ, ㅅ $ ㅂ'과 같이 표기하다가 'ㅅ $ ㄱ'은 더러 'ㄱ $ ㄱ'으로 표기하기도 하였다(밧구- → 박구-). 현실 발음을 반영한 표기일 것이다. 어중 된소리를 'ㄲ'으로 표기한 경우(예컨대 '바꾸-' 같은 표기)는 보이지 않는다.

〈국문론〉

엇던, 엇지, 거릿겨셔, 앗갑고, 붓그럽지, 빗드러질가

〈사름의 지혜와 권력〉

갓가이, 엇지, 엇던, 봇그러온 / 토씨와

〈국문문법〉

엇더케, 엇지 / 닥글 수

〈국문, 가뎡잡지〉

엇지 엇더케

cf. 박게(밖), 석거(섞-), 석겻은즉

〈대한국어문법〉

엇지, 엇던, 엇더케, 갓갑은, 깃버ᄒᆞ엿고, 깃부지, 붓그럽고

〈월남망국ᄉᆞ〉

밧구어, 밧구어 주며

〈국어문법〉

거릭기지, 톡기 토(兎)

박구어도, 박구기도, 박구고, 박구니, 박구이게, 박구임이

늣기어, 늣김이니

읏듬, 잇다금, 엇더함, 엇지

붓그럽어, 붓그럽음이

갓갑게, 갓갑게도

깃븐, 깃부던 맘, 깃브어

붓두막, 악가, 어적게, 밧븜을

5.2. 어간말음 표기(분철, 연철, 중철)

주시경이 당시의 표기법에서 가장 혼란스럽게 느꼈던 것은 어간말음(받침) 표기 문제였을 것으로 여겨진다. 주시경의 초기의 글들을 보면 어간말음과 관련된 표기에서 가장 혼란스러움을 보여주기 때문이다. 사실 이 부분이 국어의 표기법에서 가장 많은 문제를 일으키는 부분이기도 하다. 국어가 교착어이기 때문에 그럴 것이다.

먼저 〈국문론〉의 경우를 보자. 주시경은 〈국문론〉에서 사람들이 국어의 표기를 옳게 하지 못하는 경우가 많음을 지적하면서 말의 경계들을 옳게 찾아 써야 한다고 강조하였다. 즉 체언의 어간과 조사를 분리하여 표기하여야 함을 주장하였던 것이다(앞의 4.1. 참조).

그러나 주시경 자신도 초기의 글들에서는 그러한 표기법의 원칙을 제대로 지키지 못하였다. 〈국문론〉에서 나타나는 받침 표기의 양상은 다음과 같다.

어간말음이 'ㄱ, ㄴ, ㅁ, ㅂ, ㅇ'일 경우에는 체언이나 용언이나 분철 표기를 하였다. 거의 예외가 없다.

ㄱ: (체언) 속에, 속에셔, 짝이, 약을, 학식이

(용언) 박아

ㄴ: (체언) 손에, 안에, 학문이, 연이라, 학문을, 동안은

(용언) 해당례 없음

ㅁ: (체언) 남의, 음이, 그림이라고, 도음을, 그림으로, 일홈을, 몸에

(용언) 넘으며, 삼아

ㅂ: (체언) 입으로, 법이요, 일곱이나

(용언) 해당례 없음

ㅇ: (체언) 그 즁에, 모양을, 빅셩을

(용언) 해당례 없음

어간말음이 'ㄴ'이나 'ㅂ'인 용언은 발견하지 못했으나 그런 용언의 경우에도 분철표기를 했을 것으로 여겨진다. 'X + 음'과 같은 형식의 명사형에 모음조사가 결합될 때에도 'ㅁ'말음을 가지는 체언의 경우와 마찬가지로 명사형과 조사를 분리하여 표기하였다.

이러홈으로, 쓰기가 쉬음을, 유죠홈이, 간난홈을, 어둡고 약홈을

어간말음이 'ㄷ'인 경우는 체언에는 없고 용언에만 있는데, 어간말음이 'ㄷ'인 용언의 경우 받침을 'ㅅ'으로 표기하였다. 물론 모음어미와 결합할 경우에는 분철을 하였다.[115)]

밧아, 여가를 엇어, 먹도 뭇을, 엇어 먹을

115) 〈말〉에서는 모음어미와 결합할 때 '받아'를 '바다'와 같이 연철을 하거나 '밧아'와 같이 분철을 하면서 종성을 'ㅅ'으로 표기하거나 하였다.

어간말음이 'ㄹ'인 경우 체언과 용언이 표기상의 차이를 보인다. 체언의 경우에는 모두 분철을 하였으나 용언의 경우에는 분철을 하기도 하고 연철을 하기도 하였다.

체언 : 말은, 말을, 말에, 말의. 말이니, 말이라 : 일을, 일의, 일이라, 일이요
시골에, 일곱 줄은, (나라들이, 음들은)
용언 : (연철) 드러가, 드러가는, 도라가는, 믄드러, 믄드러랴(야), 믄드럿고
(분철) 알아보기가, 알아보고, 알아보기에, 덜어

어간말음이 'ㅅ'인 경우에는 표기의 양상이 매우 혼란스럽다. 체언의 경우는 연철, 중철, 분철이 다 나타난다.

체언 : (연철) 거시, 거슨, 거슬, 거시나, 거시요, 이거시, 이거슨, 이거슬
(중철) 것슨, 것슬, 것신딕, 무엇시뇨, 몃시(몃+이), 씃슬
(분철) 것이, 것은, 것을, 것이니, 것이요, 것인 줄, 곳이, 씃은, 씃을, 씃에

그런데 〈국문론〉 전편에서는 연철표기와 중철표기가 많다가 후편에서는 분철표기가 많아지는 경향이 있다. 후편에서부터는 경계를 찾아 적어야 한다는 인식이 반영되기 시작한 것이다. 〈말〉(1901)에서부터는 'ㅅ'말음을 가지는 체언어간들도 거의 예외없이 분철된다.

무엇이뇨, 것이라, 것이, 무엇을, 씃을, 속씃의, 씃은

어간말음이 'ㅅ'인 용언은 '벗다' '잇다'(有, 在) 두 예만 나타나는데, '벗다'의 경우에는 '벗지'와 같이 자음어미와 결합한 예만 나타난다. '잇다'의 경우에는 다음과 같이 중철표기로 일관하고 있다.[116] 과거시제 선어말어미 '-앗/엇-'의 경우도 마찬가지다.

잇서, 잇서셔, 잇스니, 잇스며, 잇시니, 잇시리요

ᄒᆞ엿시면, ᄒᆞ셧시며, 어렷실 ᄯᅢ (예외 : 졀머슬 ᄯᅢ에)

어간말음이 'ㅈ'일 때에는 다음과 같이 표기하였다. 체언의 예는 발견되지 않고 용언의 예만 발견된다.

이져 바릴, 이져 바리기가, 나즌 ᄃᆡ에, 나즌 음, 놉고 나즌, 나즈니, 나즈나, 느즈니, 느즌고로, 차자(찾-)

낫게(낮-), 법식에 ᄆᆞᆺ고(ᄆᆞᆽ-)

위에서 볼 수 있는 것처럼 모음어미와 결합할 때에는 연철표기를 하고 자음어미와 결합할 때에는 받침을 'ㅅ'으로 표기하였다.

어간말음이 'ㅊ'인 예는 '죠차, 조차'(좇-) 두 예만 발견되는데 연철표기를 하고 있다. 어간이 자음어미와 결합할 때에는 이 경우에도 받침을 'ㅅ'으로 표기했을 것이다.

116) 여기서 '잇서, 잇스니'와 같은 표기가 어간말음 'ㅅ'의 중철표기인지 된소리 'ㅆ'을 'ㅅ $ ㅅ'으로 분리하여 표기한 것인지에 대해서는 논란의 여지가 없지 않다. 용언어간 '잇-'은 19세기 말에 '있-'으로 재구조화된 것으로 여겨지기 때문이다(송철의 2002). 그러나 여기서는 주시경이 이 용언어간을 '잇-'으로 인식하였다는 점을 고려하여 중철표기로 처리하였다. 주시경은 《국문문법》에서부터 'ㅅ'종성을 가지는 예 중의 하나로 '잇(有)'을 들곤 하였다. 다만 《소리갈》(5ㄱ)에서 딱 한 번 'ㅅ'을 'ㅅㅅ'으로 발음하는 경우도 있다고 하면서 '잇有으면'을 '잇스면'이라고도 한다고 하였다.

어간말음이 'ㅌ'일 때에는 다음과 같이 표기하였다. 즉 체언어간이 모음조사와, 용언어간이 모음어미와 결합하면 'ㅌ'을 'ㅅ $ ㅎ'으로 재음소화하여 표기하고 용언어간이 자음어미와 결합하면 받침을 'ㅅ'으로 표기하였다(체언어간이 자음조사와 결합하는 예는 발견되지 않는다).

체언 : 밋헤(밑), 말 밋헤

용언 : ᄀᆞᆺᄒᆞᆫ(같-), ᄀᆞᆺᄒᆞᆫ, ᄀᆞᆺ하면, ᄀᆞᆺᄒᆞ야, ᄀᆞᆺᄒᆞᆯ지라, ᄆᆞᆺᄒᆞᆫ(맡-), 븟흔(붙-)

갓고, 갓지

어간말음이 'ㅍ'일 때에는 다음과 같이 표기하였다. 즉 용언의 경우 모음어미와 결합할 때에는 'ㅂ $ ㅎ'과 같이 재음소화표기를 하였고 자음어미와 결합할 때에는 받침을 'ㅂ'으로 표기하였다. 어간말음이 'ㅌ'인 경우와 유사한 셈이다. 체언의 경우는 '압 줄에'와 같은 예가 하나 발견될 뿐이다.

놉흔, 놉흐니, 놉흐나 (놉히는)

놉고, 놉게,

어간말음이 'ㅎ'일 때에도 표기가 다양하게 나타난다. 예를 제시하고서 설명하기로 한다. 'ㅎ'말음을 갖는 어간은 용언만 나타난다.

노흔, 노흐면, 모하 / 노은, 노으니, 모아, 모으고, 싸은(쌓-)

노코, 너키를, 조코 / 넛코, 놋코

놋는

먼저 모음어미와 결합할 때에는 연철표기를 하거나 'ㅎ'을 탈락시킨 표기를 하였다. 'ㅎ'을 탈락시킨 표기는 모음간에서 'ㅎ'이 흔히 탈락되는 현상을 반영한 표기이다. 'ㄴ' 이외의 자음으로 시작되는 어미와 결합할 때에는 어간말음 'ㅎ'과 어미의 자음을 축약시킨 유기음으로 표기하거나 어간말음을 'ㅅ'으로 표기하면서 어미의 두음(頭音)을 유기음으로 표기하였다. 'ㄴ'으로 시작되는 어미와 결합할 때에는 어간말음을 'ㅅ'으로 표기하였다.

어간말음이 자음군(겹자음)일 때에도 자음군의 종류에 따라 표기가 다르게 나타난다. 어간말 자음군이 'ㄺ, ㄼ'일 때에는 분철표기를 하였으며 자음어미와 결합할 때에도 어간을 밝혀 적었다. 어간말 자음군이 'ㄻ'인 예는 하나만 나타나는데 연철을 하였다.

ㄺ : (체언) ᄉᆞᆨᄃᆞᆰ에, ᄉᆞᆨᄃᆞᆰ은, 흙이나

(용언) 늙을 ᄣᆡ, 늙어, ᄆᆞᆰ은, ᄇᆞᆰ으며 / 늙기ᄆᆞᆫ, 늙ᄂᆞᆫ, ᄇᆞᆰ게

ㄼ : (체언) 여ᄃᆞᆲ ᄀᆞ지, 여ᄃᆞᆲ은

(용언) ᄂᆞᆲ히고쟈

ㄻ : (용언) 졀머슬 ᄣᆡ에

어간말음이 'ㄶ'일 때에는 모음어미와 결합하면 'ㅎ'을 연철하거나 'ㅎ'을 탈락시킨 표기를 하였다. 자음어미와 결합한 예는 발견하지 못하였다. 어간말음이 'ㅀ'일 때에는 모음어미와 결합하면 예외없이 'ㅎ'을 탈락시킨 표기를 하였고 자음어미와 결합하면 'ㅎ'과 어미의 자음을 축약시킨 유기음으로 표기하였다.

ㄶ : (용언) 만하졋ᄂᆞᆫ지라, 만ᄒᆞᆫ고로 / 만아져서, 만으니 cf. 만히

ㅀ : (용언) 올을 것을, 올을 것이요, 올을 터이요, 올은 편 / 올케, 올코

어간말음이 'ㅄ'일 때에는 모음어미와 결합하면 예외없이 'ㅅ'을 연철하였고 자음어미와 결합하면 예외없이 'ㅅ'을 탈락시킨 표기를 하였다.

ㅄ : (용언) 업셔, 업셔서, 업실, 업시면, 업시니, 업스니 / 업거니와, 업고, 업ᄂᆞᆫ, 업도다

《대한국어문법》에 오면 표기가 상당히 정제됨을 볼 수 있다. 분철표기가 거의 일반화되고 받침표기가 본음 위주로 이루어진다. 여기에 오면 종래의 7종성(ㄱ ㄴ ㄹ ㅁ ㅂ ㅅ ㅇ) 이외에 'ㄷ ㅈ ㅊ ㅌ ㅍ ㅎ ㄲ' 등도 받침으로 쓰이게 된다.

어간말음이 'ㄱ ㄴ ㅁ ㅂ ㅇ'인 경우는 이미 전부터 분철이 실행되어 왔으므로 언급할 필요가 없을 것이다. 어간말음이 'ㄹ'인 용언의 경우, 전에는 연철을 하는 경우가 있었으나 여기에서는 이들도 거의 예외없이 분철을 한다.

ㄹ: 알아, 들어가면, 풀어보면, 들어내노라, 들어오랴고, 들어냄으로

어간말음이 'ㅅ'인 경우 체언은 이미 〈말〉에서 분철이 이루어졌음을 지적하였는데,[117] 여기에서는 체언뿐만 아니라 용언도 분철을 하

117) 'ㅅ'말음을 가지는 체언의 경우 〈말〉 이후에는 일반적으로 분철표기를 하였는데, 〈국어와 국문의 필요〉(1907년)는 약간 예외적이다. '것'에 대하여 한 예를 제외하고는 모두 연철표기를 하였다는 점에서 그러하다. '뜻'의 경우에는 모두 분철표기를 하였다.

거슨, 거시오, 거시라, 거시, 거시니(것은)
남의 뜻을, 형샹업ᄂᆞᆫ 뜻을, 무수ᄒᆞᆫ 뜻을, 그 뜻을

였다(씻어도, 씻으면). 다만 '잇다'와 '-앗/엇-'의 경우는 중철로 일관하였다. 언뜻 보면 대부분이 분철표기를 한 것처럼 보이나 모두 중철표기였던 것을 가필하여 분철표기로 고친 것들이다. 예컨대 원래 '잇스니, 보앗스나'와 같이 표기하였던 것을 '스'의 'ㅅ'을 'ㅇ'으로 고쳐서 '잇으니, 보앗으니'가 되게 한 것이다.[118] 물론 그렇게 고치지 못한 예들도 더러 남아 있기는 하다. 주시경은《국문문법》에서부터 'ㅅ종성'을 가지는 예 중의 하나로 '잇(有)'을 들곤 하였는데, 그럼에도 불구하고《대한국어문법》에서까지는 이 '잇(有)'에 대하여 분철표기를 하지 못하였다.

어간말음이 'ㄷ ㅈ ㅊ ㅌ ㅍ ㅎ ㄲ'인 경우에도 모두 분철을 하였으며 자음조사나 자음어미와 결합할 때에는 본음을 밝혀 적었다.

ㄷ : (용언) 믿어도, 믿으면, 믿고, 믿는고로, 얻어, 얻고, 얻지, 받을
cf. 받침이, 받침 잇는, 받침 업는/ ㅅ 밧침

ㅈ : (용언) 찾으나, 찾아보고, 찾을, 부딪으면, 부딪어서, 부딪는
cf. 맛날, 맛나, 맛나면, 맛나되

ㅊ : (용언) 좇아도, 좇으면, 좇고, 좇는

ㅌ : (체언) 밑에는, 알바벹과
(용언) 곹으니, 곹은, 곹은즉, 곹어지ᄂᆞ이다, 붙이지 / 곹고, 곹제,

이런 점에서〈국어와 국문의 필요〉는 간행시기는《대한국어문법》보다 뒤이지만 표기법상으로는 그 이전의 것이라고 해야 할 듯하다.

118) 국립중앙도서관에《대한국어문법》필사본이 소장되어 있는데, 이 필사본에서는 '잇스니, 보앗스니'와 같은 표기로 일관되어 있다. 오자도 꽤 많고 필사자의 표기법이 일부 반영된 듯한 경우도 더러 있어서 면밀한 검토가 있어야 하겠으나 대체로는 가필되지 않은 원본을 필사한 것으로 보인다. 현존하는 유인본《대한국어문법》은 육안으로도 확인할 수 있는 것처럼 인쇄 후에 가필된 부분이 많다. 국립중앙도서관 소장의 필사본의 표제는 '國語'라고 되어 있다. 그러나 내용은《대한국어문법》을 그대로 필사한 것이다. 다만, '略例' 부분 한 페이지는 없다.

ᄀᆞᇀ지, ᄀᆞᇀ다ᄒᆞ고

cf. 이후붙어, 근ᄅᆡ붙어, 《훈몽자회》 ᄣᅢ붙어, 前붙어

ㅍ : (체언) 앞과

(용언) 덮어도, 덮으면, 덮고, 덮는, 높으신

ㅎ : (용언) 좋으뇨, 좋으면, 좋아도, 좋을 듯

ㄲ : (체언) ᄒᆞᆯ 수 밖에, 닦을 수 밖에

(용언) ᄭᅡᆩ아도, ᄭᅡᆩ으면, 닦아, 닦을 수, 섞인 / ᄭᅡᆩ고, ‘ᄭᅡᆩ는, 닦지

어간말음 ‘ㄲ’은 ‘ㅺ’으로부터 발달한 것인데, 주시경은 초기에 이런 말음을 가지는 어간이 모음조사나 모음어미와 결합할 때 ‘ㅅ $ ㄱ’으로 표기하다가[119] ‘ㄱ $ ㄱ’을 거쳐 ‘ㄲ’으로 표기하기에 이른다. 〈말〉에서는 ‘밧그로’와 같이 표기하였었는데 〈국문〉에서는 ‘박게’, ‘석거’와 같이 표기하다가 여기에 와서야 ‘밖에’, ‘섞어’와 같이 표기하게 된다.

밧게 > 박게 > 밖에

섯거 > 석거 > 섞어

어간말음이 ‘ㄺ, ㄻ, ㄼ, ㄾ, ㄿ, ㅀ’과 같은 자음군인 경우, 예가 충분히 나타나지는 않지만 대체로 분철표기와 본음을 밝혀 적는 표기를 하였다.

ㄺ : (체언) ᄭᅡ닭인가

(용언) 닑어, 닑음이, 닑는, 닑기는, 닑는(ᄆᆞᆰ힐)

ㄻ : (용언) 삶(烹), 졂(少) cf.만듦이

119) ‘ㅅ $ ㅺ’으로 표기한 경우도 있다.

ᄒᆞᆯ 슈 밧 ᄡᅴᄂᆞᆫ 〈국문론, 독립신문 제2권 제114호, 1897. 9. 25.〉

ㄼ : (체언) 여듧ᄌᆞ와

(용언) 얇고, 넓게('ㅂ'에 빗금)[120]

ㄾ : (용언) 핥(舐)

ㄿ : (용언) 읊(吟)

ㅀ : (용언) 옳을, 옳으나, 옳음을, 잃었고, 잃음이요 / 옳고, 옳게, 옳지, 잃지, 잃더라

cf. 옳케(31ㄱ), 일어 ᄇᆞ리는(8ㄱ), 일는 줄로(25ㄱ)

어간말 자음군 중에서 아직도 문제가 되는 것은 'ㄶ'과 'ㅄ'이다.

ㄶ : (용언) 만앗고, 만으나, 만아서, 만으면, 만어도 / 만코, 만키만

안으면, 안은 / 안코, 안케, 안타, 안는, 안ᄂᆞ니라

ㅄ : (체언) 값

(용언) 없

업스면, 업슬, 업스니, 업스되, 업슴으로, 업시

업거ᄂᆞᆯ, 업고, 업는, 업ᄂᆞ뇨, 업느니라

cf. 없은즉(30ㄱ)

위에서 볼 수 있는 바와 같이 'ㄶ'의 경우 모음어미나 'ㄴ'으로 시작되는 어미가 결합되면 'ㅎ'을 탈락시킨 표기를 하였고, 'ㄴ' 이외의 자음으로 시작되는 어미가 결합되면 'ㅎ'과 어미의 두음을 축약시킨 표기를 하였다. 'ㅄ'의 경우에는 모음어미와 결합하면 'ㅅ'을 연철시킨

---

120) '넓리고, 넓게, 넓리, 넓리는' 등의 'ㅂ'에 사선을 그었는데, 이는 이들 'ㅂ'이 탈락한다는 표시일 것이다. '널리'는 '너르-'에서 형성된 것인데 주시경은 '널리'를 '넓-'에서 형성된 것으로 이해하고서 'ㅂ'이 탈락한다고 보았다.

표기를 하였고('없은즉'과 같은 예외가 하나 있기는 하다), 자음어미와 결합하면 'ㅅ'을 탈락시킨 표기를 하였다. 그러니까 'ㅄ' 종성에 대해서만은 아직 일반적인 원리(본음과 본체를 밝혀 적는 원리)에 따른 표기가 이루어지지 않았다. 'ㅄ' 말음을 가지는 체언의 예는 발견되지 않아서 이것의 곡용형들이 어떻게 표기되었는지는 확인할 수 없다.

《고본말》의 표기법은 대체로《대한국어문법》과 대동소이하다. 차이가 있는 몇 가지만 지적해 보기로 한다.

먼저 '잇-'과 과거시제 어미 '-앗/엇-'은 한 두개의 예외가 없지는 않으나 거의 완벽하게 분철표기를 하였다.《대한국어문법》에서처럼 중철표기를 한 다음 후행음절의 'ㅅ'을 'ㅇ'으로 고친다거나 한 흔적은 없다.

> 잇으니, 잇으면, 잇으리요, 잇음으로, 잇을, 잇어서
> 만들엇으니, ᄒᆞ엿으니, ᄒᆞ엿으나, 없어졋음을 cf. 왓섯던

어간말음이 'ㄵ ㄻ ㄼ'인 경우에도 분철표기와 본음을 밝혀 적는 표기를 하였음을 볼 수 있다.《대한국어문법》에서는 해당 예를 찾지 못하였던 것들이기에 제시해 둔다.

> ㄵ : (용언) 앉아
> ㄻ : (용언) 삶아, 젊어, 삶게
> ㄼ : (용언) 넓어, 넓게, 밟게

여기에서 어간말음 표기와 관련하여 문제가 되는 것들은 'ㄶ, ㅀ, ㅄ'이다. 'ㅀ'은《대한국어문법》에서는 혼란이 없었던 것인데 여기서는 약간의 혼란을 보인다.

ㄶ : (용언) 안으면, 안으되 / 안커니와, 안코, 안트릭도
많으니라, 많은 / 많다
만하, 만흐니 / 만코

ㅀ : (용언) 옳아, 옳은 / 옳게, 옳고, 옳지
올흐니라, 올흘가 / 올켓다, 올코, 올치
잃어 / 일코, 앓게

ㅄ : (용언) 없어, 없어져서, 없으나, 없은즉, 없을, 없이 / 없게, 없겟은즉, 없고, 없는, 없다, 없도다
업스나, 업시 / 업겟는, 업는, 업다, 업더라, 업도다, 업지

어간말음이 'ㄶ'인 경우는 '않-, 많-' 두 경우뿐인데, '않-'의 경우에는 모음어미와 결합하면 'ㅎ'을 탈락시킨 표기를, 자음어미와 결합하면 'ㅎ'과 어미의 두음(頭音)을 축약시킨 표기를 하였다. '많-'의 경우는 분철도 하고 본음도 밝혀 적는 정상적인 표기와 모음어미와 결합하면 'ㅎ'을 연철하고 자음어미와 결합하면 'ㅎ'과 어미의 두음을 축약시켜 표기하는 표기, 이 두 가지가 모두 나타난다.[121] 어간말음이 'ㅀ'인 경우도 '많-'의 경우와 동일한 양상을 보여준다. 어간말음이 'ㅄ'인 경우도 'ㄶ'이나 'ㅀ'인 경우와 유사하다고 할 수 있는데, 다만 '없-'의 경우에는 모음어미와 결합할 때는 분철표기가 우세하고, 자음어미와 결합할 때는 본음을 밝혀 적는 표기와 그렇지 않은 표기가 비슷비슷하다는 점에서 약간의 차이가 있다. 어간말음이 'ㅄ'인 체언의 예로서는 '값 或 갑 (價)'(15ㄴ)을 들었는데, 몸을 '값'과 '갑' 두 가

121) '形容의分別'(7ㄱ-ㄴ)에서는 '많다, 많은, 많게'와 같이 옳게 제시하였음에도 불구하고 실제의 표기에서는 일관성을 유지하지 못하였다.

지로 들고 있다는 점이 흥미롭다.

주시경은 어간말음이 'ㅋ'인 어간은 없다고 인식하였다.[122] 'ㅋ ㅌ ㅊ ㅍ'이 다른 자음 위에서는 'ㄱ ㄷ ㅈ ㅂ'으로 발음된다는 설명을 하면서 '좇고 → 좃고, 맡고 → 맏고, 덮고 →덥고'와 같은 예들을 제시한 다음 "ㅋ는 終聲으로 나는 우리말이 없음으로 본을 만들지 못ᄒᆞ노라" (고본말 13ㄴ)라고 하였는바, 이는 국어의 용언어간 중에는 어간말음이 'ㅋ'인 예가 없다는 의미이다. 어간말음이 'ㅋ'인 용언어간은 현재의 표준어에도 없다. 어간말음이 'ㅋ'인 어간은 체언에만 있는데(부엌, 녘), 주시경은 '부엌'의 어간말음이 'ㄱ'이라고 인식하였다. 당시의 주시경의 언어에서는 '부엌'이 아니라 '부억'이었던 모양이다

부억일 : 上名號 부억의 末音은 子音 ㄱ이요 … 부억에 … 부억이 〈고본말 36ㄱ〉

어간말음이 'ㅌ, ㅊ'이었던 체언의 경우 대부분 어간말음이 'ㅅ'으로 표기된다. '긑'의 경우만 예외적이다.

긑 : 긑에, 긑에서, 긑모음, 긑진 cf. 긋치
밧(<밭) : 밧 간다, 밧 갈 때
솟(<솥) : 솟에 넣어라
빗(<빛) : 빗이, 빗이라고 빗은, 빗을
꼿(<꽃) : 꼿은

《국어문전음학》은 음학에 관한 내용만 다룬 것인 데다가 국한혼용을 하고 있어서 어간말음 표기와 관련한 많은 예들을 보여주지는 않

122) 이상춘(1925:12)에서도 'ㅋ'을 받침으로 가지는 예는 없다고 하였다.

으나 어간말음이 'ㄱㅅ'인 예로서 '삯'(雇價)를 들고 있다는 점이 특기할 만하다. 이 예는 뒤에 〈국문연구〉에서도 제시되었다.

《국어문법》에 오면 어간과 조사, 어간과 어미를 분리하여 표기하는 분철표기와 어간의 본음을 밝혀 적는 본음주의 표기가 거의 완벽하게 이루어진다. 《고본말》에서 문제가 되었던 'ㄴㅎ ㄹㅎ ㅂㅅ'말음 어간의 경우도 여기에 와서는 모두 올바르게 표기된다. 다음과 같은 예들을 통해서 그러한 사실을 확인할 수 있다. 참고로 어간말음이 'ㄹㅌ ㄹㅍ'인 예들도 제시한다. 이들은 앞의 논저들에서는 찾아보기 어려웠던 예들이기 때문이다.

ㄴㅎ : 많으되, 많은, 많게

ㄹㅎ : 옳아, 옳으니라, 옳은데, 옳은편, 옳게
　　잃어, 잃게

ㅂㅅ : 없어, 없어진, 없으니, 없으나, 없음을, 없음이라 / 없는, 없나니라, 없게, 없기는[123)]

ㄹㅌ : 홅아

ㄹㅍ : 읊어

받침표기에 관한 한 용언의 경우는 특별히 언급할 만한 것이 없다. 그러나 체언의 경우에는 한두 가지 언급해야 할 것이 있다. 먼저 '값'의 경우 《고본말》에서는 '값 或 갑(價)'으로, 《국어문전음학》에서는 '값(價) 亦 갑'으로 제시하였으나 여기 《국어문법》에서의 실제 표기는 '갑'으로만 나타난다.

갑을 주는 대로 몬을 받음과 같이(66)

123) '할 수 업는'(2)과 같은 예가 하나 나타나기는 한다.

몃 끼의 갑이나 될가(68)

이런 예들을 통해서 본다면 주시경 자신의 언어에서는 '값'이 '갑'으로 거의 재구조화되어 있었던 것이 아닌가 추정된다.[124)]

모든 예가 다 등장하는 것은 아니지만 'ㅈ ㅊ ㅌ' 말음을 가지던 체언들도 모두 'ㅅ' 말음을 가지는 것으로 표기된다. 《고본말》에서 'ㅌ' 말음을 가지는 것으로 표기했던 '끝'도 여기서는 모두 '끗'으로 표기된다.

젓(<졎) : 젓은, 젓을, 젓약, 젓통

cf. 갓가지로

낫(<낯) : 낫 면(面)

꼿(<꽃) : 꼿이, 꼿을, 꼿으로, 꼿에서

124) 《월남망국ᄉᆞ》에서는 다음과 같이 '값'과 '갑'이 다 나타나고,

갑시 올으고, 금갑이, 소금갑이

가뎡잡지(1년 1호)의 〈국문〉에서는 '갑'으로만 나타난다.

갑을 만이 밧을 것이요
갑을 적게 바들 것은
갑을 만이 바다
갑을 적게 바다

《고등국어문전》에서는 '값으로'와 같은 표기가 나타난다(전서 3 :35).
한편 《말의소리》에서는 'ㅇ'(소리가 없는 것)과 'ㅅ'을 토로는 더러 두로 쓰는 경우가 있다고 하면서 '갑이, 갑을'을 더러 '갑시, 갑슬'이라고 하는 경우가 있다고 하였다.

ㅇ(곳 소리가 업는 것을 이름이라)와 ㅅ를 토로는 더러 두로 쓴다 할 만하니
(보기) 갑이라 갑을이라 하는 것을 갑시라 갑슬이라도 함이 더러 잇음의 다위라 〈ㄴㅁ〉

빗(<빛) : 달빗이, 빗은

숫(<숯) : 숫 탄(炭)

겻(<곁) : 겻, 겻갈래,

끗(<끝) : 끗에, 끗에서, 끗을 / 끗과, 끗도, 끗기, 끗맺는, 끗진

밋(<밑) : 밋언, 그 몸의 밋이 언이라

볏(<볕) : 볏 양(陽)

밧(<밭) : 밧을

이로써 본다면 주시경은 체언어간말의 'ㅈ ㅊ ㅌ'은 모두 'ㅅ'으로 변했다고 본 셈인데[125] 이는 지나친 획일화가 아닌가 생각된다. 언어의 규칙성을 강조했던 주시경은 때로는 무리하게 규칙을 획일적으로 적용하려한 혐의가 없지 않다.

5.3. 된소리 표기

된소리는 〈국문초학〉(1909. 2)까지 ㅅ계합용병서로 표기하다가 〈국문연구〉(1909. 3)에서부터 각자병서로 표기한다. 다음 예들을 통해서 그러한 사실을 쉽게 확인할 수 있다.

〈국문론〉

ᄭᆞᄃᆞᆰ에, ᄯᅵ여셔, ᄭᆡ다라, 이ᄯᅢᄭᆞ지,

ᄯᅡ덩이, ᄯᅡ라, ᄯᅢ, ᄯᅩ, ᄯᅩᆨᄀᆞᆺᄒᆞ야, ᄯᅳᆺ은

125) '낮(午), 겉(表)'의 경우는 어떻게 처리했을지 궁금하다. 《국어문법》에서는 이들 예가 찾아지지 않는다. 적어도 '낮'의 경우만은 말음이 'ㅈ'이라고 보았을 가능성이 있다. 'ㅈ'종성을 가지는 체언으로는 유일하게 '낮'만을 초기문법에서부터 계속 제시해 왔었기 때문이다.

ᄲᅮᆫ더러, ᄲᅢ고,

쓰기에, 써셔, 힘쓰샤 , 싸서

〈대한국어문법〉

ᄭᅡ치집, ᄭᅢ듯고, ᄭᅡᆩ아도

ᄯᅳᆺ을, ᄯᅩ, 그 ᄯᅢ, ᄯᅡ로

ᄲᅮᆫ, ᄲᅡᆯ으면, ᄲᅢ면, ᄲᅩᆸ아

쓰이며, 쓰고, 씻어도

씩는

〈국문초학〉

ᄭᅥᆸ질, ᄭᅩᆺ이, 힘ᄭᅥᆺ, 동모ᄭᅵ리, 밤즁ᄭᆞ지, ᄭᅳᆯ고, ᄭᅢ어, ᄭᅡᆨᄭᅡᆨᄒᆞ고

ᄯᅢ자, ᄯᅥᆯ어졋다, ᄯᅢ가, ᄯᅳ거어, ᄯᅩ, ᄯᅳᆺ을, ᄯᅥᆨ과, ᄯᅡᆼ에, ᄯᅡᄯᅳᆺᄒᆞ니

ᄲᅡ졋소, ᄲᅡ진, ᄲᅢ앗아

쓰는, 쓰다, 씀박위

〈국문연구〉

異音끼리, 갓끈, 此句ᄁᆞ지는

따름이요, 따로, 또

뿐이요, 뿐더러, 빼고

〈고등국어문전〉

깎아, 끝, 꼭, 까닭, 꽃을

떡양푼, 땅, 땋는, 때리, 때로

쌓다

쫓치는, 찢지

〈국어문법〉

까닭이라, 꼿이, 끗, 꾀하는, 노릇까지, 소리끼리

뿐더러, 뿌니요, 빠르게, 빠르어

때, 또, 뜻, 땅, 뛰어, 따듯하고

쓰오, 씻어도, 씰어라,

짜다, 짠말, 짝소리, 찍어,쪽람(藍)

위에서 볼 수 있는 것처럼 1909년 2월에 간행된《국문초학》까지는 된소리 표기에 ㅅ계합용병서를 사용하다가 1909년 3월에 작성된〈국문연구〉에서부터는 각자병서를 사용하였다.[126] 된소리를 각자병서로 표기하는 것이 타당하다는 결론은 최종적으로〈국문연구〉에서 내려졌는데, 그러한 결론을 내리면서 곧바로 이를 실행에 옮긴 것이다. 'ㆍ'의 경우 "不用홈이 可ᄒᆞ다"는 결론을 내려 놓고서도 이를 곧바로 실행에 옮기지 못했던 것과는 대조적이다.

126) 'ㅈ'의 된소리에 대해서만은 'ᄶ'으로 표기한 오자(誤字)가 더러 보인다. 그러나《국어문법》에서 나타난 이러한 오자들이《조선어문법》에서는 수정된다.

〈국어문법〉	〈조선어문법〉(초판)	〈조선어문법〉(재판)
ᄶᅡ에(36)	ᄶᅡ에(38)	짜에(38)
ᄶᅡ는(36)	ᄶᅡ는(38)	짜는(38)
ᄶᅡᆫ말을(36)	ᄶᅡᆫ말을(38)	짠말을(38)
ᄶᅡᆫ말에(37)	ᄶᅡᆫ말에(38)	짬말에(38,'짠'의 誤字)
ᄶᅳᆷ(79)	ᄶᅳᆷ(88)	ᄶᅳᆷ(89) — 예외

5.4. 모음교체와 관련된 표기

(1) 모음탈락 표기

모음탈락이란 어간말 모음 '으'가 모음어미와 만날 때 탈락하는 현상과 어간말모음 '아/어'가 모음어미 앞에서 타락하는 현상을 말하는데, 일반적으로 이러한 모음탈락은 표기에 반영되어 왔었다. 그런데 주시경은 다음에서 볼 수 있는 바와 같이《국문초학》까지는 모음탈락을 반영하는 표기를 하다가《국어문법》에서부터 모음탈락을 반영하지 않는 표기를 하려고 하였다. 예컨대 '쓰-+-어, 쓰-+-엇다, 가-+-아, 가-+-앗다'의 경우 '써, 썻다, 가, 갓다'와 같이 표기하다가《국어문법》에서부터는 '쓰어, 쓰엇다, 가아, 가앗다'와 같은 식으로 표기하였던 것이다.

〈국문론〉
써, 써야, 썻거니와, 써셔, 낫더라

〈사름의 지혜와 권력〉
힘써, 써셔

〈국문문법〉
힘써, 썻스되, 썻스리요, 싸라(싸르-)

〈국문, 가뎡잡지〉
써야, 썻으나

〈대한국어문법〉

힘써, 써야, 썻으되, 썻스니, 깃버(깃부지)
싸라, 쳔만언을 싸라, 말을 싸라, 싸르드릭도
모음을 맛나

〈국문초학〉
날아갓소, 깃버, 아파도, 힘을 써서, 힘써, 가지고 가서, 어듸 갓다가, 물에 떠서

〈국어문법〉
뜨어, 뜨어나나니라, 쓰어, 크어도, 깃브어, 깃부엇을
들어가아, 나아오고, 사앗다, 가앗던, 가앗으니, 서어라, 지나아감
cf.(빗겨) 섯다[127)]

모음탈락을 반영한 표기에 대하여 주시경은 《고본말》에서 다음과 같이 기술한 바 있다.

커
이는 크의 ㅡ를 빼 크어 두 소릭를 한 소릭로 줄여 쓰는 것이니라〈고본말 67ㄴ〉

가 자겟다
이는 俗에서 흔이 가아를 가로만 쓰니 이는 動本 가의 ㅏ와 間接 ㅏ가 相連ᄒᆞ미 ㅏ ㅏ가 되니 걷은 音이 相連ᄒᆞᆫ즉 其勢가 自然 連發ᄒᆞ기가 좀 거북ᄒᆞ여 잘못ᄒᆞ면 한 음이 되기가 쉬음으로 두 아를 合ᄒᆞ여 한 아 卽 가의 ㅏ로만 쓰고 이 아 곳 가의 ㅏ音을 좀 길게 發ᄒᆞᄂᆞ니라 〈고본

127) 《조선어문법》(재판)에서 '서엇다'로 수정하였다.

말 76ㄱ〉

서 잇다

이는 서어 잇다의 서어를 서로만 쓰는 것이니 이는 서어의 서의 ㅓ와 間接 어가 相連ᄒᆞ민 同母音이 相連ᄒᆞᆫ지라 同母音이 相連ᄒᆞ면 其勢가 自然 한 音 되기 쉬음으로 ㅓㅓ를 合ᄒᆞ여 한 音으로 俗에서 말ᄒᆞ는 것을 그대로 서로 記ᄒᆞᆫ 것이라 〈고본말 77ㄱ〉

주시경이 위 예들에서의 모음탈락과 모음탈락을 반영한 표기를 '俗'에서 그렇게 하는 것이라고 설명하고 있는 것을 보면 그는 이때의 모음탈락이 음리에 따른 탈락은 아니라고 인식한 것으로 여겨지며 이런 경우도 역시 본음(혹은 본체)대로 표기하는 것이 타당하다는 결론에 이르렀던 것으로 보인다. 그리고 《국어문법》에서부터 그러한 표기를 실행하였다고 볼 수 있다.

(2) 활음화 표기

주시경이 파악한 당시의 활음화 현상은 대체로 다음과 같았던 것으로 보인다. 먼저 '이'활음화의 경우 어간이 1음절일 때에는 활음화가 일어나지 않고 어간이 2음절 이상일 때에는 활음화가 잘 일어났던 것으로 보인다. '그리어(←그리-+-어)'가 '그려'로 발음된다는 언급은 자주 하면서도 '기어(기-+-어)나 '비어(비-+-어)'가 '겨'나 '벼'로 발음된다는 언급은 전혀 없다는 점에서 그러하다. 뒤에서 언급하겠지만 '기어'나 '비어'와 관련하여서는 이것들이 '기여'나 '비여'로 발음되는 경우만 언급하였다. 이로써 본다면 당시에는 '이'로 끝나는 용언어간이 1음절일 때에는 활음첨가가 일어나고 2음절 이상일 때에는 활음화가 일어났다고 할 수 있겠다.[128)]

주시경은 '이'의 활음화로 인한 음절축약을 다음과 같이 설명하였다.

그려

이는 그리어의 리어를 줄여 쓰는 것이니 이는 ㅣ ㅓ가 連ᄒᆞ면 合發ᄒᆞ기를 좋아ᄒᆞ고 合發ᄒᆞ면 ㅕ가 되는 ᄯᅢ문이니라 〈고본말 76ㄴ〉

'오, 우'의 활음화는 대체로 다음과 같이 나타난다. 즉 어간이 2음절 이상이고 마지막 음절이 음절두음을 가지지 않는 경우에는 활음화가 거의 필수적으로 일어나고 (세워, 에워, 나와서), 마지막 음절의 음절두음이 'ㅎ'일 때에는 수의적이었다(배화, 난호아). 그밖의 경우에는 '오, 우'의 활음화가 일어나지 않았던 것으로 보인다. 다만, '오-(다)'의 경우는 예외적이다.

활음화와 관련한 주시경의 표기법을 살펴보면 대체로 《국어문법》 이전까지는 활음화를 반영한 표기를 하다가 《국어문법》에서부터는 어간의 본체와 본음을 철저하게 밝혀 적는 표기, 즉 활음화를 반영하지 않는 표기를 하였다. 이와 관련하여 주시경은 다음과 같이 말하였다.

버금본드 七 한 사람이 낙시를 들고 내에 와서 고기를 잡으오

(잡이) 말에는 줄일지라도 글로는 그 본 소리를 가초아 적음이 바른 일이라

여기에 오아서를 와서로 씀은 쇽에서 이를 적음에 버릇된 바를 들어냄이라 〈국어문법 57〉

위의 인용문에서 볼 수 있는 바와 같이 그는 발음은 줄여서 할지라

128) 물론 예외가 없지는 않다. 〈국문론〉에서는 '가리여셔'와 같은 예가 나타나고 〈말〉에서는 '삭히여'와 같은 예가 나타난다.

도 표기는 본래의 소리대로 하는 것이 옳다는 생각을 했던 것으로 보인다.[129)]

활음화와 관련된 표기의 실제를 보이면 다음과 같다.

〈국문론〉

그려 노흔, 그려셔, 나려오다가, 나려가는, 가르쳐, 가르치셧고, 식여셔, 어렷실,

거릿겨셔, 직혀, 직혀셔, 익혀, 틀엿고, 틀엿스니

cf. 가리여셔

빅화

보아도

〈말〉

ᄀᆞ르쳐, 삭여, 써러젓거나, 두다려, 빗쳐

cf. 삭히여

〈사름의 지혜와 권력〉

굴녀, 다ᄉᆞ려, 부려지매, 부려지는, 옴겨가며, 밀녀가, 박혀, 죽여, 휘둘녀

두엇다가, 쑤어

129) '오다'에 대해서만은《국어문법》이후에도 계속 활음화가 적용된 표기를 하였다. 그런데 1910년 이후에 주시경 자신이 정리한 것으로 보이는 그의 일기에는 '돌아오아, 들어오아서'와 같은 표기가 나타난다.《新生》2권 9호(1929. 9. 1) 및《周時經全集(下)》(이기문 편)에 실린 '周時經先生의 日記 數片' 참조. 그런데 이 일기 수편은 사진판이 있고(全集下 p.3의 사진(4)) 사진판의 내용을 다시 옮겨 놓은 것(全集下 pp. 707-710)이 있는데 양자 사이에 표기법의 차이가 있어서 주의를 요한다. 예컨대 사진판에는 '없음으로, 빠르게, 앉아'로 표기되어 있는데 옮겨 놓은 데에는 '업습으로, ᄡᅡ르게, 안자'로 표기되어 있다.

〈국문문법〉

울녀셔, 나려오지

보아야, 밀우어, 미루어

〈국문, 가뎡잡지〉

녁여, ᄒᆞ셧거늘, 다ᄉᆞ려, 펴져, 울려, 모혀, 박여져, 그려, 쓰엿으니, ᄉᆡᆼ겻으니

나려오ᄂᆞᆫ, 일으켯도다, 흔들려, 움작여

배화 /난호아, 맛초아

〈대한국어문법〉

가ᄅᆞ쳐, 다ᄉᆞ려, 그려, 막혀, 졈쳐, 빌려, ᄉᆡᆼ겻도다, 옴겨서, 곳쳐, 맛쳐, 쓰셧ᄂᆞ이다, 살펴, 틀려, ᄉᆡᆼ겻도다

배화야, 세워 / 이루어, 밀우어, 보앗으나

〈국문초학〉

(장마가) 졋다, 벗겨라, 쩔어졋다, 빠졋소, 살펴서, 내버려, 어렷을, 걸쳐, 살려서, 들려, 막으셧으니

피엇다, 글을 지어

왓다, 와서, 왓더니

난호아, 보앗ᄂᆞ이다

〈국어문법〉

줄이어, 겹치어, 늦기어, 가리어, 나리어, 꿈이어지는, 빗기어, 뭉치어, 덩이지어,

치우치엇으되, 피엇겟다, 높이어, 가르치어, 옴기어, 어리어서, 다스리어, 쓰이어

cf. 빗겨[130)]

난호아, 난호앗으나, 가초아, 갖호아, 보아, 보아라, 배호앗나냐, 견주어, 주어라

두어, 두엇으나, 박구어도

cf. 와서, 왓소, 왓던

〈조선어문법〉(재판)

와서, 왓소

(3) 활음첨가 표기

앞에서 언급한 바와 같이 '이'로 끝나는 1음절 어간이 모음어미와 만나면 활음첨가('j'첨가)가 일어났던 것으로 보인다. 물론 수의적이었을 것이다. 이 활음첨가 및 활음첨가를 반영한 표기를 주시경은 다음과 같이 설명하였다.

기여

이는 기어의 어를 俗에서 여로 誤書ᄒᆞ는 것이니 어가 ㅣ알에서 連發ᄒᆞ면 ㅕ 곹은 듯ᄒᆞᆫᄃᆡ 이를 ᄶᅢ닷지 못ᄒᆞ고 誤書ᄒᆞ는 것이라 〈고본말 76ㄱ〉

비여

이는 비어의 어를 俗에서 여로 誤書ᄒᆞ는 것이니 어가 ㅣ 알에서 連發ᄒᆞ면 ㅕ 곹은 듯ᄒᆞᆫᄃᆡ 이를 ᄶᅢ닷지 못ᄒᆞ고 誤書ᄒᆞᆷ이니라 〈고본말 64ㄴ〉

위에서 볼 수 있는 바와 같이 활음첨가가 반영된 표기는 '오서(誤

130) 《조선어문법》(재판)에서는 '빗기어'(74)로 수정하였다.

書)'하는 것이라고 인식하였다. 그러나 주시경의 초기의 글들에서는 활음첨가가 반영된 표기들이 나타난다. 그러다가 《가정잡지》의 〈국문〉에서부터 활음첨가를 반영하지 않는 표기를 하였다.

〈국문론〉
씌여셔, 지여노은, 가리여셔

〈말〉
삭히여

〈국문, 가뎡잡지〉
지어, 이어 줄쌘

〈대한국어문법〉
지어

〈고본말〉
기어, 비어

그밖에 국어에는 어간이 모음 '애(ᄋᆡ), 외 , 위' 등으로 끝날 때에도 그 어간에 '어'로 시작되는 어미가 결합되면 활음 'j'가 첨가되는 현상이 있었다.

씌- + -어서 → 씌여서
보내- + -어 → 보내여
되- + -어 → 되여
쒸- + -어 → 쒸여

이러한 활음첨가 현상도 주시경의 초기 글들에서는 표기에 반영되었었다. 즉 활음이 첨가된 쪽으로의 표기가 일반적이었다. 그러다가 《가정잡지》의 〈국문〉에서부터는 활음이 첨가되지 않는 쪽으로 표기하기 시작하였다. 《대한국어문법》에서는 '어'로 표기한 경우와 '여'로 표기한 경우가 섞여 나타나는데 앞 부분에서는 '여'로 표기한 경우가 많다가 뒷부분으로 가면 거의 '어'로 표기한다. 앞부분에서는 원래 '여'로 표기하였던 것을 가필하여 '어'로 고친 경우들이 여럿 보인다.[131] 《국어문법》에 가면 이 경우도 '어'로 통일된다.

〈국문론〉

보내엿기에, ᄊᆡ여놋코, 되여

〈말〉

인연되여

〈사ᄅᆞᆷ의 지혜와 권력〉

쒸여, 되야, 지ᄂᆡ여

cf. 무리를 지어

〈국문문법〉

보내여, 빗최여, 인연되여, 초셩이 되여, 샹좌되여, 잘못되여

〈국문, 가뎡잡지〉

되엿ᄂᆞ뇨, 되엿ᄂᆞ이다, 시힝되어, 되어, 되엇던지, 되엇느니라

보내어야

---

131) 이 경우에도 필사본《대한국어문법》을 보면 모두 '여'로 되어 있다.

〈대한국어문법〉

들어내어, 빗최어, 지어, 근본되어, 샹좌되어, 잘못되어, 되엇으니, 캐어본즉 cf. 통용되엿고

인연되어(여→어 수정), 넓게 되어(여→어 수정), 보내어(여→어 수정), 교통되엇나뇨(엿→엇 수정)

〈국어문법〉

되엇나니라, 되어가는, 되엇다가, 되어서, 뛰어, 매어

(4) 모음조화 표기

주시경 당시 서울말의 모음조화는 일반적으로 어간말 음절의 모음이 'ㅏ, ㅗ'일 때는 '아'계어미를, 그밖의 모음일 때는 '어'계어미를 선택하는 양상으로 실현되었다고 할 수 있다. 그러나 부분적으로는 이러한 모음조화 규칙이 흔들리기 시작하였다. 즉 어간말 음절의 모음이 'ㅏ'이면서 받침을 가지는 경우에는 '아'계어미가 결합되는 것이 일반적이지만 '어'계어미가 결합되는 경우도 나타났다.《독립신문》의 경우 '잡아'가 우세한 가운데 '잡어'가 나타나기도 하며 '막아'가 우세한 가운데 '막어'가 나타나기도 하였다. 주시경의 논저들에서도 위에서 말한 모음조화 규칙에 어긋나는 것들이 더러 나타난다.

〈말〉

슬기로워셔

〈사름의 지혜와 권력〉

안져셔

〈대한국어문법〉
만어도, ᄀᆞᇀ어지ᄂᆞ이다

〈월남망국ᄉᆞ〉
안져, 안저셔, ᄀᆞᆽ허셔

그러나 전반적으로는 모음조화를 지키는 표기를 하였다. 그는 모음조화에 해당하는 규칙을 발견하고서는 그 규칙에 맞게 표기하려고 하였던 셈이다. 그가 발견한 규칙은 다음과 같은 것이었다.

우리말에 어도와 아도는 다 ᄀᆞᇀ은 뜻인ᄃᆡ 어도는 ㅓ ㅜ ㅣ 음 잇는 ᄌᆞ 알에 쓰이고 아도는 ㅏ ㅗ 음 잇는 ᄌᆞ 알에 쓰이ᄂᆞ니라 〈대한국어문법 36ㄴ〉

注意
아나 어는 다 한 ᄯᅳᆺ 한 法으로 쓰이는 間接(半成)인ᄃᆡ 아는 形本이나 動本의 末字(末音은 안이라)의 母音의 末音이 ㅏ나 ㅗ면 其下에는 아가 쓰이고 其餘에는 다 어가 쓰이나니라 〈고본말 61〉

注意
앗은 動本이나 形本의 ᄭᅳᇀ 字(ᄭᅳᇀ 音은 안이라)의 母音이 ㅏ나 ㅗ 下에 쓰이는 것이니 其餘에는 다 엇이 쓰이ᄂᆞ니라 〈고본말 58ㄱ〉

(잡이)
아는 우에 웃듬소리가 ㅏ나 ㅑ나 ㅗ나 ㅛ가 되는 알에 쓰이고 어는 ㅣ나 ㅓ나 ㅜ나 ㅡ가 되는 알에 쓰이는 것이라 〈국어문법 110〉

《국어문법》에 이르면 어간과 어미의 본체를 밝혀 적으면서 모음조화규칙을 기계적으로 적용시킨 표기를 하고자 하였다. 예컨대 'ᄯᅡ르-(따르-)'에 부사형 어미가 결합된 활용형의 경우 'ᄯᅡ라, ᄯᅡᆯ아'와 같이 표했던 것인데, 그리고 그것이 모음조화 규칙에 맞는 것인데, 《국어문법》에 와서는 '따르어'로 표기하게 된 것이다. 지나친 규칙화라 할 수 있을 것이다.

모음조화와 관련된 표기의 예들을 열거해 보면 다음과 같다.

〈국문론〉

박아, ᄇᆡ화, 밧아, 알아 보기가, 알아 보고, 삼아, 모하, 모아, 죠차, 조차, 도라가ᄂᆞᆫ, 만아져셔, 보아도, ᄯᅡ라

ᄆᆞᆫ드러, ᄆᆞᆫ드럿고, 써, 써야, 썻거니와, 이져, 잇서, 업셔, 그려셔, 가ᄅᆞ쳐, ᄉᆡᆨ여셔

드러가ᄂᆞᆫ, 덜어, 엇어, 졀머슬, 늙어

〈말〉

도아 주기를, 알아, 업서야, 슬엇스면, 밧아, 바다, 들어가면, 들어가, 먹엇스면, 썩엇스면

〈사ᄅᆞᆷ의 지혜와 권력〉

서셔, 엇어, 엇어더가, 들어 오ᄂᆞᆫ, 업셔, 밧들어, 만ᄃᆞ러, 만달어, 늘어

빌어먹거나, 시들어, 밋어, 져져, 무셔워, 어두어

올나가매, 잡아 먹고, 잡아, 내다라, 밧아, 말미암아, 좃차, 도아쥬면

〈국문문법〉

담아, 알아보ᄂᆞᆫ, 쌥아, 달앗난ᄃᆡ, 차자 보아야

늘어, 부듸져셔(부딋-), 만달어, 만ᄃᆞᆯ어, 만들어, 울녀, 가ᄅᆞ쳐, 다사

려, 들어난, 밀우어, 미루어

〈국문, 가뎡잡지〉

바다, 배화, 난호아, 조하ᄒᆞ고, 알아듯기, 삼아, 다닷닥(닫-)

만들어, 들어가면, 두려어 하여, 들어나지, 더불어, 불어, 물어, 벗어

〈대한국어문법〉

담아, 알아보ᄂᆞᆫ, 알앗는ᄃᆡ, 닦아, 배화야, 썹아, 찾아, 달앗기로

보앗으나, 만앗고, 맡아도, 좇아도, 좋아도, 깎아도,

잃엇고, 씻어도, 덮어도, 물어보고, 물어본즉, 맛쳐, 풀어, 씻으되,

잇어야, 넒어, 일어 ᄇᆞ리는, 부딪어서, 만들어, 세워

cf.〈국문문법〉

씻어도, 받어도, 맡어도, 덮어도, 맺어도, 좇어도, 깎어도

〈국문초학〉

ᄶᅢ어, 잡아, 와서, 캐어, 엿주어, 되어, 되엇으니, 캐엇다, ᄲᅢ앗아

〈국어문법〉

난호아, 보아, 안앗다, 날아간다, 찾아, 앉아, 받아야, 갈아, 빨아야, 닦아야, 좋아하는, 높아지지, 말아라, 곱아, 핥아, 곧아, 낮아, 맑아, 옳아, 쌓아, 배호앗나냐

찍어, 견주어, 주어라, 먹어라, 씻어도, 매어, 아우르어, 적어도, 넣어, 두엇으나, 넘어, 밉어, 섞어, 들어라, 늙어서, 피엇겟다, 열어, 크어, 뛰어, 박구어도

5.5. 불규칙 활용 표기

주시경은 불규칙 활용과 관련하여서도 어간의 본체와 본음을 밝혀 적는 것이 타당하다고 생각하였다. 다만 'ㄷ'불규칙과 '여'불규칙에 대해서만은 예외적으로 속습(俗習)을 인정하였다. 주시경은 불규칙 활용과 관련한 음운교체는 자연스런 음리(音理)로 설명할 수가 없는 것이라고 보았기 때문에 그러한 음운교체는 속습에 의한 잘못된 것으로 인식하기도 하였다.

불규칙 활용과 관련된 표기의 실제를 보면 대체로《국문문법》까지는 발음되는 대로 표기하다가《대한국어문법》에서부터 본체 또는 본음을 밝혀 표기하기 시작한다. 다만 'ㄷ'불규칙만은 예외적으로 그런 시도를 하지 않았으며 '여'불규칙('ᄒᆞ다' 류)에 대해서는 'ᄒᆞ어'식의 표기를 시도했다가 중도에 이를 포기하였다. 불규칙 활용과 관련하여서는《고본말》에서 가장 자세하게 다루었다. 이 단계에서 그는 'ㄷ'불규칙과 '여'불규칙을 제외한 모든 불규칙 활용을 규칙 활용과 동일하게 표기하여야 한다는 생각을 굳힌 것으로 여겨진다. 그러나 아직 그러한 자신의 생각을 표기에 철저하게 적용시키지는 못하였다.

각 불규칙별로 구체적인 표기의 양상을 검토하면서 자세한 논의를 해 보기로 하겠다.

(1) 'ㅂ'불규칙 표기

주시경은 'ㅂ'불규칙 용언의 어간말음 'ㅂ'이 모음어미 앞에서 탈락하는 것으로 인식하였다. 그가 이와 같이 인식하게 된 데에는 몇 가지 이유가 있었다. 첫째는 'ㅂ'이 'ㅜ'로 교체되는 사실을 받아들이기 어려웠기 때문일 것이다. 그로서는 자음(ㅂ)이 모음(ㅜ)으로 교체된다는 사실을 받아들이기 어려웠을 것이다.[132] 둘째는 당시의 실제 발음에서 'ㅂ'이 탈락한 것처럼 발음되는 경우가 있었기 때문일 것이다. '도와'가 '도아'로, '고운'이 '고은'으로 표기되는 경우가 적지 않게 있었는바, 이는 단순히 표기의 문제만이 아니라 실제의 발음이 그러했기 때문이 아닌가 여겨진다. 셋째는 'ㅅ'불규칙과의 평행성을 고려했을 가능성이다. 'ㅅ'불규칙의 어간말음 'ㅅ'은 모음어미 앞에서 탈락하는데, 주시경은 'ㅂ'불규칙을 'ㅅ'불규칙과 동궤의 것으로 인식했던 듯하다.

그런데 문제는 모든 용언어간말의 'ㅂ'이 모음어미 앞에서 다 탈락하는 것은 아니라는 점이었다. 그로서는 어떤 어간의 'ㅂ'은 탈락하고 ('춥-, 덥-, 눕-'의 경우) 어떤 어간의 'ㅂ'은 탈락하지 않는('좁-, 접-'의 경우) 이유를 이해할 수 없었다. 그는 용언어간말음 'ㅂ'이 다 같이 탈락한다면 특별한 법식(法式)이라고나 할 수 있을 것인데 어떤 경우에는 탈락하고 어떤 경우에는 탈락하지 않는 것은 심히 번잡하고 무리(無理)한 일이라고 하였다. 그리하여 그는 'ㅂ'불규칙에서의 'ㅂ'탈락을 속습이라고 이해하였으며 'ㅂ'을 탈락시키는 폐가 없는 영어식(嶺語式, 영남방언식)이 可하다는 생각도 하였다.

> 가볍은옷
>
> **가볍**은 形本이요 은은 子音이 ᄉᆞᆺ진 形本에 더ᄒᆞ여 形名體되게 ᄒᆞ는 普通表라 習俗에서 가볍의 末音 ㅂ을 發치 안이 ᄒᆞ는ᄃᆡ 嶺南에서는 이러치 안이 ᄒᆞ여 ㅂ을 發치 안이 ᄒᆞ는 弊가 없으니 이는 嶺語式이 可ᄒᆞ니라 〈고본말 50ㄱ〉

> 눕어 잔다

132) 실제로는 반모음 'w'로 교체되는 것이지만 주시경으로서는 반모음에 대한 인식이 없었기 때문에 반모음 'ㅜ[w]'를 그는 모음으로 인식했다고 보아야 할 것이다.

누어

이는 俗에서 눕어의 ㅂ를 빼고 쓰는 것이니 嶺南語에는 이 ㅂ을 發치 안이 ᄒᆞ는 弊習이 없ᄂᆞ니라 〈고본말 75ㄴ〉

좁은 길

이 말은 習俗에서도 右俗과 ᄀᆞᆮ이 ᄒᆞ지 안이 ᄒᆞ고 ㅂ을 發ᄒᆞ니 곳 子音이 ᄭᅳᆺ진 形本을 形名體 되게 ᄒᆞ는 普通式이라

이런즉 習俗에서 ㅂ이 ᄭᅳᆺ진 形本이면 形名體를 만들 ᄯᅢ에 의례 ㅂ을 發ᄒᆞ지 안이 홈이 안이요 ㅂ을 發ᄒᆞ는 것도 잇고 안이 發ᄒᆞ는 것도 잇으니 ㅂ이 ᄭᅳᆺ진 形本이거든 ㅂ을 다빼면 오히려 特別ᄒᆞᆫ 法式으로나 規模가 잇어 좀 關係치 안타 ᄒᆞᆯ 수 잇으려니와 엇던 말에는 發ᄒᆞ고 엇던 말에는 發ᄒᆞ지 안이 ᄒᆞ는 것은 甚히 煩雜ᄒᆞ고 無理ᄒᆞ니 〈고본말 49ㄴ-50ㄱ〉

좁아

이는 곱아와 ᄀᆞᆮ이 ㅂ을 빼지 안이 ᄒᆞᄂᆞ니라 ㅂ을 빼는 것도 無理ᄒᆞ고 無益ᄒᆞ거니와 ㅂ을 發치 안이 ᄒᆞ거든 다 發치 안이 ᄒᆞ기나 ᄒᆞ면 좀 낳을 터이나 엇던 것은 ㅂ을 發ᄒᆞ고 엇던 것은 ㅂ을 發치 안이 ᄒᆞ니 準信ᄒᆞᆯ 바가 없어 폐가 됨 〈고본말 64ㄱ〉

그는 'ㅂ'이 탈락한다고 인식하였기 때문에 '덥다'의 활용형 '더운'과 '더워'를 이해하기 어려웠던 듯하다. 그는 '더운'을 '덥은'에서 'ㅂ'이 탈락한 다음 'ㅜ'가 첨가된 것으로 이해한 듯하다. 그리하여 '더운'에 대하여 "아모ᄃᆡ도 當치 안이 ᄒᆞᆫ 우를 더ᄒᆞ는 것은 不可"하다고 하였다(고본말 50ㄱ). '더워'에 대하여는 '덥어'에서 'ㅂ'을 뺀 '더어'의 '어'를 '워'로 잘못하는 것이라고 하면서 '덥어'에서 'ㅂ'을 빼면 'ㅓㅓ'가 연속하게 되는바 같은 음을 연발하기가 거북하여 잘못하면 한

음이 되기가 쉽기 때문에 '어'를 '워'라고 하나보다고 추정하였다(고본말 64ㄴ〉). 여기서도 그는 이렇게 군색하게 할 것 없이 영어(嶺語)대로 'ㅂ'을 빼지 말고 '덥어'라고 하는 것이 심히 좋다고 하였다. 그러면서도 그는 '더워'를 설명하기 위해서 '덥-'의 본체를 '덥'과 '더우' 두 가지로 잡는 방안을 생각해 본 듯하다. 즉 '덥-'의 본체를 '덥'과 '더우'로 잡으면 '더워'의 '워'는 '더우어'의 '우어'가 합하여 된 것이라고 설명할 수 있는 가능성이 있다는 생각을 하였던 듯하다. 그러나 《고본말》에서는 '더우'가 본체될 연유가 도무지 없다고 하였다.

> 더워와 추워를 덥과 춥으로만 本體를 잡을 것이 안이요 더우와 추우로도 本體로 잡고 더워와 추워는 더우어와 추우어의 우어를 合ᄒᆞ여 워로 쓰는 것이라고도 ᄒᆞᆯ 듯ᄒᆞ나 더우와 추우가 本體될 緣由가 도모지 업ᄂᆞ니라 〈고본말 64ㄴ〉

이러한 그의 생각은 《말의소리》에 와서는 흔들리게 되었던 것으로 보인다. 여전히 'ㅂ'불규칙의 어간말음은 탈락하는 것으로 설명하면서도 '춥-'의 몸을 '춥-'과 '추-' 두 가지로 잡을 수도 있다고 하였다. 여기서 '춥-'의 몸을 '춥-'과 '추우-'로 잡지 않고 '춥-'과 '추-'로 잡으려 한 것은 'ㅂ'불규칙의 어간말음 'ㅂ'이 탈락한다고 인식했기 때문일 것이다. 그런데 이 'ㅂ'불규칙에 대해서는 본체를 두 가지로 잡을 수 있는 가능성을 제시하면서도 '좁으면'에서와 같이 'ㅂ'이 탈락하지 않는 경우를 보기로 삼아 'ㅂ'이 있는 것을 본체로 삼는 것이 바른일이라 할 만하다고 하였다.

> 이런 다위도 그 몸을 춥과 추의 두 가지로 잡을 수가 잇는 것이라 할 만하니라 〈말의 소리 ㄱㅅ〉

좁으면의 다위를 보면 ㅂ를 홀소리의 우에서도 덜지 아니함이 잇으니 이를 보기로 삼아 춥으면의 ㅂ를 나이지 아니하는 다위는 그 ㅂ가 잇음으로 저의몸을 삼음이 바른일이라 할 만한 것이라 〈말의소리 ㄱㅅ〉

결국 주시경은 'ㅂ'불규칙과 관련하여 몸을 둘로 잡는 방법, 즉 불규칙을 표기에 반영하는 방법을 제안하기는 하였으나 그것을 실행에 옮기지는 못했다고 할 수 있다.

'ㅂ'불규칙과 관련된 표기의 실제를 보면 〈국문론〉에서 《국문문법》까지는 어간에 모음어미가 결합하면 'ㅂ'이 탈락한 것으로 표기하기도 하고 'ㅂ'이 'w'로 교체된 것으로 표기하기도 하였는데, 'ㅂ'이 탈락한 것으로 표기하는 쪽이 우세하였다.

〈국문론〉
쉬은, 쉬으며, 쉬으니, 어려온, 어려오니, 어려울, 도음을

〈말〉
도아주기를, 슬기로워서, 즐거온

〈국문〉
어려어, 어려어서, 어려으니, 어려으며, 어려은, 어려울지라, 쉬어, 쉬은, 쉬을
무거은,

그러다가 《대한국어문법》에서부터 어간에 모음어미가 결합할 때 어간의 본체를 밝혀 적되 모음어미와 결합되는 경우에는 'ㅂ'에 사선을 그어 그 'ㅂ'이 탈락된다는 것을 표시해 주기도 하였다(다음 186페

이지 [그림9]의 '어렵은, 쉽은'과, 187페이지 [그림10]의 '가볍은옷' 참조). 물론 철저하지는 못하였다.

〈대한국어문법〉

갓갑은, 돕은, 어렵은, 쉽은 ―'ㅂ'에 빗금

cf. 쉬은, 어려은, 어려을, 어려은즉

〈고본말〉

가볍은, 눕은, 돕아, 쉽어, 부드럽어―'ㅂ'에 빗금

cf. 무거은, 무거운, 쉬을, 어둔, 어려은,

그러나 탈락하는 자음에 사선 긋기는《대한국어문법》과《고본말》에서만 시도하다가 그만 두었다. 그 이유가 무엇인지는 분명치 않으나 대개 두 가지 정도의 가능성을 생각해 볼 수 있다. 첫째로는 표기상이나 인쇄상의 번거로움 때문에 그랬을 가능성이다. 특히 인쇄상으로 탈락되는 자음에 사선을 표시해 준다는 것은 여간 어려운 일이 아니었을 것이다. 둘째로는 일반적으로 표기법에서 문자 이외의 특별한 부호를 사용하는 것은 타당하지 않다는 판단에서 그랬을 가능성이다. 탈락되는 자음에 일일이 사선을 그어 표시해 주는 방식은 흔히 있을 수 있는 일이 아니거니와 한글과 같은 훌륭한 문자로 우리말을 표기하는 데에 문자 이외의 부호를 사용하는 것은 그리 바람직한 일이 아니라는 생각을 했기 때문일 수도 있다.

아무튼《국어문법》이후에는 모음어미가 결합하는 경우에도 거의 예외없이 어간말음 'ㅂ'을 밝혀 적었다.

〈국어문법〉

어렵은지라, 어렵음이, 가파랍은, 더럽어, 고롭음을, 질겁어, 어지럽

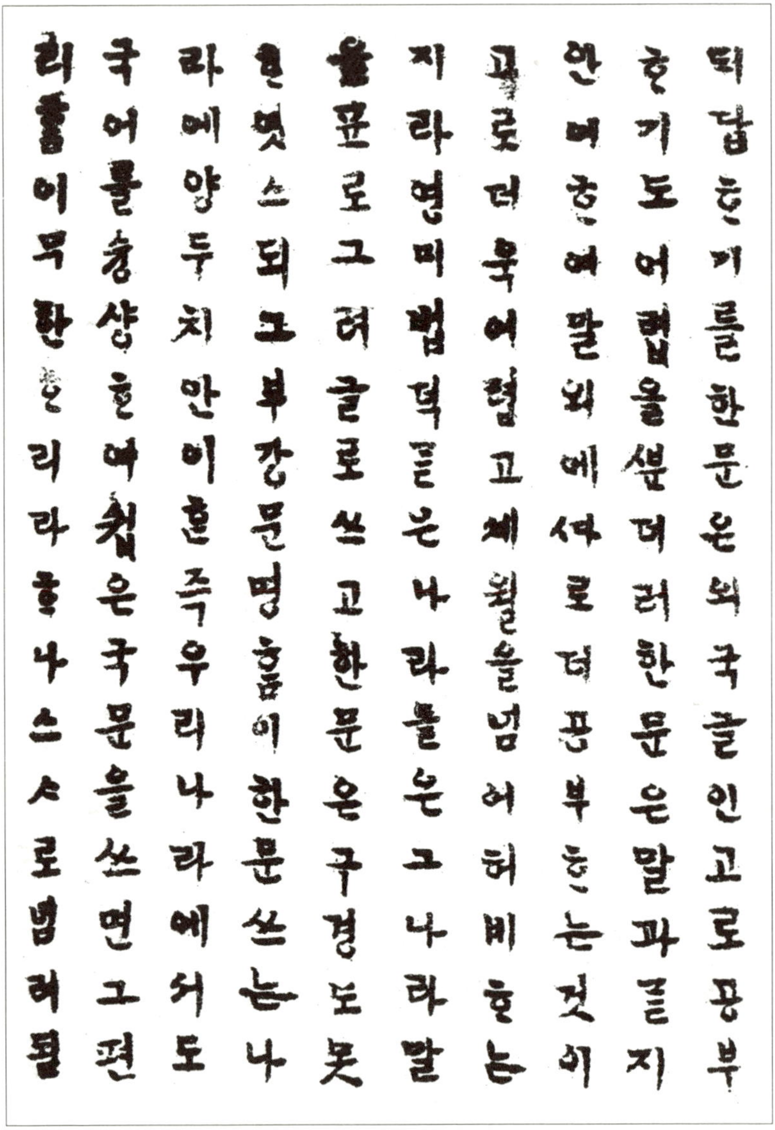
되답ᄒᆞᆫ거를한문은외국글인고로공부
ᄒᆞ기도어렵을ᄲᅮᆫ더러한문은말과글지
안에ᄒᆞᆫ에말뫼에셔로더ᄑᆞᆫ부ᄒᆞ는것이
괴롭더욱어렵고세월을넘어허비ᄒᆞ는
지라연미법덕ᄅᆞᆫ은나라를운그나라말
을문로그려글로쓰고한문은구경도못
ᄒᆞᆫ엣스되그부강문명홈이한문쓰는나
라에양두치만이훈즉우리나라에서도
국어를숭샹ᄒᆞ여쉽은국문을쓰면그편
리홈이목판ᄒᆞᆫ리라ᄒᆞ나스ᄉᆞ로법려될

[그림9] 〈대한국어문법 26ㄴ〉

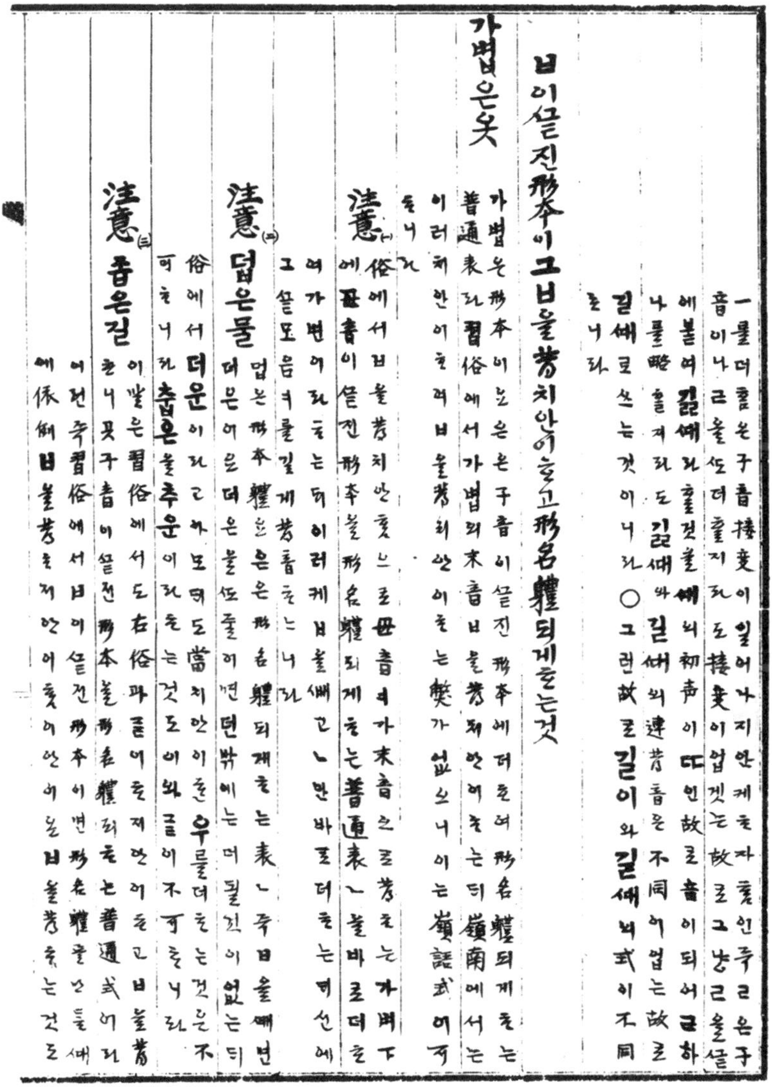

一를더ᄒᆞᆫ온子音接变이일어가지안케ᄒᆞ자ᄒᆞᆫ인주ㄹ은子
音이나ㄹ을ᄯᅩ더ᄒᆞᆯ지라도接变이업겟ᄂᆞᆫ故로그냥ㄹ을살
에붙여긺섀라ᄒᆞᆯ것을섀의初声이ㄸ인故로音이되어ㄹ하
나를略ᄒᆞᆯ지라도긺섀와길섀의連書音은不同이업ᄂᆞᆫ故로
길섀로쓰ᄂᆞᆫ것이니라○그런故로길이와길섀의式이不同
ᄒᆞ니라

ㅂ이살진形本이그ㅂ을書치안이ᄒᆞ고形名體되게ᄒᆞᄂᆞᆫ것

가볍은옷

가볍은形本이ᄂᆞᆫ온子音이살진形本에더ᄒᆞ여形名體되게ᄒᆞᄂᆞᆫ
普通表라習俗에서가볍의末音ㅂ을書치안에ᄒᆞᄂᆞᆫ듸嶺南에서ᄂᆞᆫ
이러케안이ᄒᆞ려ㅂ을書치안이ᄒᆞᄂᆞᆫ弊가업ᄉᆞ니이ᄂᆞᆫ嶺語式에不
ᄒᆞ니라

注意(一) 俗에서ㅂ을書치안ᄒᆞᆷ으로毋音ㅓ가末音으로書ᄒᆞᄂᆞᆫ가벼下
에ㅍ音이살진形本을形名體되게ᄒᆞᄂᆞᆫ普通表ㄴ을바로더ᄒᆞ
여가벼에라ᄒᆞᄂᆞᆫ듸이러케ㅂ을쌔고ㄴ만바로더ᄒᆞᄂᆞᆫ데선에
그살모음ㅓ를길게書音ᄒᆞᄂᆞ니라

注意(二) 덥은물 덥은形本體ᄂᆞᆫ은온形名體되게ᄒᆞᄂᆞᆫ表ㄴ주ㅂ을쌔면
더은에은더온물ᄯᅩ줄이면던밖에ᄂᆞᆫ더될것이업ᄂᆞᆫ듸
俗에서더운이라ᄒᆞ모듸도當치안이ᄒᆞᆫ우를더ᄒᆞᄂᆞᆫ것은不
可ᄒᆞ니라춥온을추운이라ᄒᆞᄂᆞᆫ것도이와ᄀᆞᆮ이不可ᄒᆞ니라

注意(三) 춥은길 이말은習俗에서도右俗과ᄀᆞᆮ에ᄒᆞ지안에ᄒᆞ고ㅂ을書
ᄒᆞᆫ니ㅅ子音이살진形本을形名體되ᄂᆞᆫ普通式이라
이런주習俗에서ㅂ이살진形本이면形名體를보들쌔
에係例ㅂ을書ᄒᆞ지안어ᄒᆞ어안에ᄂᆞᆫㅂ을書ᄒᆞᄂᆞᆫ것도

[그림10] 〈고본말 50ㄱ〉

어, 붓그럽어, 붓그럽음이, 쉽음, 질겁음, 질겁은, 더럽은, 쉽으니라

〈말의소리〉
쉽은, 어렵은, 어렵음으로

(2) 'ㅅ'불규칙 표기

'ㅅ'불규칙에 대해서도 어간말음 'ㅅ'이 모음어미 앞에서 탈락하는 것이라고 인식하였다. 그리고 이때의 'ㅅ'탈락은 속습이라고 이해하였다.

지어
이는 俗習語로 짓어의 짓의 ㅅ을 빼고 지어라고만 發ᄒᆞ는 것을 記ᄒᆞ는 것이니라 〈고본말 76ㄴ〉

'ㅅ'불규칙과 관련하여서도 영남방언에서는 'ㅅ'이 탈락하지 않는 경우가 있음을 지적하기는 하였으나 영어식(嶺語式)이 可하다는 언급은 하지 않았다.

嶺語에는 부어라 안이 ᄒᆞ고 붓어 곳 부서라 ᄒᆞᄂᆞ니라 〈고본말 76ㄴ〉

'ㅅ'불규칙에 대해서도 표기상으로는 불규칙을 인정하지 않았다. 즉, 모음어미 앞에서도 원체대로 표기할 것을 주장하였다. 그러나 《말의소리》에 와서는 '잇-'의 경우 그 몸을 '잇'과 '이'의 두 가지로 잡을 수도 있다고 하였다.

'ㅅ'불규칙의 표기도 'ㅂ'불규칙의 표기와 유사한 과정을 거친다. 〈국문론〉에서 《국문문법》까지는 어간에 모음어미가 결합할 때 'ㅅ'이 탈

락한 표기를 하다가

〈국문론〉
지여노은, 지으랴, 지을, 지을지라도

〈국문〉
지어, 지은, 이어

《대한국어문법》과 《고본말》에서는 모음어미가 결합할 때에도 어간말음 'ㅅ'을 표기해 주고 그 'ㅅ'에 살짝 빗금을 긋는 표기를 시도하였다(190페이지 [그림11]의 두번째 행 '짓어'와 191페이지 [그림12]의 '낫아더빗사다' 참조). 앞에서 기술한 'ㅂ'불규칙의 경우와 유사하다. 물론 모든 경우에 다 이렇게 한 것은 아니다.

〈대한국어문법〉
일홈 짓어, 짓어, 짓으시미, 짓으시고 — 'ㅅ'에 빗금
cf. 일홈 지어, 지어, 치평요람을 지어, 황명계감을 지어

〈고본말〉
낫아('ㅅ'에 빗금), 짓어 팔겠다
cf. 지어, 지은, 지어라

그러나 《국어문법》에서부터는 모음어미 앞에서도 'ㅅ'을 밝혀 적되 'ㅅ'에 빗금을 긋지 않았다.

〈국어문법〉
잇어지는, 잇어지게, 잇어지지, 잇어 함이요, 잇은 것, 잇을, 잇음이요

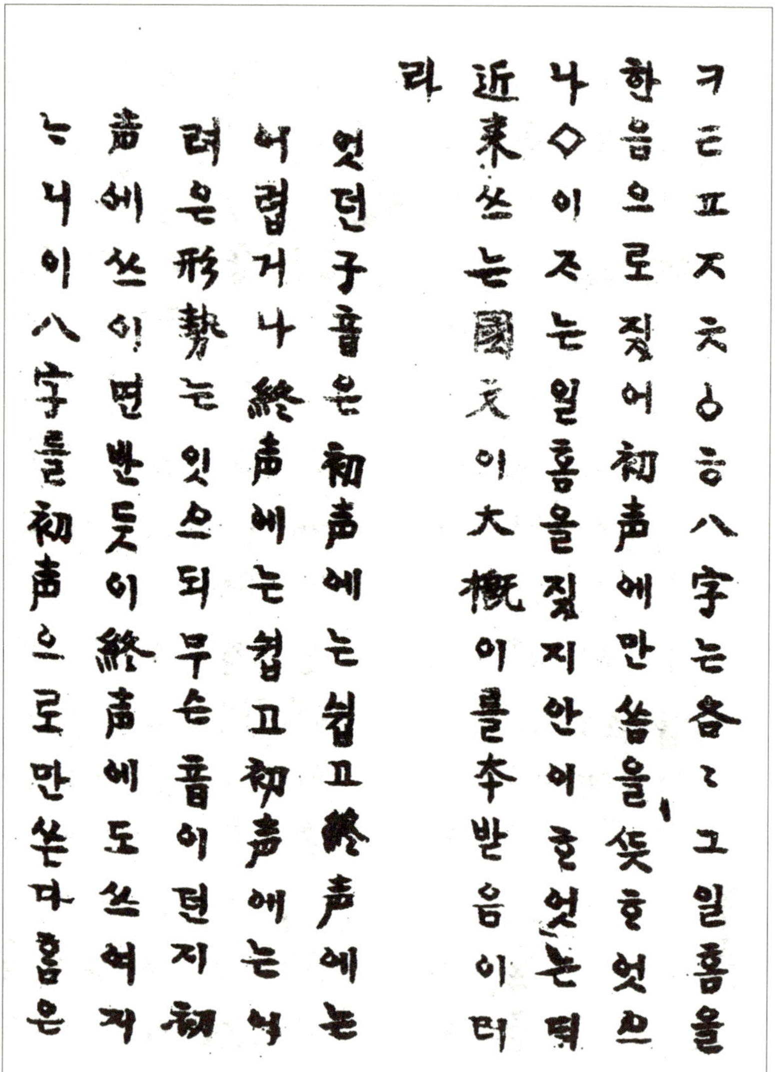

ㅋㅌㅍㅈㅊㆁㆆ八字는各〻그일홈을
한음으로짓어初声에만씀을, 뜻ᄒᆞᆫ엇스
나◇이ᄌᆞ는일홈을짓지안이ᄒᆞᆫ엇는뎌
近來쓰는國文이大槪이를本받음이더
라
엇던子音은初声에는쉽고終声에는
어렵거나終声에는쉽고初声에는어
려운形勢는잇스되무슨音이던지初
声에쓰이면반듯이終声에도쓰여지
느니이八字를初声으로만쓴다홈은

[그림11] 〈대한국어문법 56ㄴ〉

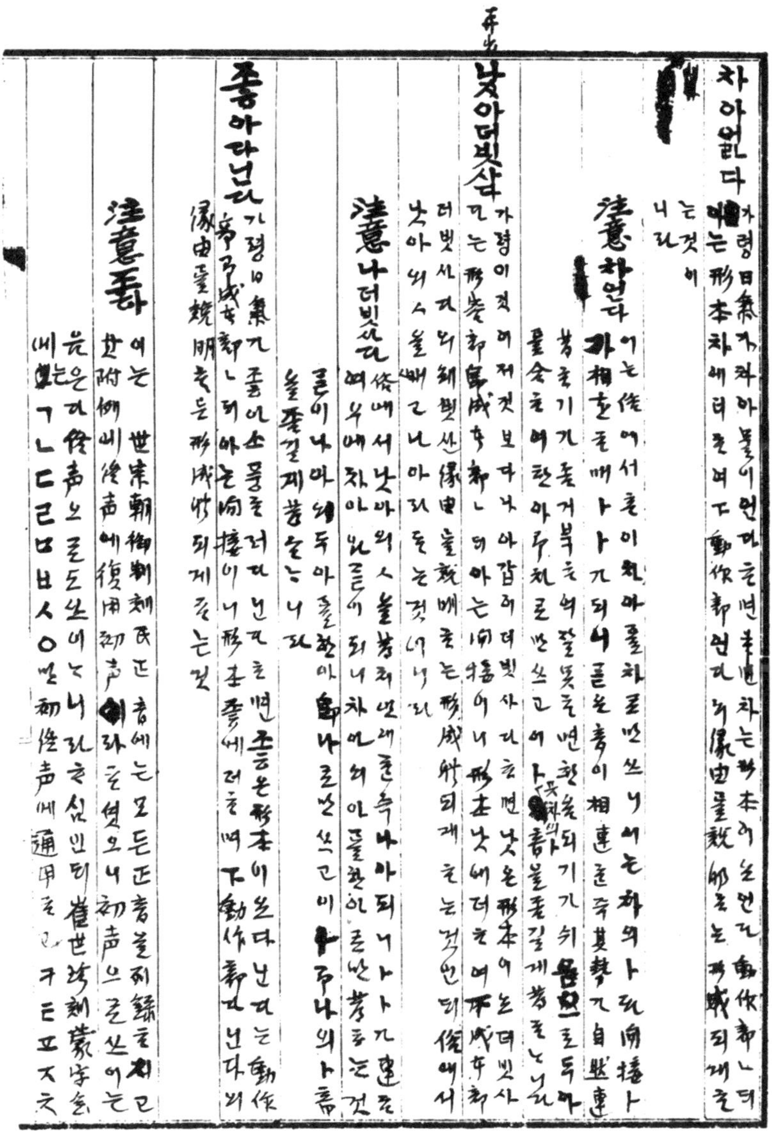

[그림12] 〈고본말 65ㄱ〉

짓은 집, 짓을 집, 짓을 작(作), 짓어, 젓어

(3) 'ㄹ' 불규칙 표기

'ㄹ'불규칙의 경우도 초기에는 'ㄹ'탈락을 표기에 반영하였다. 예들이 충분하게 나타나지는 않지만 대체로 'ㄴ'과 'ㅅ' 앞에서는 어간말음 'ㄹ'이 필수적으로 탈락하였고 'ㄷ'이나'ㅈ' 앞에서는 수의적으로 탈락하였다. 그러나 점차 'ㄷ'이나 'ㅈ' 앞에서는 'ㄹ'이 탈락되지 않는 표기가 일반화되었다. 이런 점에서 본다면 'ㄷ'이나 'ㅈ' 앞에서 'ㄹ'을 탈락시킨 표기는 역사적표기가 아니었나 생각된다. 관형사형 어미 '-ㄴ'이나 '-ㄹ', 그리고 현재형 종결어미 '-ㄴ다'가 결합될 때에도 어간말의 'ㄹ'은 필수적으로 탈락하였다.

〈국문론〉
ᄆᆞᆫ드ᄂᆞᆫ, ᄆᆞᆫ든, 만드샤, ᄆᆞᆫ드ᄉᆞ, ᄆᆞᆫ드신, ᄆᆞᆫ드쟈, ᄆᆞᆫ드쟈면, 아ᄂᆞᆫ, 아지,
머지, 비노니
/ ᄆᆞᆫ들지, 드나들지

〈말〉
사ᄂᆞᆫ, 아ᄂᆞᆫ, 아지 / ᄆᆞᆫᄃᆞᆯ지

〈국문〉
다는, 만ᄃᆞᆫ, 만다신, 만ᄃᆞ시던, 만ᄃᆞ셧ᄂᆞ뇨, 사는,
아나, 아는, 아는지, 아ᄂᆞ이다, 아지, 안다 / 알더라, 알지

《대한국어문법》에 오면 'ㄴ'이나 'ㅅ' 앞에 오는 경우에도 어간의 'ㄹ'을 밝혀 적고 'ㄹ'에 빗금을 긋는 표기를 한다(194페이지 [그림13]

의 '알ᄂᆞ니' 참조). 물론 예외가 있기는 하다. 여기에서는 어간에 관형사형 어미 '-ㄴ'이 결합되는 경우에도 받침을 'ㄹㄴ'으로 표기하고서 'ㄹ'에 빗금을 긋는 방식을 시도하기도 하였다(195페이지의 [그림14] 참조].

'만ᄃᆞᆯ다'의 명사형을 '만ᄃᆞᆱ'으로[133] 표기한(대한국어문법 6ㄴ) 주시경은 '달다, 길다'의 관형사형도 'ᄃᆞᇍ, 기ᇍ'으로 표기하는 것이 타당하다는 생각을 한 듯하다. 다만, 명사형의 받침 'ㄹㅁ'의 'ㄹ'에는 빗금을 긋지 않고 관형사형의 받침 'ㄹㄴ'의 'ㄹ'에는 빗금을 그었다는 차이가 있는데, 이는 받침 'ㄹㅁ'은 두 자음이 모두 발음될 수 있지만 'ㄹㄴ'은 두 자음이 모두 발음될 수는 없다고(즉 'ㄹ'이 반드시 탈락된다고) 인식했기 때문일 것이다. 'ㄷ'이나 'ㅈ' 앞에 오는 어간말음 'ㄹ'에는 빗금을 긋지 않은 것을 보면 'ㄷ'이나 'ㅈ' 앞에서는 'ㄹ'이 탈락하지 않는다는 인식을 하게 된 듯하다.

〈대한국어문법〉
ᄃᆞᆯ는, 알니, 알ᄂᆞ니, 만ᄃᆞᆯ샤, 만ᄃᆞᆯ셧ᄂᆞ뇨, 만ᄃᆞᆯ시니 --'ㄹ'에 모두 빗금
　　cf. 만ᄃᆞᄂᆞ니라, 아ᄂᆞ니
길던지, 알다가, 알되, ᄃᆞᆯ지, 알지
그 알에 ᄃᆞᇍ 음이(29ㄱ, 'ㄹ'에 빗금) 기ᇍ 음에(47ㄱ, 'ㄹ'에 빗금)
　　cf. 音을 단 것은(61ㄴ)

133) 《고본말》(29ㄴ)에서는 '길다'의 명사형을 '긺'으로 표기하였다. 《국문문법》(6ㄴ)에서는 아직 '만ᄃᆞᆯ다'의 명사형을 '만ᄃᆞᆷ'으로 표기하고 있다.

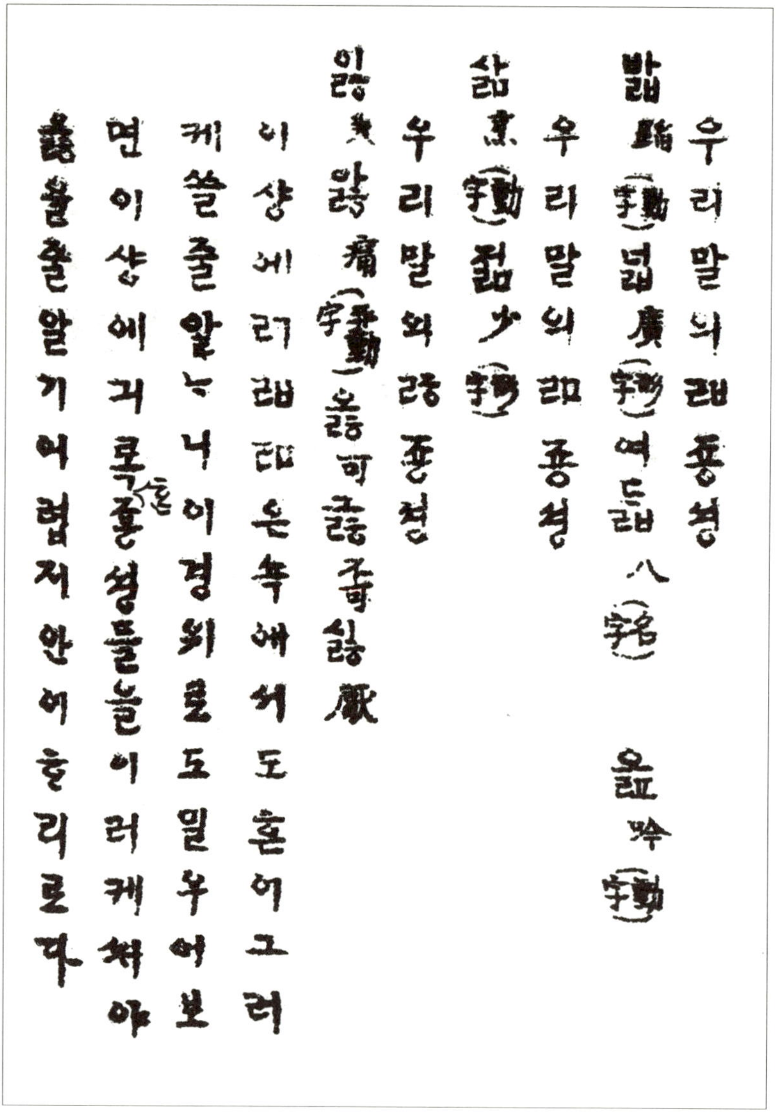
우리말의 ㄹㅂ 홍셩
밟 踏(字動) 넓 廣(字形) 여ᄃᆞᆲ 八(字名) 읊 吟(字動)
우리말의 ㄹㅁ 홍셩
삶 烹(字動) 젊 少(字形)
우리말의 ㄹㅎ 홍셩
잃 失 앓 痛(字動) 옳 可 홇 舐 싫 厭
이상에 ㄹㄱ ㄹㅂ ㄹㅍ 은 옥에서도 흔이 그러
케 쓸 줄 알 느니 이 경 외로도 밀우어 보
면 이상에 거록(ᄒᆞᆫ) 홍셩들을 이러케 쳐야
흠을 출 알기 어렵지 안에 ᄒᆞ리로다

[그림13] 〈대한국어문법 43ㄴ〉

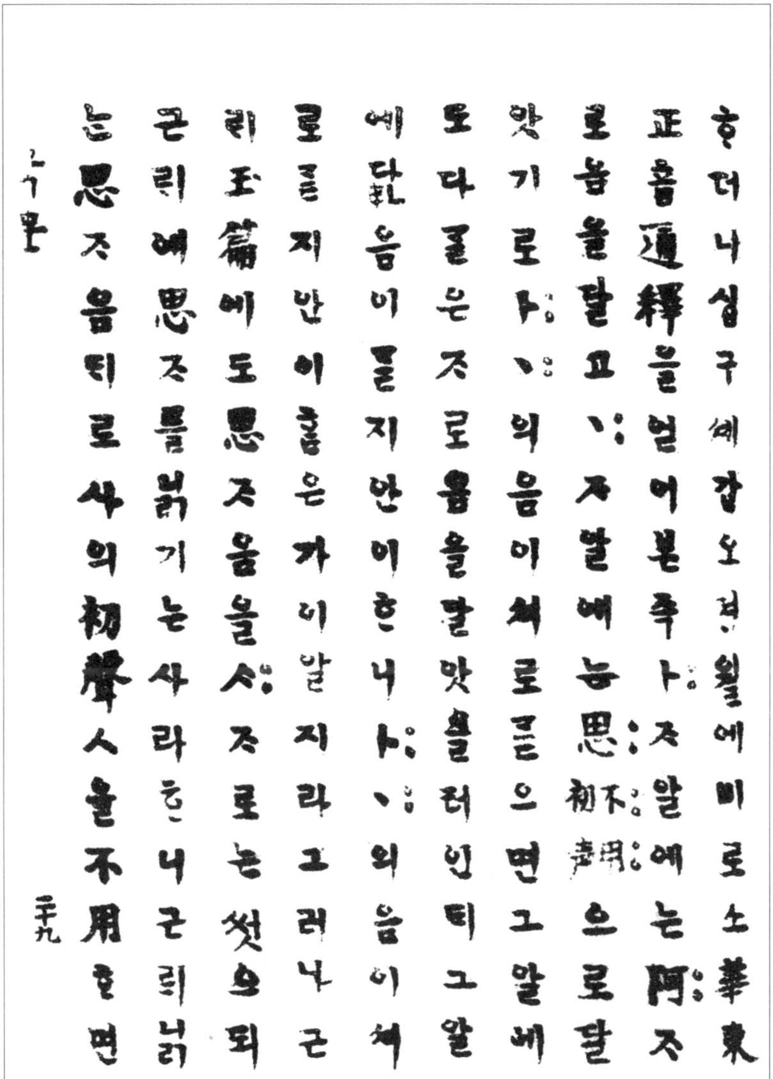
ᄒᆞ더니십구셰갑오졍월에비로소華東
正音通釋을엇어본즉ㅏᄌᆞ말에ᄂᆞᆫ阿ᄌᆞ
로ᄂᆞᆷ을달고ㆍᄌᆞ말에ᄂᆞᆫ思初下声用으로달
앗기로ㅏㆍ의음이셰로ᄀᆞᆮ으면그말에
ᄯᅩ다ᄀᆞᆯ은ᄌᆞ로음을달맛ᄎᆞᆯ러인ᄃᆡ그말
에닭음이ᄀᆞᆮ지안이ᄒᆞ니ㅏㆍ의음이셰
로ᄀᆞᆮ지안이ᄒᆞᆷ은ᄭᆡ알지라그러나ᄀᆞᆫ
리玉篇에도思ᄌᆞ음을ᄉᆞᄌᆞ로ᄂᆞᆫ썻ᄉᆞ되
ᄀᆞᆫ리에思ᄌᆞ를읽기ᄂᆞᆫ사라ᄒᆞᆫ니ᄀᆞᆫ리닑
ᄂᆞᆫ思ᄌᆞ음ᄃᆡ로사의初聲ㅅ을不用ᄒᆞ면
二十九

[그림14] 〈대한국어문법 29ㄱ〉

'ㄹ'불규칙 어간의 본체를 밝혀 적고 탈락되는 'ㄹ'에 빗금을 긋는 방식은 《고본말》에서도 계속된다(197페이지의 [그림 15] 참조). 그러나 여기까지에서는 아직 'ㄹ'이 탈락된 표기도 나타난다.

〈고본말〉
머물는, 팔는, 열는 것, 긺대, 긺쌔, 닮, 잚, 저팖 --ㄹ에 모두 빗금
알더라, 달지, 알지
cf. 다나, 아나, 아는지, 푸는, 만든, 안다 ᄒᆞ는 어진

《국어문법》에서는 본체를 밝혀 적는 원칙이 좀더 철저하게 지켜진다. 다만, 탈락하는 'ㄹ'에 빗금을 긋지는 않았다.

〈국어문법〉
늘나니라, 살는, 알는, 알나냐
알더라, 만들지, 알지, 울더니
가늚, 긺대, 긺때, 갊칼

(4) 'ㄷ'불규칙 표기

'ㄷ'불규칙에 대해서는 어간말음을 'ㅅ'이라고 인식하고서 이 'ㅅ'이 모음어미 앞에서 'ㄹ'로 교체되는 것으로 이해하였다. 예컨대 '듣-, 걷-'의 경우 이들의 원체는 '듯-, 걋-'인데(듯는, 걋는) 이들이 모음어미 앞에서는 '들-, 걸-'로 교체된다고(들은, 걸어) 이해하였던 것이다.

들은말
注意
들은 原體가 듯인ᄃᆡ 過去形名表 은과 將來形名表 을 우에는 들이 쓰

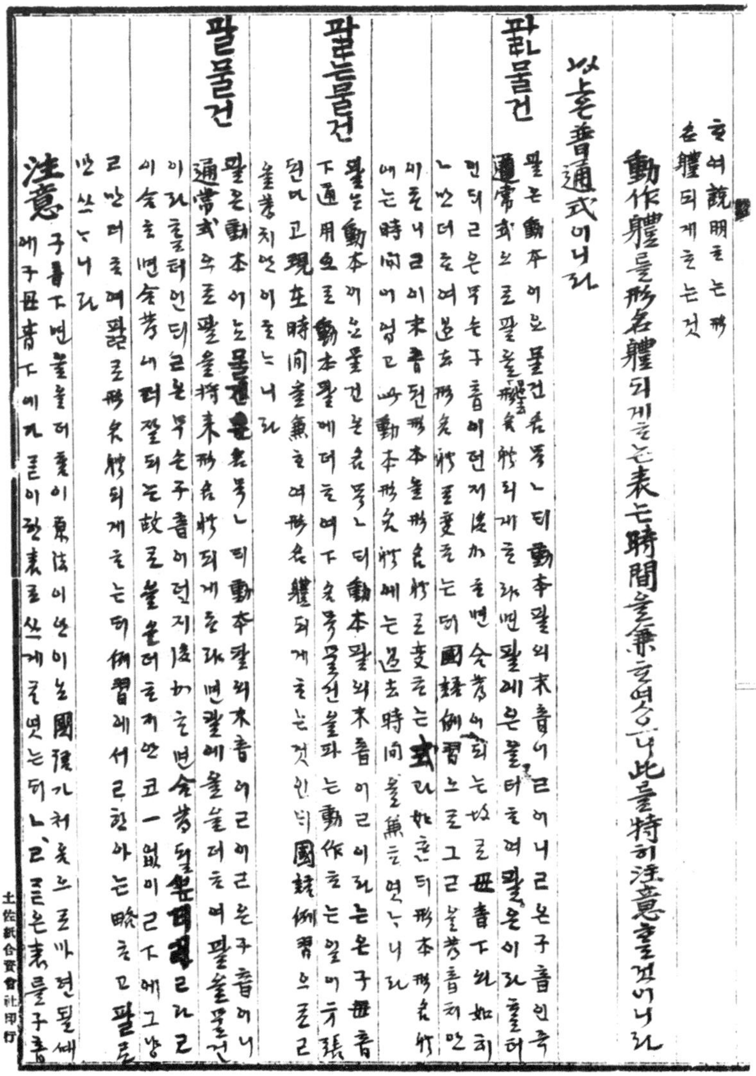

[그림15] 〈고본말 54ㄴ〉

이고 現在形名表 는 우에는 듯이 쓰여 듯는이 되ᄂᆞ니라 〈고본말 57ㄴ〉

걸어 간다

注意

걸의 原動本은 것인ᄃᆡ 間接 어와 으면이나 形名表 은과 을 ᄀᆞᇀ은 우에는 것의 終聲 ㅅ을 ㄹ로 特別ᄒᆞᆫ 動本體로 걸을 作ᄒᆞᄂᆞ니라 〈고본말 77ㄱ〉

주시경이 'ㅅ'으로 표기되어 온 'ㄷ'규칙 용언의 어간말음은 'ㄷ'으로 수정하여 표기하면서 'ㄷ'불규칙 용언어간의 말음은 계속 'ㅅ'으로 표기한 것은(자음어미 앞에서) 'ㄷ'규칙 용언의 경우에는 그 어간말음의 본음이 'ㄷ'이라는 것을 쉽게 확인 할 수 있었지만, 'ㄷ'불규칙의 경우에는 그 어간말음의 본음이 'ㄷ'이라는 분명한 근거를 찾을 수 없었기 때문이었을 것이다. 주시경은 분명한 근거를 찾을 수 없는 경우에는 습관적 표기를 그대로 따르는 경향을 보이었다.

그리고 주시경은 'ㄷ'불규칙과 관련하여서는 예외적으로 어간의 본체를 고정시켜 표기하는 표기법을 고집하지 않았다. 이는 아마도 모음어미 앞에서조차 어간의 본체를 고정시켜 표기할 경우, 그 표기가 현실발음과는 너무 동떨어진 것이 된다고 판단하였기 때문이 아닌가 여겨진다. 즉, '걸어'를 '것어'로 표기하는 것은 무리라고 판단했던 듯하다.[134)] 물론 방언에서도 '것어'로 표기해야 할 근거를 찾을 수가 없

134) 주시경이 편찬에 깊이 관여한 것으로 알려져 있는《말모이》에서는 'ㄷ'불규칙에 대해서도 부분적으로 본체를 고정시켜 표기하려는 시도가 있었다(이병근(1982) 참조). 물론 일관성은 없었다.

닷아남(달아남,19), 깨닷음(53), 깨닷아(139)

cf. 깨달을(覺, 3), 거름을(42), 가재-거름(42), 거름 것는(134), 듣은 것(10)

그러나 이것이 주시경의 의도였는지는 알 수 없다. 주시경은 적어도 그의 논저들에

었을 것이다.

'ㄷ' 불규칙에 대해서는 처음부터 끝까지 일관된 표기를 하였다. 즉, 자음어미와 결합할 때는 어간말음을 'ㅅ'으로 표기하고 모음어미와 결합할 때는 어간말음을 'ㄹ'로 표기하였다.

〈국문론〉

ᄭᆡ다라

〈말〉

ᄭᆡ달으나, ᄭᆡ달을지니 / ᄭᆡ닷고, ᄭᆡ닷ᄂᆞᆫ, 듯고, 듯ᄂᆞᆫ

〈국문〉

ᄭᅢ달은, 들은, 들으면, 물어, 물어보지도, 물으신

/ ᄭᅢ듯ᄂᆞ니다, 듯고, 듯ᄂᆞ뇨, 듯는, 뭇고

서는 'ㄷ'불규칙의 어간을 본체로 고정시켜 표기하려는 시도를 하지 않았다.《말모이》의 표기법은 부분적으로 주시경의 표기법과 차이가 있어 보인다. '하여'를 '하아'로 표기하려 했다든가, 체언 어간말음으로 'ㅊ, ㅌ' 등을 인정하려 했다든가(꽃은(10), 꽃잎(14), 논밭을(41), 밭의(44)) 하는 점에서 그러하다.《말모이》의 이러한 표기법은 이 사전의 편찬에 같이 참여했던 金枓奉·李奎榮·權悳奎 등의 의견이 부분적으로 반영된 것이 아닌가 한다. '하여'를 '하아'로 표기하려 했던 시도는 김두봉의 견해가 반영된 것이 아닌가 싶다.《조선말본》의 '알기'에서 김두봉이 다음과 같은 언급을 하고 있다는 점이 참고된다.

ㄴ. 이 글은 가장 널리 알아보도록 하랴고 맨 조선말로만 만들엇으되 그 잘못 쓰는 것은 바로잡아 쓰엇노니 이를터면 소리에 「ㅺ ㅼ ㅽ ㅾ」들을 「ㄲ ㄸ ㅃ ㅉ」로 바로 잡고 「업스면」을 「없으면」으로 바루어 쓴 따위니라 그러나 이도 또한 한 끝까지는 아니 하엿노니 이를터면 「하야」를 「하아」로든지 한 걸음 더 내키어 「하어」로 바로 잡지 아니한 따위니라

〈대한국어문법〉

물으나, 물으며, 물은즉 / 듯기에, 듯던지, 듯는, 믓고, 깨듯고

〈국어문법〉

걸어, 물음 / 믇기, 믇는

(5) '여'불규칙 표기

주시경은 초기에는 'ᄒᆞ-'에 부사형어미가 결합된 활용형은 'ᄒᆞ야'로, '-어야'가 결합된 활용형은 'ᄒᆞ여야'로, 과거시제어미가 결합된 활용형은 'ᄒᆞ엿-'으로 표기하였다. 그러다가《국문문법》에서는 'ᄒᆞ야'를 'ᄒᆞ여'로도 표기하기 시작한다.

〈국문론〉

긔록ᄒᆞ야/긔록ᄒᆞ여, 비교ᄒᆞ야, 표ᄒᆞ야, 인ᄒᆞ야, 합ᄒᆞ야, 허비ᄒᆞ야, ᄒᆞ야, 아니ᄒᆞ야

ᄒᆞ여야, ᄒᆞ여곰

통ᄒᆞ엿시니, 표ᄒᆞ엿시면, 말ᄒᆞ엿거니와

〈말〉

표ᄒᆞ야, 발ᄒᆞ야, 분간ᄒᆞ야, 변ᄒᆞ야, 표명ᄒᆞ야, 작만ᄒᆞ야, 명령ᄒᆞ야

ᄒᆞ여야, 의론ᄒᆞ여야, 공부ᄒᆞ여야

〈국문문법〉

구별ᄒᆞ야, 전달ᄒᆞ야, 비교ᄒᆞ야, 명빅ᄒᆞ게 ᄒᆞ야, 표ᄒᆞ야, 통ᄒᆞ야, 의방ᄒᆞ야, 반포ᄒᆞ야

뎡ᄒᆞ여, 화려ᄒᆞ여, 못ᄒᆞ여, 동ᄒᆞ여, 분ᄒᆞ여, 더ᄒᆞ여

통ᄒᆞ여야, 교통ᄒᆞ엿ᄂᆞ뇨, 교통ᄒᆞ엿ᄂᆞ이다, ᄒᆞ엿ᄂᆞ이다, ᄒᆞ엿ᄂᆞᆫᄃᆡ, ᄒᆞ엿다고

그런데 《대한국어문법》에 오면 42장과 43장을 경계로 하여 전반부에서는 'ᄒᆞ여'식으로 표기하다가 후반부에서는 'ᄒᆞ어'식으로 표기한다. 《고본말》에서는 '29ㄱ'에서부터 '44ㄱ'까지에서만 'ᄒᆞ어'식 표기가 나타난다.[135)]

〈대한국어문법〉
구별ᄒᆞ여, 비교ᄒᆞ여, 뎡ᄒᆞ여, 연구ᄒᆞ여, 번잡ᄒᆞ여
통ᄒᆞ여야, ᄒᆞ엿고

긔록ᄒᆞ어, 취ᄒᆞ어, 분별ᄒᆞ어, 무궁ᄒᆞ어, 안이ᄒᆞ어, 발ᄒᆞ어, 시작ᄒᆞ어, 연구ᄒᆞ어
긔록ᄒᆞ엇거니와, ᄒᆞ엇슨즉, ᄒᆞ엇스니, 말ᄒᆞ엇거니와, 겸ᄒᆞ엇더라, 긔록ᄒᆞ엇는지

〈고본말〉
더ᄒᆞ어, 代表ᄒᆞ어, 連ᄒᆞ어, 有ᄒᆞ어, 通用ᄒᆞ어
分ᄒᆞ엇는ᄃᆡ
더ᄒᆞ여, ᄒᆞ여주는, 합ᄒᆞ여, ᄒᆞ여도, ᄒᆞ여라
ᄒᆞ엿으나
cf. 못힛다, 허락힛다

135) 그밖에 'ᄒᆞ어'식 표기가 《가뎡잡지》에 연재된 〈국문〉의 경우에는 '1년 1호'(1906년 6월)와 '1년 2호'(1906년 7월)에서만 몇 예가 나타난다(정승철(2003ㄱ:33 및 2005:99) 참조). 《국어문전음학》(1908년)에서도 몇 예가 나타는데, 이것은 예외적인 것이라 보아야 할 것이다.

이 'ᄒᆞ어'식 표기는 'ㆍ'가 'ㅣ ㅡ'의 합음이라는 인식과 어간모음이 'ㅏ ㅗ'이면 '아'계어미가 오고 'ㅓ ㅜ ㅡ ㅣ'면 '어'계어미가 온다는 모음조화 규칙에 대한 인식을 반영한 것이다. 주시경은 'ᄒᆞ어'식 표기와 'ᄒᆞ여'식 표기에 대하여 《고본말》에서 다음과 같이 설명하였다.

> **정ᄒᆞ어 좋다**
>
> … 어는 形本 末字의 母音이 ㅣ ㅓ ㅜ ㅡ가 섵진 알에 쓰ᄂᆞᆫᄃᆡ ㅕ는 ㅓ가 섵진 것이니 ㅕ는 ㅣ ㅓ의 合音인 ᄞᅢ문이요 ㅠ는 ㅜ가 섵진 것이니 ㅣ ㅜ의 合音인 ᄞᅢ문이요 ㆍ는 ㅡ가 섵진 것이니 ㆍ는 ㅣ ㅡ의 合音인 ᄞᅢ문이라 그런즉 ㆍ 알에는 반ᄃᆞᆺ이 어가 쓰이ᄂᆞ니 〈고본말 67ㄱ〉

> 注意 **정ᄒᆞ여**
>
> 이는 어를 여로 誤記ᄒᆞ는 것이니 ㅣ ㅡ의 合音 ㆍ 알에 어가 連ᄒᆞ면 그 連發ᄒᆞ는 形勢로 어의 音이 여 ᄀᆞᇀ은 듯ᄒᆞᆷ으로 因ᄒᆞᆷ이니 俗에서 비어를 비여로 쓰고 ᄞᅢ에를 ᄞᅢ예로 쓰는 것 ᄀᆞᇀ은 習慣이니라 〈고본말 67ㄱ〉

'ㆍ'가 'ㅣ ㅡ'의 합음이라고 굳게 믿었던, 그리고 모음조화 규칙을 비교적 정확히 파악했던 주시경으로서는 'ᄒᆞ여'식 표기가 잘못된 것이고(습관) 'ᄒᆞ어'식 표기가 옳은 것이라는 생각을 할 수밖에 없었을 것이다.

그러나 실제의 언어생활에서는 일반적으로 [ᄒᆞ여]로 발음하고 쓰기도 'ᄒᆞ여'로 쓰기 때문에 이것을 'ᄒᆞ어'로 수정하는 것이 결코 쉬운 일이 아니었을 것이다. 'ᄒᆞ다'류 용언의 빈도가 매우 높아서 더욱 많은 저항을 받았을 것이다. 그리하여 'ᄒᆞ어'식 표기를 잠시 시도하다가 포기하고 다시 'ᄒᆞ여'식 표기로 되돌아 갔다. 이론적으로는 'ᄒᆞ어'로 표기하는 것이 옳다고 생각했지만 언어현실을 무시할 수는 없어서 'ᄒᆞ여'식 표기를 다시 받아들인 것이라고 할 수 있겠다. 이에 대하여 주시경은 다음과 같이 말하였다.

> 此偏에 ᄒᆞ 알에 어로 쓰지 안코 여로 씀은 보는 이가 넘어 서투르게 역일가 홈이요 또 여는 ᄒᆞ 알에만 쓰이고 달흔 ᄃᆡ는 쓰임이 없음으로 俗의 여를 取하여 쓰고 야는 더욱 無據ᄒᆞ기로 쓰지 안이 ᄒᆞ노라 〈고본말 67ㄴ〉

그런데 《대한국어문법》의 경우 전반부에서는 'ᄒᆞ여, ᄒᆞ엿-'으로 표기하였던 것을 'ᄒᆞ어, ᄒᆞ엇-'으로 고친 흔적이 여러 군데 나타난다. 물론 육안으로도 가필하여 고쳤음을 알 수 있는데 필사본을 대조해 보면 더욱 분명해진다(다음의 [그림16]과 [그림17] 참조). 가필은 인쇄된 후에 이루어진 것으로 보인다.

이상의 사실들을 종합해 본다면 'ᄒᆞ여, ᄒᆞ엿-'을 'ᄒᆞ어, ᄒᆞ엇-'으로 표기해야 한다는 생각을 하게 된 것은 《대한국어문법》의 후반부를 집필할 무렵이었을 것으로 추측되며 그러한 생각을 접게 된 것은 《고본말》을 집필하던 중(대략 1906년 7, 8월경)의 일이었을 것으로 추측된다.

《국어문전음학》 이후의 글들에서는 'ᄒᆞ어, ᄒᆞ엇-'과 같은 표기가 거의 나타나지 않는다.

> 〈국어문전음학〉[136]
> 從ᄒᆞ여, 成ᄒᆞ여, 在ᄒᆞ여, 發ᄒᆞ여, 依ᄒᆞ여, 訓ᄒᆞ여야
> ᄒᆞ엿고, ᄒᆞ엿으나, ᄒᆞ엿을지라, 書ᄒᆞ엿으며, 記ᄒᆞ엿으니, 發ᄒᆞ엿겟고

136) 《국어문전음학》에서도 'ᄒᆞ엇-'과 같은 표기가 더러 나타나기는 한다.

> 記ᄒᆞ엇으니(22, 23, 24), ᄒᆞ엇기에(23)

답

잘가ᄅᆞ치면그뜻도잘통ᄒᆞ여그ᄃᆡ로유익이만코잘못가ᄅᆞ치면그뜻도잘통치못ᄒᆞ여그ᄃᆡ로유익이적으며이나라사람에게도가ᄅᆞ치는분수ᄃᆡ로효험이잇ᄂᆞ이다이럼으로샤회를잘합ᄒᆞ라면또ᄒᆞᆫ말을잘ᄃᆞᆩ아잘가ᄅᆞ치고잘배화야잘되겟ᄂᆞ이다

십칠문

이나라에업ᄂᆞᆫ말이달은나라에잇스면엇지ᄒᆞᆷ이좋으뇨

국문　샹동쳥년학원　六

[그림16] 〈대한국어문법(유인본) 6ㄱ〉

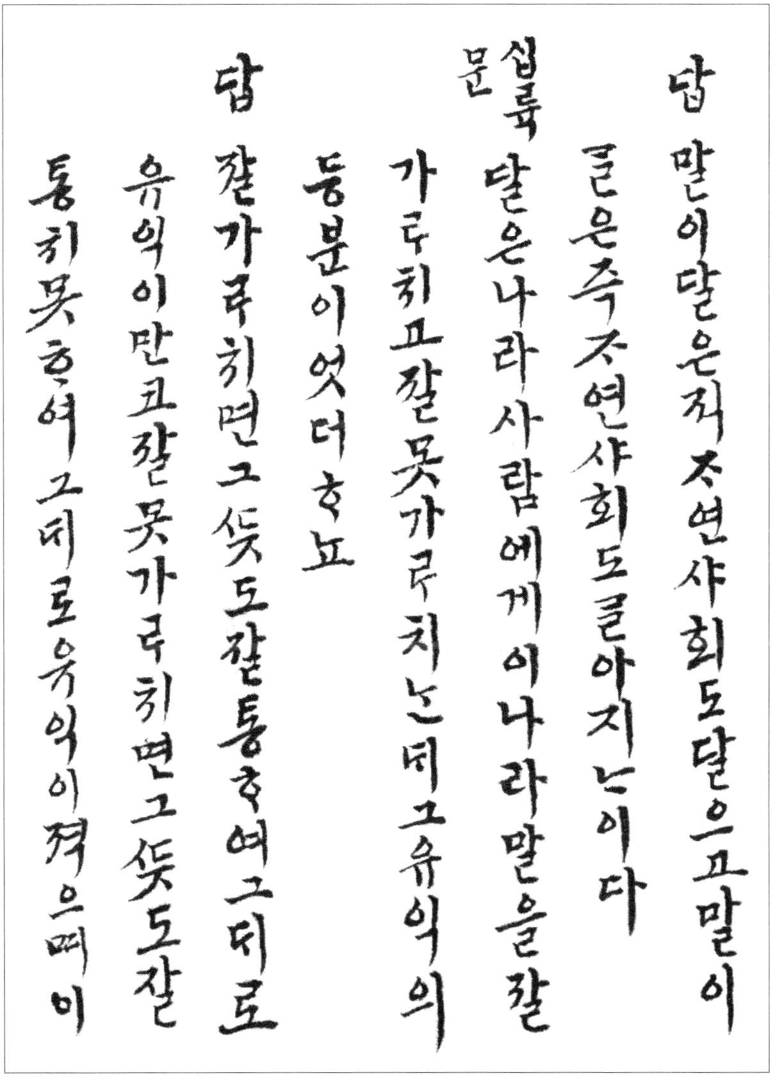

[그림17]〈대한국어문법(필사본) 13면〉

‘ㆍ’를 폐기함에 따라 ‘ᄒᆞ-’를 ‘하-’로 표기하게 된 이후에도 변함없이 ‘하여’로 표기하였다. ‘하-’에 대해서만은 여전히 어미의 불규칙을 인정한 셈이다. 모음조화의 이론대로 하자면 ‘ㅏ’ 다음에는 ‘ㅏ’가 와야 하므로 이론적으로는 ‘하아’로 표기하는 것이 옳다고 했을 법한데, 그러한 주장은 하지 않았다.

〈국어문법〉
하엿으나, 先合하여, 代表하였을, 하였는데, 變하여 ……

끝으로 하나 더 언급해야 할 것은《고본말》에서 ‘ᄒᆞ엿다’가 ‘힛다’로 나타나는 예가 있다는 사실이다. 구어를 그대로 반영한 예인 듯하여 흥미롭다.

잃어공부못힛**다**
가령 칙을 잃어 공부못ᄒᆞ엿다 ᄒᆞ면 잃은 動本 이요 공부못힛다는 한 動作部로 보는 것인ᄃᆡ 어는 間接이니 動本 잃에 더ᄒᆞ여 下動作部 공부못힛다의 공부못ᄒᆞ기를 엇지 ᄒᆞ여서 공부를 못ᄒᆞ엿다고 說明ᄒᆞ는 形成體되게 ᄒᆞ는것 〈고본말 79ㄱ〉

(6) ‘르’불규칙

주시경의 초기의 글들에서는 ‘르’불규칙의 예가 거의 나타나지 않아서 단정적으로 말하기는 어렵지만 다음과 같은 예들을 볼 때 초기에는 ‘르’불규칙의 경우도 불규칙활용을 그대로 반영한 표기를 했을 것으로 여겨진다.

〈국문〉
일러 줄

〈고본말〉
눌러, 일러 주기에, 흘러가는, 실러라

'ᄲᅡ르다'의 활용형 'ᄲᅡᆯ라'에 대하여는 다음과 같이 기술하기도 하였다.

ᄲᅡᆯ라

ᄲᅡ르어 못 ᄶᅡ르겟다 ᄒᆞ는 말에 ᄲᅡ르어를 말ᄒᆞᆯ ᄣᆡ는 ᄲᅡ르어라 ᄒᆞ지 안코 依例 ᄲᅡᆯ라라 ᄒᆞᄂᆞ니 이는 國語習慣式으로 ᄲᅡ르어의 ㅡ를 ᄲᅢ고 세 소ᄅᆡ를 두 소ᄅᆡ로 줄여쓰는 것이라 그러면 ᄲᅡᆯ아가 될 터인ᄃᆡ ᄲᅡᆯ라라고 ㄹ을 雙音으로 발ᄒᆞᆷ이 무ᄉᆞᆫ 緣由뇨 ㅡ를 ᄲᅢᆫ ᄃᆡ신에 ㄹ이나 되게 發ᄒᆞ는 것인가 보니라 〈고본말 61ㄱ-ㄴ〉

注意

ᄲᅡ르어의 ㅡ를 ᄲᅢ면 ᄲᅡᆯ어가 될 터인ᄃᆡ 그 어를 아라 ᄒᆞ여 ᄲᅡᆯ아로 씀은 무ᄉᆞᆫ 緣由뇨

ㅡ를 ᄲᅢ고 본즉 間接 어 우에 母音은 ᄲᅡᆯ의 ㅏ라 이제는 ㅏ의 알에 間接이 들어가겟는ᄃᆡ ㅏ 알에는 國語例로 잘아 못쓰겟다 題目 注意의 說明과 ᄀᆞᆮ이 ㅏ를 쓰는 故로 어는 보내고 아를 ᄃᆡ신으로 쓰ᄂᆞ니라 〈고본말 61ㄴ, 상단 보충〉

위에서 볼 수 있는 바와 같이 주시경은 '르'불규칙 용언인 'ᄲᅡ르다'의 활용형 'ᄲᅡᆯ라'를 이렇게 이해하였다. 즉 어간에 모음어미가 결합되면 어간말의 '으'가 탈락하는데 그 탈락의 보상으로 'ㄹ'이 쌍음으로 발음되며 '으'가 탈락하고 나면 어간모음이 'ㅏ'가 되는고로 어미도

'ㅏ'로 교체된다고 이해하였던 것이다. '이르다(早)'의 활용형 '일러'에 대해서도 동일하게 이해하였다. 다만 이 경우에는 '으'가 탈락된 후에 남는 어간 모음이 'ㅣ'이기 때문에 어미 '어'가 그대로 쓰인다고 하였다.

그러나 실제의 발음은 '빨라, 일러'로 되더라도 표기는 어간의 본체를 밝혀서 '빠르어, 이르어'로 하는 것이 좋다고 하였다. 이 경우에도 어간의 본체를 고정시켜 표기하는 표기법을 고수하려 한 것이다.

> 右 兩題(빠르어, 이르어 - 필자 보충)를 글로 쓸 때에는 더욱 法을 찾아 빠르어 이르어로 씀이 좋고 何必 習語만 딸아 빨라 일러로만 쓰라고 홀 것이 안이라 〈고본말 62ㄱ〉

그런데 《고본말》에서는 위와 같이 천명했음에도 불구하고 그러한 표기법이 제대로 실행되지는 못하였다. 표제항처럼 제시한 부분에서는 '빠르어, 이르어'로 표기하였으면서도

> 빠르어 못 따르겟다(61ㄴ)
> 이르어 덜 밝다(62ㄱ)

설명부분에서는 '빨라, 일러'와 같이 표기하였다.

《고본말》에서 천명한 표기법이 철저하게 지켜지는 것은 《국어문법》에서부터라 할 수 있다.

> 〈국어문법〉
> 아우르어, 아우르어야, 가르어, 빠르어, 게르어, 두르어

(7) '러'불규칙

'러'불규칙의 경우도 '르'불규칙의 경우와 사정이 유사하다.

〈말〉
(귀에) 일으러

〈월남망국ᄉᆞ〉
니르러, 일으러, 이르러

위에서 볼 수 있는 바와 같이 '러'불규칙의 경우도 초기에는[137] 불규칙을 그대로 반영한 표기를 하였다.

'러'불규칙에 대하여는 어간에 모음어미가 결합될 때 어간쪽에 'ㄹ'이 첨가되는 것으로 보았다(누르 + 어 → 누를어). 그런데 이 경우에 왜 'ㄹ'이 첨가되는지는 설명할 수가 없다고 여겼던 듯하다. '르'불규칙과 마찬가지로 어간이 '르'로 끝나는데 '르'불규칙과는 다른 결과가 도출되는 것이 그로서는 이해하기 어려웠던 듯하다. 그래서 '러'불규칙의 경우에는 더욱 원법(原法)대로('누르어'로) 표기하는 것이 좋겠다고 하였다.

누를어
누르가 形本인즉 르가 씉진 形本이요 其下에 間接 어가 들어갓으니 일러 例로 보면 依例 눌러라 홀 터인ᄃᆡ 이러케 줄여 쓰기는 고샤ᄒᆞ고 形本 누르에 아모 상관업는 ㄹ을 더ᄒᆞ여 누를을 作ᄒᆞ고 其下에 間接 어를 付ᄒᆞ여 누를어로 作ᄒᆞ여 形成體로 쓰니 이는 무슨 ᄌᆞ미ㄴ지 알 수

137) 《월남망국ᄉᆞ》는 간행 시기로 보면 초기의 논저가 아니지만 표기법의 양상으로 보면 초기의 논저와 함께 묶여야 할 것으로 여겨진다.

없도다 이것은 더욱 原法대로 누르어로 쓰는 것이 매우 좋겟도다 〈고본말 62ㄴ〉

다른 한편 그는 '러'불규칙에 대하여 어간의 본체를 '누르르, 푸르르'와 같이 잡고서 자음어미와 결합할 때는 동일한 두 음절(르르) 중에서 하나가 탈락되고 모음어미와 결합할 때는 어간말의 'ㅡ'가 탈락한다고 설명하는 방안을 제시해 보기도 하였다. 그러나 그것 역시 그리 시원한 해결 방안은 아니라고 생각하였다. 주시경은 '르'로 끝나는 어간의 경우 '르'불규칙과 같이 교체되는 것이 일반적인 것이라고 이해하였기 때문이다. 따라서 '푸르르'에 '-어'가 결합될 경우 어간말의 'ㅡ'가 탈락하기만 하고 남아 있는 'ㄹ'이 쌍음으로 발음되지 않는 것은 일반적인 것에서 벗어나는 것이라고 이해하였다. '러'불규칙의 어간을 '누르르, 푸르르'와 같이 잡는 방안이 그리 시원치는 못한 것이라고 한 것은 이 때문이었다.

注意

惑 누르르 푸르르로 本體를 잡을 만ᄒᆞ다 ᄒᆞ리니 이러케 本體를 잡으면 르르는 同音이 相連ᄒᆞᆫ 것인 고로 두 르를 한 르로 줄여 누르다 푸르다 ᄒᆞ는 것인ᄃᆡ 間接 어가 들어갈 ᄯᅢ에는 줄이지 안은 本體 누르르 푸르르의 ᅟᅳᆯ ㅡ만 ᄣᅢ니 누를어 푸를어요 어 우에 ㄹ 을 雙發치 안는 것은 일러 例에 比ᄒᆞ면 特式이라

如此ᄒᆞᆫ 議論이 잇을 듯ᄒᆞ나 누르르 푸르르로 本體를 잡는 것이 시원치 못ᄒᆞᆫ 일이니라 〈고본말 62ㄴ〉

'러'불규칙에 대하여 원법(原法)대로 표기하는 것이 좋겠다고 천명한 것도 《고본말》에서이다. 그러나 이 경우에도 역시 그 원칙에 따른 표기는 《국어문법》에서부터는 실행된다.

〈국어문법〉

몸에 이르어, 모르기에 이르어는

(8) 기타

주시경에게는 아직 'ㅎ'불규칙에 대한 인식은 없었던 듯하다. 문헌상으로 볼 때 '이러ᄒᆞ-, 그러ᄒᆞ-, 저러ᄒᆞ-(<뎌러ᄒᆞ-)'로부터 '이렇-, 그렇-, 저렇-'과 같은 어간이 완전히 발달되는 것은 20세기 초인 것으로 여겨지는데(송철의 2004ㄴ), 주시경은 '이러ᄒᆞ-, 그러ᄒᆞ-, 저러ᄒᆞ-'가 '이렇-, 그렇-, 저렇-'으로 발달했다고는 인식하지 않은 듯하다. '이러케, 그러케, 저러케'를 그는 '이러ᄒᆞ게, 그러ᄒᆞ게, 저러ᄒᆞ게'에서 'ᄒᆞ'의 'ㆍ'가 탈락하고 'ㅎ'과 'ㄱ'이 축약된 것이라고 본 듯하다.[138] 그래서 '이러케, 그러케, 저러케' 등을 '이렇게, 그렇게, 저렇게'로 표기하려는 시도는 하지 않았다. 《국어문법》 이전까지는 대체로 '이러케, 그러케, 저러케'로 표기하였다.

〈국문론〉

엇더케, 엇더ᄒᆞᆫ, 이러케, 이러ᄒᆞᆫ즉

〈말〉

엇더케, 엇더ᄒᆞᆷ은, 이러케, 이런고로, 그런즉

〈국문〉

엇더케, 엇더ᄒᆞᆫ지, 이러케, 이런 것은, 이런 ᄌᆞ, 이럼으로

그러케, 그러치, 그런 ᄌᆞ

138) '졍ᄒᆞ고'가 흔히 '졍코'로 되는 것과 동궤의 것으로 이해한 듯하다.

〈고본말〉

이러ᄒᆞ다, 저러ᄒᆞ다, 그러ᄒᆞ다, 이러ᄒᆞᆫ, 저러ᄒᆞᆫ, 그러ᄒᆞᆫ, 이러ᄒᆞᆯ

이런, 이럼으로, 그런고로, 그럼으로

이러케, 저러케, 그러케, 이러치, 엇더케   cf.엇더ᄒᆞ게

그러다가《국어문법》에 오면 '이러케, 그러케, 저러케'와 같은 축약 표기를 지양하고 이들을 모두 '이러하게, 그러하게, 저러하게'로 표기하였다. 접속부사 '그러나'까지도 '그러하나'로 복원시켜 표기하였다. 그러니까 이들에 대해서도 철저하게 어간과 어미의 본체를 밝혀 적는 표기를 하고자 하였던 것이다.

〈국어문법〉

이러하, 그러하, 저러하, 엇더하, 이러한, 그러한, 저러한, 엇더한

이러한, 이러할, 이러함으로, 그러하나, 그러할지라도, 그러함으로

이러하게, 그러하게, 엇더하게

소위 '우'불규칙이라 불리는 '푸다'는 예를 찾지 못하였다. 주시경도 이 예는 거론하지 않았으나, 이 경우에도 초기에는 '퍼, 펏다'와 같이 표기하다가 나중에는 '푸어, 푸엇다'로 표기하는 것을 원칙으로 삼았을 것이다.

5.6. 역사적 표기

주시경은 국어의 표기법을 한글 문헌들을 통하여 익힐 수밖에 없었을 것이다. 따라서 그의 초기의 글들에서는 역사적 표기들이[139] 나타날 수밖에 없었다. 어떤 경우에는 현실발음대로 표기했다가 역사적 표기

로 돌아갔다가 다시 현실발음대로 표기하기도 하였다. 그는 옛 한글 문헌들을 꾸준히 구해 보면서 그런 문헌들에 나타나는 표기를 참조하기도 했었던 모양이다. 그러나 국어에 대한 연구가 진전되면서 그러한 역사적 표기들을 점차 바로잡아 나간다.

다음에서는 주시경이 고유어 표기에서 역사적 표기를 수정해 가는 과정을 검토해 보기로 하겠다.

(1) '·' 표기

이미 앞에서 언급한 바와 같이 주시경은 '、'를 'ㅣㅡ'의 합음이라고 인식하고서 〈국문연구〉에서 '、'자를 "不用홈이 可ᄒᆞ다"고 결론하였다. 그런데 〈국문연구〉에서는 한자음과 고유어(국어) 표기에서 모두 '、'자를 사용하지 말아야 한다고 주장했다가 《고등국어문전》에서는 고유어 표기에서는 '、'자를 사용하지 말되 한자음 표기에서는 '、'자를 사용하는 것이 타당하겠다고 하였다. 한자음에 대하여는 다음에 살펴보게 될 것이므로 여기서는 고유어 표기에 '、'자가 사용된 양상을 시대순으로 살펴보겠다.

주시경의 글들을 시대순으로 고찰해 보면 초기에는 '、'자를 많이 사용하다가 점차 그 사용을 줄여갔음을 알 수 있다. 마치 음운변화가 점진적으로 일어나듯이 '、'자의 폐기가 점진적으로 이루어진 듯한 인상을 받는다. 고유어 표기에서 '、'자가 완전히 폐기되는 것은 《국어문법》에 와서의 일이다. 대표적인 몇 예를 통하여 '、'자가 폐기되어 간 과정을 살펴보면 다음과 같다.

139) '역사적 표기법'이란 흔히 '의고적 표기법'이라고도 부르던 것인데 이 글에서는 '역사적 표기법' 또는 '역사적 표기'라는 용어를 사용하기로 한다. 이익섭(1992: 374, 주23)에서는 '역사적 표기법'을 "傳統的으로 쓰여온, 現實音에서 멀어진 表記法" 정도로 정의할 수 있을 듯하다고 하였다.

국문론 (1897)	말 (1901)	대한국어문법 (1906)	국문연구 (1909.3)	고등국어문전 (1909.4)	국어문법 (1910)
두 ᄀᆞ지	ᄒᆞᆫ 가지	한 가지			여러 가지
ᄭᆞᄃᆞᆰ	ᄭᆞᄃᆞᆰ은	ᄶᅡ닭		까닭으로	까닭이라
사ᄅᆞᆷ	사ᄅᆞᆷ이	사람		사람이	사람의
ᄒᆞ나	ᄒᆞ나	하나도		한아	한아에
가ᄅᆞ치며 ᄀᆞᆯᄋᆞ쳐야	ᄀᆞᄅᆞ쳐	가ᄅᆞ쳐			가르치어 가르침이요
ᄀᆞᆺᄒᆞᆫ, ᄀᆞᆺ치, 갓치	ᄀᆞᆺᄒᆞᆫ, ᄀᆞᆺ지	ᄀᆞᇀ은, ᄀᆞᇀ다		같겟소	같은, 같지
ᄆᆞᆫ드러, 만드샤	ᄆᆞᆫᄃᆞᆯ지	만ᄃᆞᆯ어		만들엇는데	만들는
ᄆᆞᆰ은		맑(淸)	맑(淸)	맑	맑으오
ᄇᆞᆰ으며		밝(明)	밝는	밝으오	밝
ᄇᆡ호기가		배호고,배호 는		배호고	배호는
ᄒᆞ여야	ᄒᆞ고, ᄒᆞ여 야	ᄒᆞ엿스니	ᄒᆞ셧도다	善合ᄒᆞ는 善合하지	하면서, 하 고
ᄆᆡ우	ᄆᆡ우	매우			매우
잇ᄂᆞᆫ, 되ᄂᆞᆫ	잇ᄂᆞᆫ 업ᄂᆞᆫ	쓰는/쓰ᄂᆞᆫ	作ᄒᆞ는, 되 는	없는, 찾는	없는, 되는
잇나니, 몰으나니	업ᄂᆞ뇨, ᄒᆞᄂᆞ니라	업ᄂᆞ뇨, 잇ᄂᆞ뇨	作ᄒᆞᄂᆞ니 ᄒᆞ엿ᄂᆞ뇨	變하나니 못하나니	하나니 되엇나니라
잇ᄂᆞᆫᄃᆡ	안ᄂᆞᆫᄃᆡ	모음인ᄃᆡ 잇는ᄃᆡ	音인ᄃᆡ, 오는ᄃᆡ	音인데,	이름인데 잇는데
경계를, 학교를	말표ᄅᆞᆯ, 소ᄅᆡᄅᆞᆯ	이 표를, 문ᄌᆞ를	國語를, 文字를	나라를, 아희를	씨를, 낙시를
표ᄂᆞᆫ, 토ᄂᆞᆫ	ᄌᆡ조ᄂᆞᆫ, 알기ᄂᆞᆫ,	하나는, 금슈는	文字는, 水는	三字는, 그대는	이제는, 나라는
마음ᄃᆡ로, 돌아가ᄂᆞᆫ ᄃᆡ 로	직분ᄃᆡ로, 뜻대로	音ᄃᆡ로 본ᄌᆞᄃᆡ로	本音대로 發音되는대 로	本音대로 國語대로	겹치는 대로

위의 도표를 통해서 보면 'ㆍ'자의 사용이 초기에는 약간은 들쑥날쑥하다가 점차적으로 폐기되어 갔다는 것을 알 수 있다. 어미 '-ᄂᆞ-'의 경우는 〈국문론〉에서는 '-나-'로 표기하다가 〈말〉에서부터는 '-ᄂᆞ-'로 표기하고, 그러다가 《고등국어문전》에서부터 다시 '-나-'로 표

기하였다. 조사 '-를'의 경우는 〈국문론〉에서 '-를'로 표기하다가 〈말〉에서는 '-ᄅᆞᆯ'로 표기하고 《대한국어문법》에서부터는 다시 '-를'로 표기하였다.[140] 어간의 경우에는 '가ᄅᆞ치-, 만ᄃᆞᆯ-, ᄒᆞ-' 등에서 'ㆍ'자가 늦게까지 남아 있었고 어미의 경우에는 '-ㄴ/는ᄃᆡ, -ᄂᆞ-' 등에서 'ㆍ'자가 늦게까지 남아 있었음을 알 수 있다. 조사에서는 어미에서보다는 일찍 'ㆍ'자가 쓰이지 않게 되었다. 'ᄒᆞ-'의 경우는 《고등국어문전》에서 '하-'로 쓰이기 시작하였는데, 이 책의 전반부에서는 'ᄒᆞ-'와 '하-'가 혼용되다가(無하거니와/無ᄒᆞ니) 후반부에서는 거의 '하-'로 통일되어 간다. 그러니까 'ㆍ'자는 《고등국어문전》에서 이미 거의 폐기되었던 셈이다. 'ㆍ'자의 사용과 관련해서 한 가지 흥미로운 것은 조사의 경우 '-은/는', '-을/를'의 쌍 중에서 '-는'이나 '-를'의 표기에서만 'ㆍ'자가 사용되고 '-은'이나 '-을'의 표기에서는 'ㆍ'자가 사용된 적이 없다는 것이다.[141] 어미의 경우에도 현재시제 관형사형어미 '-는'의 표기에만 'ㆍ'자기 사용되고 과거시제 관형사형 어미 '-은'의 표기에는 'ㆍ'자가 사용된 적이 없다.

(2) 치찰음 뒤에서의 이중모음 표기

치찰음 뒤에서 'ㅏ : ㅑ, ㅓ : ㅕ, ㅗ : ㅛ, ㅜ : ㅠ'의 대립이 중화되는 시

---

140) '남(他)' 같은 경우에는〈국문론〉에서는 '남'으로만 표기하다가 〈말〉에서는 'ᄂᆞᆷ'과 '남'을 혼기하고('ᄂᆞᆷ'이 우세) 《대한국어문법》에 와서는 다시 '남'으로만 표기하였다. 주시경에게 있어서도 초기에는 'ㆍ'자의 사용이 혼란스러웠음을 보여 주는 일면일 것이다.

〈국문론〉	〈 말 〉	〈대한국어문법〉
남이, 남의	ᄂᆞᆷ이, ᄂᆞᆷ의	남에게, 남이
남이, 남의게		

141) 주제격 조사 '-는', 대격 조사 '-를'은 김완진(1975)에서 중가형이라고 본 것들이다.

기는 논자에 따라 약간의 차이가 있으나 적어도 19세기 말에는 그러한 중화가 완료되어 있었다는 사실에 대해서는 이견이 없을 것이다. 그럼에도 불구하고 20세기 초까지도 치찰음 뒤에서 단모음(單母音)과 이중모음이 혼기되는 양상은 여전히 계속되었다.

주시경도 초기에는 이와 관련하여 표기상의 혼란을 보여 주다가 고유어 표기에서는 점차 단모음 표기로 통일하여 간다. 치찰음 뒤에서는 'ㅑ ㅕ ㅛ ㅠ'가 'ㅏ ㅓ ㅗ ㅜ'로 발음된다는 사실을 인식하였기 때문일 것이다.[142)] 이와 관련하여《국어문전음학》에서 다음과 같이 기술하였다.

> ㅑ ㅕ ㅛ ㅠ는 ㄷ이나 ㅅ이나 ㅈ나 ㅊ나 ㅌ로 初聲됨을 讀홀 時는 ㅏ ㅓ ㅗ ㅜ로 發ᄒᆞ니 此는 全國 一般의 習慣이라 間或 原音ᄃᆡ로 發ᄒᆞ는 者가 有ᄒᆞ나 偶然홈에 不過홈으로 準則홀 바가 못 되ᄂᆞ니라 〈국어문전음학 42〉

---

142) 이능화, 지석영, 주시경 3인이 공동으로 제출한 '國文硏究 第一二回 問題'에 대한 '議案'에서는 이 문제와 관련하여 다음과 같이 기술하고 있는데, 그 논조로 볼 때 '샤쟈챠'등을 '사자차'로 발음하는 현실을 인정하기는 하되 그렇게 발음하는 것이 잘못된 것이라는 인식을 하고 있었던 것이 아닌가 여겨진다. 그렇다면 이는 주시경의 개인적인 견해와는 다른 것이었을 가능성이 없지 않다.

> 俗用國文反切에 사샤서셔소쇼수슈, 자쟈저져조죠주쥬, 차챠처쳐초쵸추츄 此三段은 八個子音을 四個子音으로만 發音하고 댜뎌됴듀디 五字는 쟈져죠쥬지로 탸텨툐튜티 五字는 챠쳐쵸츄치로 發音을 疊誤홈으로 認定홈
>
> (說明) 俗用反切에 사자차 三行에 自第一字至第八字가 各其 本音이 有ᄒᆞᆫ 것을 近俗에 口順을 從ᄒᆞ야 每二字를 一音으로 發ᄒᆞ고 다타 二行의 第二 第四 第六 第八 第十字를 자차 二行의 第二 第四 第六 第八 第十字로 더블어 發音相同ᄒᆞ야 分別이 無ᄒᆞ니 此는 訓蒙字會에 ㄷ 初聲을 池字音으로 ㅌ 初聲을 治字音으로 譯ᄒᆞᆫᄃᆡ셔 原因이 됨으로 認定홈 〈국문연구안, 전서 2 : 211-2〉

주시경은 이러한 음운론적인 인식을 하게 되면서 형태소 내부의 치찰음 뒤에 오는 'ㅑ ㅕ ㅛ ㅠ'는 발음되는 대로 'ㅏ ㅓ ㅗ ㅜ'로 표기하는 것이 타당하다는 생각을 하게 된 것으로 여겨진다. 주시경은 형태소 내부의 표기에서 일반적으로 역사적 표기를 지양(止揚)하고 현실 발음대로의 표기를 지향(指向)하였는바, 치찰음 뒤에서의 'ㅑ ㅕ ㅛ ㅠ'를 'ㅏ ㅓ ㅗ ㅜ'로 현실화한 것도 그러한 표기 경향의 하나라 할 수 있을 것이다. 물론 형태소 경계에서 'ㅣ'의 활음화로 인하여 도출되는 'ㅕ'는 'ㅓ'로 표기하지 않았다.

치찰음 뒤에서의 이중모음 표기 양상을 시대순으로 제시해 보면 다음과 같다.

〈국문론〉

다셧, 쇼릐, 여셧, 쇽에/속에, 셔울, 셔로/서로, 어리셕은, 분간홀 슈가/알 수가

잇서셔, 써셔, 그려셔,

나라에셔, 학교에셔, 약국에셔

업셔, 업셔서, 업셔도

졔가금/제각금, 죠흔, 아죠, 져의 나라, 젹고, 젹게, 몬져, 죠곰도, 졀머슬(젊-)

믄드쟈, 그리쟈, 빅호쟈, 쓰쟈 / 가르치자

이져 바리기가, 이져 바릴

가쵸엿는, 처음에는

〈대한국어문법〉

다섯, 여섯, 소릐, 서로, 통홀 수, 알 수, 찾을 수, 난홀 수

cf. 셔로, 어리셕지, 어리셕은, 셤기다(事), 셩긴고로, 셩기고

부딪어서, 만아서, 씩어서

cf. 나가셔, 부딪어셔,

폐에서, 합음에서, 俗에서, 어듸서, 가온듸서, 초위에서는, 우리나라에서도

cf. 셰상에셔

홀 수 업서, 바이 업서

좋다, 좋은, 좋지, 조곰, 조곰도, 몬저, 자조, 좀, 제 음을, 제 구별이 쬶(少), 이제, 저리, 저다지, 저절로, 적고, 적은, 적은듸 / 져 사룸이, 져 사룸,

언졔던지, 몬져, 젹고, 젹게, 젹으면

삼자, 불으자, 흐고자, 말고자, 擇 흐고자

쳐음으로[143)]

만둘셧느뇨, 만둘셧느이다, 쓰셧느이다. 흐셧으니, 흐셧는이다

가르쳐, 곳쳐, 맛쳐, 졉 쳐

〈국어문법〉

다섯, 여섯, 소리, 서로, 서울, 속, 속뜻, 어리석은, 섬(島), 벌서,

---

143) "가명잡지"의 〈국문〉에서는 '쳐음으로'와 '처음으로'가 혼용된다.

처음으로 듯는 〈가명잡지 1년 2호 : 29〉

처음으로 만드신 〈가명잡지 1년 2호 : 30〉

쳐음으로 친이 만드셧느이다 〈가명잡지 1년 2호 : 30〉

쳐음으로 공부하는 〈가명잡지 1년 4호 : 24〉

分할 수 없는
그리어서, 나아서, 늙어서, 크어서
땅에서, 뜻에서는, 꽃에서

좋지, 몬저, 자조, 좀, 저의, 제 몸이, 제 소리대로, 제비, 적어도, 적게, 저리, 저기
저 사람, 저 말
노래를 하자, 되고자, 하고자 하면

첨에는, 가초아, 가초지
cf. 몬에셔(78), 보션(108), 젹어도(40) - '보션'은 《조선어문법》(재판)까지 계속됨

겹치어, 가지어, 뭉치어, 치우치엇으되, 덩이지어, 가르치어, 없어지엇음으로,

위에서 볼 수 있는 바와 같이 형태소 내부의 경우 치찰음 뒤에서의 이중모음 표기는 《대한국어문법》에서 크게 줄어들고 《국어문법》에 오면 거의 사라지게 된다. '몬에셔, 젹어도'와 같은 예들은 오자(誤字)일 것이다. 이들은 《조선어문법》(초판)에서 '몬에서, 적어도'로 수정된다. '보션'만은 《조선어문법》(재판)에서까지 그대로 이중모음으로 표기된다.

형태소 경계에서 'ㅣ'의 활음화에 의해 형성되는 'ㅕ'의 경우는 《대한국어문법》에서까지도 치찰음 뒤에서 그대로 'ㅕ'로 표기되었는데 《국어문법》에서부터는 어간과 어미를 철저히 분리하여 표기하려는 경향을 보이기 때문에 형태소 경계에서 형성되는 'ㅕ'가 표기상으로는 나타나지 않아 그와 관련된 표기를 관찰할 수 없다.

(3) ㄹㄹ~ ㄹㄴ 표기

'ㄹㄹ'이 'ㄹㄴ'으로 표기되는 현상은 16세기에 산발적으로 나타나기 시작하여 17세기에 확대되다가 18세기에 절정을 이룬다고 한다. 그러다가 19세기부터는 'ㄹㄴ'으로 표기되는 경우가 줄어드는 경향을 보인다고 한다(이진호 1997: 456).

주시경은 용언의 활용형 내부에서의 'ㄹㄹ ~ ㄹㄴ' 문제에 대해서 다음과 같이 기술하였다.

> 右兩題의 注意[144)]
>
> 俗에서 갈라를 갈나로 쓰고 둘러를 둘너로 쓰는 (일)이 흔흔지라 ㄴ이 ㄹ 앞에서 ㄹ로 變홈으로 갈라나 갈나의 連發ᄒᆞ는 音은 一般이요 둘러나 둘너의 連發ᄒᆞ는 音은 一般이로되 ㄴ을 間接 ㅏ나 ㅓ의 初位(에) 加홀 緣由가 도모지 없으니 갈나, 둘너로 씀은 대단 不可ᄒᆞ니라 (( )속의 것은 필자가 보충함) 〈고본말 74ㄱ〉

위에서 볼 수 있는 것처럼 그는 'ㄹㄹ'을 'ㄹㄴ'으로 표기하는 것은 대단히 불가하다고 하였다.

그러나 주시경의 초기의 글들에서는 'ㄹㄹ'을 모두 'ㄹㄴ'으로 표기하는 경향을 보인다.

> 〈국문론〉
>
> 말노, 말노ᄆᆞᆫ, 글ᄌᆞ들노, 죠션말노, 돌노, 것인 줄노ᄂᆞᆫ, 진실노, 날니ᄂᆞᆫ, 놀납고

---

144) 여기서 '右兩題'는 '갈라'(가르+어)와 '둘러'(두르+어)를 말한다. 앞에서 이 두 활용형에 대한 설명이 있었다.

〈말〉

말노, 별노, 닐너주고, 알니고져, 게을니

〈사름의 지혜와 권력〉

올나가매, 굴녀, 걸니면

그러다가 《국문문법》에서부터 'ㄹ'로 끝나는 체언에 조사 '-로'가 결합되는 경우에 한하여 'ㄹㄴ' 표기를 'ㄹㄹ' 표기로 바꾸기 시작한다. 이는 도구격 조사의 본체는 '-노'가 아니라 '-로'라는 것을 인식했기 때문일 것이다.

〈국문문법〉

말로,글로

cf. 울녀셔, 늘니ᄂᆞᆫ, 늘니지, 틀니지, 물니치시고, 말나ᄒᆞ엿스니,

《대한국어문법》에 와서는 대부분의 'ㄹㄴ' 표기를 'ㄹㄹ' 표기로 바꾼다. 따라서 《대한국어문법》 이후로는 'ㄹㄹ'을 'ㄹㄴ'으로 표기하는 표기법이 사라지게 되었다고 할 수 있다. 다만, 그가 단일어간이라고 인식했을 듯한 경우에만 'ㄹㄴ' 표기가 지속된다.

〈대한국어문법〉

말로, 일로, 실로, 저절로, 틀리지, 눌리기만, 울려, 울리는, 들려, 알랴고, 물리치시고

cf. 돌라씀이(50ㄴ)/돌나쓰임이(16ㄱ)

〈국어문법〉

홀로, 둘로붙어, 들로, 말로, 갈래

cf. 놀나거나, 놀나-

《국어문법》에서부터는 '르'불규칙의 경우에도 어간을 고정시켜 표기하는 표기법이 실행되어 '빨라, 둘러' 등이 '빠르어, 두르어'로 표기되기 때문에, 그리고 사피동 접미사 '-리-'가 '-이-'로 표기되기 때문에(갈리- → 갈이-) 'ㄹㄹ'이 나타날 환경이 축소되었다.

(4) 그밖의 역사적 표기

앞에서 살펴 본 것 이외에도 역사적 표기와 관련된 것들이 더 있다. 그런 예들을 도표로 제시해 보면 다음과 같다.

국문론	말, 지혜와 권력	대한국어문법	국어문법
무ᄉᆞᆷ	무ᄉᆞᆫ	무ᄉᆞᆫ	무ᄉᆞᆫ
일ᄒᆞᆷ		일ᄒᆞᆷ	이름
쇼ᄅᆡ		소ᄅᆡ	소리
움ᄌᆞᆨ이ᄂᆞᆫ			움즉이면
바리고		(일어) ᄇᆞ리는	
우ᄒᆡ/우에		우에	우에
모하/모으고, 모아			
ᄇᆡ호고, ᄇᆡ호며, ᄇᆡ화 /ᄇᆡ으ᄂᆞᆫ, ᄇᆡ으지, ᄇᆡ은		배호는, 배홈은	배호지, 배호고
마ᄃᆡ/마듸			마듸
더듸고, 더ᄃᆡᆫᄃᆡ			
		여긔	여기, 저기
		조희	조히
*조코, 죠ᄒᆞᆫ	죠ᄒᆞᆫ/됴코, 됴ᄒᆞᆫ, 됴ᄒᆞ나	좋으면, 좋은	좋은, 좋지
	져 (사ᄅᆞᆷ)/뎌 (사ᄅᆞᆷ)	져 (사ᄅᆞᆷ)	저 (사람)
녯적		옛날	
닑ᄂᆞᆫ, 닑어		닑은, 닑는지	읽고, 읽어라

녁혀, 녁히노라, 녁여,		녁이다가, 녁임이	여기심이
*이져(잊-)		닞고/잊(忘)	잊는
		니ᄅᆞ는, 니ᄅᆞᆷ이요	이르는, 이름이라
엇던 사ᄅᆞᆷ이던지 보던지		우에서던지 알에서던지 듯던지, 보던지	소든지 말이든지 先連하든지, 相連하든지

위의 도표에서 볼 수 있는 바와 같이 주시경은 역사적 표기들을 점차 현실발음에 가깝게 바꾸어 나갔다. 단어 차원에서 '무ᄉᆞᆷ>무ᄉᆞᆫ, 일홈>이름, 쇼ᄅᆡ>소ᄅᆡ>소리' 등으로 바꾸어 나갔고, 어미 '-던지'도 '-든지'로 바꾸어 나갔다. '-던지'를 '-든지'로 바꾼 것은 이때의 '더'가 회상시제와는 관련이 없는 것이라는 것을 인식했기 때문일 것이다. 음절두음을 가지는 'ㅢ'는 'ㅣ'로 바꾸어 나갔으며[145] 어간 내부의 구개음화는 반영하는 쪽으로 수정하여 갔고 어두음절의 모음이 'ㅣ'나 반모음 'ㅣ'를 포함하는 이중모음일 때 어두의 'ㄴ'을 탈락시키는 쪽으로 수정하여 갔다. '좋-'의 경우는 '조코, 죠흔'과 같이 구개음화를 반영한 표기를 했다가 '됴코, 됴흔, 됴흐나'와 같이 역사적 표기를 하기도 했다가 '좋은, 좋으면'과 같이 구개음화를 반영한 현실적인 표기로 다시 되돌아 가기도 하였다. '잊- > 닞- > 잊-'의 경우도 그와 유사한 예에 해당한다. 주시경이 이처럼 현실발음대로의 표기를 했다가 역사적 표기로 되돌아 가기도 했던 것은 한글 문헌들을 구해 보게 되면서 그런 문헌들의 표기에 영향을 받았기 때문이 아닌가 생각된다. 그러나 그는 그러한 역사적 표기가 언어현실과 맞지 않는다는 것을 인식하고 최종적으로 현실발음대로의 표기를 지향하는 쪽으로 나아갔다. 이런 역사적인 표기가 거의 사라지는 것도 《국어문법》에서의 일이다.

145) '마듸'의 경우는 《조선어문법》(재판)에 가서야 '마디'로 표기한다.

(5) 역사적 표기 종합

이상의 예들을 통하여 주시경은 현실발음에서 멀어진 역사적 표기를 따르지 않고 현실발음대로의 표기를 지향했다는 것을 알 수 있다. '、'를 폐기한 것도 넓게 보면 역사적 표기를 지양한 것에 해당한다고 할 수 있다.

〈한글 맞춤법 통일안〉 총론 제1항에서 "소리대로 적되"라고 한 규정 속에는 역사적 표기를 현실발음에 부합하도록 표기하라는 의미도 함축되어 있다고 하는데(이희승 1938 : 2-3, 이익섭 1992 : 373-5) 이러한 규정은 바로 주시경에게서부터 비롯되었다고 할 수 있다.

5.7. 한자음 표기

주시경은 한 때 한자음 표기도 고유어 표기의 경우와 마찬가지로 현실음대로 표기해야 한다는 생각을 했었던 듯하다. '、'자와 관련하여 〈국문연구안〉과 〈국문연구〉에서 다음과 같이 주장했다는 점에서 그러하다.

> 此弊를 除코자 ᄒᆞ면 不可不 <u>前에 、字로 記ᄒᆞ던 漢字나 國語를 發音되는 대로</u> ㅏ라 ᄒᆞ는 것은 ㅏ로 ㅓ라 ᄒᆞ는 것은 ㅓ로 ㅜ라 ᄒᆞ는 것은 ㅜ로 其餘는 다 ㅡ로 記ᄒᆞ며 、는 ㅣㅡ 合音의 準備로만 寘ᄒᆞ고 實地에는 不用홈이 加ᄒᆞ다 홈
>
> 、字를 廢ᄒᆞ면 、字로 書ᄒᆞ던 漢字音을 習慣대로 ㅏ로 改ᄒᆞ게 될 것이요 ㅏ로 改ᄒᆞᆫ즉 韻의 變動이 有ᄒᆞ리라 홀지나 漢文韻考의 用으로 變動홀 바가 없고 〈국문연구안(전서 2 : 258), 국문연구 76ㄴ〉

그러나 실제로는 그렇게 하지 않았다. 즉 한자음 표기에서는 고유어 표기에서와는 달리 현실발음에 따른 표기를 하지 않고 역사적 표기를 하였던 것이다. 그리하여 고유어 표기에서는 '、'자를 폐기한 이후에도 한자음 표기에서는 '、'자를 계속 사용하였으며 고유어 표기에서는 치찰음 뒤에 오던 j계 이중모음을 단모음(單母音)으로 표기하면서(셔울 → 서울, 젹다 → 적다, 에셔 → 에서 등) 한자음에서는 여전히 이중모음을 사용하였고 고유어 표기에서는 구개음화를 반영한 표기를 하면서 한자음 표기에서는 구개음화를 반영하지 않은 표기를 하였다. 뿐만 아니라 한자음 표기에서는 음절두음을 가지는 경우에도 'ㅢ'를 계속 사용했으며 두음법칙을 반영하지 않는 표기를 하였다. 여기서 당연히 제기되는 문제는 주시경이 왜 한자음 표기에서는 고유어 표기에서와는 달리 역사적 표기를 하였는가 하는 것이다. 이에 대해서는 뒤에서 다시 논의하기로 하고 여기에서는 먼저 주시경의 한자음 표기의 실상을 검토해 보기로 하자.

앞에서 언급했던 바와 같이 주시경은 '、'가 당시의 국어에는 존재하지 않는 음이라는 것을 인식하고서 고유어의 표기에서는 '、'자를 사용하지 않는 것이 可하다고 하였고 실제로 《국어문법》에서부터는 고유어 표기에서 '、'자를 폐기하였다. 그러나 한자음 표기에서는 '、'자를 완전히 폐기하지 않았다.[146] 한자음 표기에 '、'자가 사용된 예들을 몇 개씩 열거해 보면 다음과 같다.

---

146) 1915년에 柳瑾이 편찬하여 간행한 《新字典》에서는 한자음 표기에서도 원칙적으로 '、'를 폐기하였다. 다만 참고로 원음(原音)을 부기하였다. 이와 관련하여 '新字典例'에서 다음과 같이 기술하였다.

自來基音之用 ㄱᄂᄃᄅ等 反切尾字者 古雖有據 今屬無證 故 此書 直用 가나다라等 頭字 但 於其下 附記原音 以示重古之義
예 : 四 [사, ᄉᆞ], 代 [대, ᄃᆡ]

〈국문론〉

글ᄌᆞ, ᄉᆞ연, ᄌᆞ음, ᄌᆞ연히, ᄉᆞ젹, ᄉᆞ졍, 국ᄂᆡ, ᄇᆡᆨ셩, ᄎᆡᆨ, ᄉᆞ업, ᄌᆞ긔, ᄒᆡ, ᄌᆡ죠, 인ᄉᆡᆼ

ᄉᆞ십, ᄋᆡ셕, ᄋᆡ탄, ᄂᆡ무, 위ᄉᆡᆼ, 각ᄉᆡᆨ, 농ᄉᆞ, 부ᄌᆞ, 다ᄒᆡᆼ이, 션ᄉᆡᆼ, 셜ᄉᆞ

〈대한국어문법〉

ᄉᆡᆼ활, ᄌᆞ연, ᄒᆡᆼᄒᆞ는, ᄌᆞ음, ᄌᆞᄌᆡ, ᄉᆞ젹, 학ᄉᆞ, 왕ᄅᆡ, 글ᄌᆞ, ᄉᆞ업, 효ᄌᆞ, 삼강ᄒᆡᆼ실, 효ᄒᆡᆼ록

ᄇᆡᆨ셩, ᄉᆞ셔오경, 인ᄌᆡ, 졍ᄉᆞ, 등ᄌᆡ, ᄎᆡᆨ, ᄋᆡ급, 파ᄉᆞ, ᄃᆡ답, ᄒᆞᆼ샹, ᄎᆞ셔규모, ᄒᆡ, 교ᄉᆞ, 을ᄉᆞ년, 등ᄌᆡ, 후손ᄐᆡᆨ, 한ᄌᆞ, 문ᄌᆞ, 본ᄅᆡ, 다ᄒᆡᆼ, ᄉᆡᆼ각, ᄉᆞ젹, ᄉᆞ업, ᄋᆡ셕

〈국어문법〉

흰 ᄇᆡᆨ(白), 삼한력ᄉᆞ, 만국력ᄉᆞ, 돌력ᄉᆞ, 사랑 ᄋᆡ(愛), 안 ᄂᆡ(內), ᄉᆡᆼ각 념(念)

〈조선어문법〉(재판)

흰 ᄇᆡᆨ(白), 삼한력ᄉᆞ, 만국력ᄉᆞ, 돌력ᄉᆞ, 사랑 ᄋᆡ(愛), 안 ᄂᆡ(內), ᄉᆡᆼ각 념(念)

그런데 한자음 표기에서 원래 'ㆍ'를 가지던 것을 'ㅏ'로 표기한 예들이 있다. 예컨대 '蠶, 學'은 원래 그 음이 'ᄌᆞᆷ, ᄒᆞᆨ'으로 표기되던 것인데 주시경은 이들에 대해서 '잠, 학'으로 표기하였다. 이들에 대해서만 'ㆍ'를 'ㅏ'로 표기한 이유는 뒤에서 설명하겠다.

한편 《국어문법》에서 한자음 표기에 'ㆎ'를 사용했다가 《조선어문법》 초판, 또는 재판에서 'ㆎ'를 'ㅐ'로 수정한 예들이 있다. 이를 열거해 보면 다음과 같다.[147]

〈국어문법〉	〈조선어문법(초판)〉	〈조선어문법(재판)〉
딕신(33)	대신(34)	대신(34)
힝위의(33, 35)	행위의(35, 36)	행위의(35, 36)
딕답하기가(67)	대답하기가(74)	대답하기가(75)
위틱함을(67)	위태함을(75)	위태함을(76)
싱각하지(67)	생각하지(75)	생각하지(76)
위틱할가(68)	위태할가(75)	위태할가(76)
위틱함이(68)	위태함이(75)	위태함이(76)
빅셩과(69)	빅셩과(76)	백셩과(78)
암은힝나무(95)	암은행나무(105)	암은행나무(106)
수은힝나무(95)	수은행나무(105)	수은행나무(106)
집직목(108)	집재목(121)	집재목(122)

그런데 모든 'ㆎ'를 'ㅐ'로 고친 것은 아니고 한자의 훈과 음을 제시하는 경우에는 'ㆎ'를 그대로 두었다.

〈국어문법〉	〈조선어문법(초판)〉	〈조선어문법(재판)〉
힐 빅(白, 106)	힐 빅(白, 118)	힐 빅(白, 119)
힌 빅(白, 106)	힌 빅(白, 118)	힌 빅(白, 119)
사랑 이(愛, 109)	사랑 이(愛, 122)	사랑 이(愛, 123)
안 닉(內, 109)	안 닉(內, 122)	안 닉(內, 123)

본문 속의 한자어의 한자음 표기에서는 'ㆎ'를 'ㅐ'로 고치면서 한자

147) 《국어문법》과 《조선어문법》(초판), 그리고 《조선어문법》(재판) 사이의 차이점에 대해서는 고영근·이현희 교주(1986)에 아주 자세하게 제시되어 있다. 본고의 이 부분은 거기에 힘입은 바 큼을 밝혀 둔다.

의 훈과 음을 제시하는 경우에는 'ㅕ'를 'ㅐ'로 고치지 않은 이유가 무엇인지는 분명하지 않다.

한자음 표기에서는 치찰음 뒤에서의 이중모음 표기가 《국어문법》에서도 그대로 지속된다. 사정은 《조선어문법》에 와서도 별로 달라지지 않는다. 《조선어문법》(재판)에서도 이중모음으로 표기된 예들이 보인다.

〈국문론〉

부쥬, 글ᄌᆞ슈/ 획수, 즁에, 글ᄌᆞ들즁에, 자셰히, 죠션, 유죠ᄒᆞ고, 셰계에, 젼ᄒᆞ고쟈, 젼에, 쳔년, 셰죵대왕, 졍치, ᄇᆡᆨ셩, 셔장국, 반졀, 셩인, 젼국, 남녀노쇼, 샹하, 빈부귀쳔, 셩취, 쳥년 ……

〈대한국어문법〉

젼어통, 셰샹, 범졀, 젹당, 졍쟝, 금슈, 샤회, 샹관, 삼쳔, 아셰아, 죵류, 셔편, 셰력, 셩대, 셔반아, 교졔, 불란셔, 주쟝, 국졔, 셩(聲), 쵸즁죵셩, 아셜슌치후, 셩관, 고하쟝단, 쳥탁경즁, 셰죵대왕, 국문쳥, 셜립, 신슉쥬, 셩삼문, 훈민졍음, 셔쟝, 만쥬, 셥라, 즁신, 셜치, 츙신, 운셔, 문츙공, 챵녕, 졍인지, ᄌᆞ셰ᄒᆞ고, 온젼, 초셩, 죵셩, 초죵셩……

〈국어문법〉

졍하고, 졍하게, 쇽(俗), 죠션, 셩력, 졍셩, 쳔하게, 졈졈, 즁(重)한, 심샹이, 쟝슈, 길 쟝(長), 면쥬옷, 쟝작, 쟝막, 자 쳑(尺), 눈 셜(雪), 쇠북죵(鍾)……

〈조선어문법〉(재판)

슌한, 셕유통, 심샹이, 안셩, 눈 셜(雪), 무슐년, 경슐년

졍하게, 즁한, 쟝슌들, 졍한, 온젼이, 면쥬옷, 쟝발, 콩쟝, 쟝열쇠, 죠션

연, 쟝작, 쟝인, 쇠북 죵(鐘), 쟝수, 죠션말, 죠션어

쳔하게……

한자음 표기에서는 구개음화를 반영하지 않는 표기도 많았다. 물론 약간의 혼란은 있었다.

〈국문론〉

디각, 뎨일, 훈민뎡음, 뎜, 일뎨, 디경, 젼디, 지뎡, 형뎨, 대뎨

cf. 졍치(治 티), 국즁에(中 듕),

〈대한국어문법〉

뎡ᄒᆞ여(定), 텬리인졍, 라뎐국, ᄌᆞ뎐, 뎡ᄒᆞᆫ, 텬동, 디바으 뎨일, 집현뎐, 텬디일월, 텬연ᄒᆞᆫ, 원뎨, 디(池)숑촌, 디(池)교쟝, 변뎨, 텬하,

cf. 젼어통(傳 뎐), 즁(中 듕), 젹당(適 뎍),[148] 경쟝(張 댱), 주쟝(張 댱), 쟝단(長 댱)

경즁(重 듕), 국문쳥(廳 텽), 즁신(重 듕), 츙신(忠 튱), 치수(治 티), 쥬야(晝 듀)

문츙공(忠 튱), 졍인지(鄭 뎡), 즁셩(中 듕), 졈(點 뎜)

〈국어문법〉

뎜, 번개 뎐(電), 아가위 뎨(棣), 하날 텬(天), 뎡한다

cf. 죠션

148) 《대한국어문법》(9ㄱ)에서는 '젹당'으로 표기했던 것을 '뎍당'으로 고친 흔적이 보이며 〈국어와국문의 필요〉에서는 '뎍당ᄒᆞᆫ'과 같이 표기한 예가 보인다.

〈한나라말〉

뎨일, 텬연으로

〈국문론〉에서는 '池錫永'을 '지석영'으로 표기했다가 《대한국어문법》에서는 '디숑촌 셕영'으로 표기하였다. 그랬다가 다시 《고본말》(6ㄱ)에서는 '지숑촌 셕영'으로 표기하였다. '點'의 경우에는 〈국문론〉에서 '뎜'으로 표기했다가 《대한국어문법》에서 '졈'으로 표기했는데 《국어문법》에 와서는 다시 '뎜'으로 표기하였다. '訓民正音' 같은 경우에는 〈국문론〉에서 '훈민뎡음'이라고 잘못 표기했다가(正은 원래의 음이 '졍'이었다.) 《국문문법》에서부터 '훈민졍음'으로 바로 잡았다. 이처럼 한자음 표기에 있어서 약간의 혼란이 있었던 것은 한자음 표기의 원칙을 확정해 가는 과정에서 원래의 한자음과 현실 한자음 사이를 오락가락 한 경우가 있었기 때문일 것이다.

그런데 이러한 초기의 혼란과는 다른 차원에서 구개음화를 반영하여 표기한 경우들이 있다. 대체로는 구개음화를 반영하지 않은 표기를 원칙으로 하면서 어떤 경우에는 구개음화를 반영한 표기를 한 경우가 있는 것이다. 그러면 어떤 경우에 구개음화를 반영하여 표기하고 어떤 경우에 구개음화를 반영하지 않은 표기를 하였는가? 이 문제도 뒤에서 다시 'ㆍ'자의 경우와 함께 언급하겠다.

한자음 표기에서는 음절두음을 가지는 경우에도 이중모음 'ㅢ'를 그대로 표기하였다. 이들 역시 역사적 표기에 해당 한다고 할 수 있을 것이다.

〈국문론〉

긔록, 긔ᄌᆞ, 샤긔, ᄌᆞ긔　　cf. 각기

〈대한국어문법〉

공긔, ᄌᆞ긔, 긔운, 긔록, 악긔, 측우긔, 긔계, 긔회

〈국어문법〉

공긔, 향긔, 안셩유긔, 그릇 긔(器)

두음법칙과 관련하여서는 일찍부터 두음법칙을 적용시키지 않은 표기를 하는 것이 옳다고 인식했던 듯하다. 그는 두음법칙을 국어의 습관으로 보았다. 두음법칙을 적용하지 않은 표기는 〈국문론〉에서부터 나타난다. 그리고 그 이후에도 변함이 없었다.

〈국문론〉

림시, 렴양, 념녀

cf. 남녀노쇼

〈대한국어문법〉

류셩긔, 륜리, 뢰셩, 료동, 류구, 륙진, 렬녀, 례의, 력ᄃᆡ병요, 력셔, 령샹, 용랍,

련독, ᄅᆡ력

〈국어문법〉

랑패, 념려, 리치, 류리챵, 삼한력ᄉᆞ, 만국력ᄉᆞ, 여름량식, 삼동량식, 란간 란(欄), 련 련(輦)

이상에서 주시경의 한자음 표기의 실제를 살펴 보았는데, 주시경의 한자음 표기는, 물론 약간의 혼란이 없지 않았지만 역사적 표기를 원칙으로 하였다는 것을 알 수 있다.

그런데 주시경의 한자음 표기와 관련하여 두 가지 의문이 제기될 수 있다. 하나는 주시경이 국문연구소 시절 한자음 표기도 고유어 표기와 마찬가지로 현실음대로 표기해야 한다고 주장을 했다가 왜 그런 주장을 접고 한자음 표기는 역사적 표기를 했는가 하는 것이고, 다른 하나는 한자음 표기에 있어서 역사적 표기를 원칙으로 하면서도 부분적으로는 역사적 표기를 하지 않은 경우들이 있는데(이것은 단순한 혼란이 아님), 그것은 또 무엇 때문인가 하는 것이다.

먼저 첫 번째 문제부터 보기로 하자. 주시경이 한 때(국문연구소 시절) 한자음도 고유어와 같이 현실음대로 표기하는 것이 옳다는 생각을 해었던 것만은 틀림없다. 그러나 그는 어떤 이유에서인지 그러한 생각을 접고 한자음 표기는 역사적 표기를 할 수밖에 없다고 판단을 한 것으로 여겨진다. 다음 글을 보면 그러한 태도의 변화를 알 수가 있다.

> 正音에 創制하신 二十八字母 中에 初聲 ㆁ, ㅿ, ㆆ 三字는 漢文音을(원문; 를) 記譯함에는 要할지나 國音에는 無하여도 關係가 別無한 故로 自然히 無用에 歸하엿고 中聲 ㆍ字는 ㅣㅡ의 合音이 分明하나 此亦 漢文音을 分別함에 要緊한 音인데 近來에 習慣의 變遷으로 ㅡ字로도 發하고 ㆍ字로도 發하다가 終來에는 ㅏ字와 同一케 되엇으니 此 字音의 變訛되는 影響으로 言語의 變易이 多大한지라 然이나 文字는 言語대로 記함이 必要하고 또 簡要詳盡함이 目的이라 ㅏ와 ㆍ가 本音은 自別하나 現今은 無別하게 되엇으니 同一한 音에 二字를 使用ᄒᆞ면 도로혀 文字上에 複雜한 弊가 有할지나 漢文音은 御定韻考 等 文字에 ㆍ字로 懸錄함이 잇으니 卒然히 改革하기가 不能ᄒᆞ고 京畿語에 「ᄒᆞ고」, 「ᄒᆞ면」 等 格式을 「허고」, 「허면」이라 ᄒᆞ나 京畿 以外는 다 「하고」, 「하면」으로 言하는 地方이 多하니 此例로 言할진댄 ㆍ도 初聲 ㆁ, ㅿ ㆆ 三字와 同히 不用함도 無關하니 漢文字로 言을 成한 것은 記함에 ㆍ字를 用하고 國語는 「하」로 用함이 便當할가 하노라 〈고등국어문전 18-19〉

주시경은《어정운고(御定韻考)》등에 제시해 놓은 한자음을 갑자기 개혁하는 것은 타당한 일이 아니라고 생각한 듯하다. 그러면 왜 그렇게 생각하게 되었을까? 그것은 아마도 당시의 많은 식자층이 한자음을 현실음으로 개정할 경우 한자의 운(韻)이 문란케 될 것이라는 주장을 하였고 주시경이 거기에 동조할 수밖에 없었기 때문이 아닌가 생각된다. 한자음을 현실음으로 개정하면 한자의 운(韻)이 변동될 것이라든가 혹은 문란케 될 것이라는 주장이 있었음은 저 앞에서 인용한 주시경의 글(국문연구안)에서도 암시된 바이지만 조선총독부에서 제정한 〈보통학교용언문철자법〉에서도 찾아볼 수 있다. 거기에 보면 "경성어를 표준으로 하고 표기법은 표의주의에 의하며 발음에서 먼 역사적 표기법은 피하되 한자음은 종래의 표기법을 채용한다"고 되어 있다.[149] 그리고 각론에서 순수 조선어에 대하여는 'ㆍ'를 사용하지 않고 '댜, 탸' 등을 '자 차'로, '쟈, 챠' 등도 '자, 차'로 표기한다고 하면서, 단 한자어를 언문으로 표기할 때에는 이를 적용하지 않는다고 하였다. 그러면서 이는 한자의 운(韻)을 문란케 할 우려가 있기 때문이라고 하였다. 이런 점에서 본다면 표기법과 관련한 1910년 무렵의 분위기는 한자음은 본래의 한자음대로 표기하는 것이 타당하다는 것이 대세였던 것으로 짐작된다. 그리고 주시경은 그러한 대세를 거스르지 못하고 한자음은 할 수 없이 역사적 표기를 하는 쪽으로 가닥을 잡았던 것이 아닌가 한다.[150]

---

149) 〈보통학교용언문철자법〉은《역대한국문법대계》(재판) 3-15에 실려 있는 것을 이용하였다.

150) 〈한글 맞춤법 통일안〉의 제4장 '한자어' 부분에서는 "한자음은 현재의 표준 발음을 좇아서 표기함으로써 원칙을 삼는다."고 하고서 당시의 현실음대로 적는 경우와 본음대로 적는 경우를 자세히 규정하여 놓았다(안병희 2003ㄱ : 21). 물론 대부분은 현실음대로 표기하도록 하였고 본음대로 적는 경우는 '계, 례, 몌, 폐, 혜' 등과 '스, 즈 츠' 등의 몇 가지에 국한되었다. 따라서 〈한글 맞춤법 통일안〉의 한자음 표기 원칙은 주시경의 한자음 표기 원칙과는 완전히 달라지게 되었다.

두번째 문제와 관련해서는 다음과 같은 예들이 주목된다. 예컨대 '學'과 '蠶'은 그 음이 기원적으로 'ᄒᆞᆨ'과 'ᄌᆞᆷ'이었던 것인데 '학'과 '잠'으로 표기하였고 '傳'과 '治'는 그 음이 기원적으로 '뎐'과 '티'이었던 것인데 '젼'과 '치'로 표기하였다. 그렇다면 이들에 대해서는 왜 역사적 표기를 하지 않은 것인가? 그 해답은 당시에 주시경이 참조한 玉篇(또는 字典)에 있는 것이 아닌가 여겨진다.[151] 주시경이 참조한 옥편은 《전운옥편(全韻玉篇)》이었을 것으로 짐작된다.[152] 《전운옥편》의 한자음 표기와 주시경의 한자음 표기를 비교해 보면 그런 사실을 알 수 있다. 《전운옥편》에는 '學, 蠶, 傳, 治'의 음이 각각 '학, 잠, 젼, 치'로 되어 있다. 그밖에 구개음화와 관련된 몇 예를 더 열거해 보면 다음과 같다.

151) 주시경은 한자음과 관련하여 玉篇을 자주 언급하였다.

근ᄅᆡ 玉篇에도 思ᄌᆞ 음을 ᄉᆞᄌᆞ로는 썻으되 〈대한국어문법 29ㄱ〉
지금 옥편에도 阿ᄌᆞ 음은 ㅏ로 달고 思ᄌᆞ 음은 ᄉᆞ로 달앗은즉 〈대한국어문법 29ㄴ〉

152) 《고본말》에는서는 '全韻'을 언급하였고 《가뎡잡지》의 〈국문〉에서는 '규장젼운'을 언급하였으며 〈국문연구〉에서는 《규장전운(奎章全韻)》과 옥편(玉篇)의 한자음에 대하여 언급하였다.

全韻을 볼지라도 士師事司는 다 ᄉᆞ로 음을 달앗는ᄃᆡ 〈고본말 5ㄱ〉

셩삼문등을 보내샤 황찬을 보고 음운을 질문케 ᄒᆞ시니 모도 열세번이나 료동을 왕릐하엿고 홍무졍음(洪武正音 규쟝젼운ᄀᆞ튼칙) 모든 한문 글ᄌᆞ의 음을 다 국문으로 달으셧ᄂᆞᆫᄃᆡ 〈국문, 가뎡잡지 1년 2호 : 32〉

時行 奎章全韻에는 我音에 ㆆ ㅿ ㆁ 三字와 脣輕音과 重音 卽 ㄲ, ㅃ 等字를 用ᄒᆞᆷ이 無ᄒᆞ니 時行 玉篇과 相同ᄒᆞ고 …… 右는 時行 奎韻과 玉篇의 發音 〈국문연구 52ㄴ-53ㄱ〉

《전운옥편》에서 구개음화가 적용된 예 :

池 지, 長 쟝, 忠 츙, 中 즁, 朝 죠

《전운옥편》에서 구개음화가 적용되지 않은 예 :

地 디, 點 뎜, 電 뎐, 定 뎡, 天 텬

이를 보면 주시경이 '忠臣'은 '츙신'으로 표기하고(忠의 원래음은 '튱'이었다) '天地'는 '텬디'로 표기한 이유를 이해할 수 있다. 그러니까 주시경은《전운옥편》에 제시되어 있는 한자음을 본음이라고 여기고서 그에 따라 한자음을 표기하였다고 할 수 있다. 만약《훈몽자회》를 한자음 표기의 전거로 삼았더라면 '忠臣, 朝鮮, 長短'이 '튱신, 됴션, 댱단'으로 표기되었을 것이다. 그러나《전운옥편》을 한자음 표기의 전거로 삼았기 때문에 이들은 '츙신, 죠션, 쟝단'으로 표기되었던 것이다.

권영민(2005)에 의해 공개된 '조선어 조사회의 회의록'에 따르면[153)]제1회 회의 때 魚允迪, 國分象太郎, 塩川一太郎 등은 한자음은 반드시《규장전운(奎章全韻)》옥편에 비추어서 'ㅈ', 'ㄷ'을 구별해 표기하여야 한다고 하였다 한다. 이로써 보면 당시 한자음 표기의 전거가 되었던 것은《전운옥편》이었음을 짐작할 수 있다.

5.8. 복합어 표기

주시경은 일찍이 두 개의 명사가 결합될 때에 'ㅅ'이나 'ㄴ', 또는 'ㅎ'이 들어가는 경우가 있다고 인식하였다. '벼룻물, 칼자루(칼ㅅ자루)'

153) '조선어조사회의'는 조선총독부가 〈보통학교용어문철자법〉을 제정하기 위하여 1911년 7월 28일부터 11월 8일까지 5회에 걸쳐 소집했던 회의이다.

와 같은 예에서의 사이시옷, 선행명사가 자음으로 끝나고 후행명사가 '이'나 반모음 'ㅣ'로 시작될 때에 첨가되는 'ㄴ'(솜이불[솜니불], 눈약[눈냑]), '암캐(암ㅎ개), 수캐(수ㅎ개)'와 같은 예에서의 'ㅎ'이 바로 그것이다. 주시경은《고본말》단계에서는 이들을 모두 '변체(變體)되는 표(表)', 즉 '명사를 관형사가 되게 하는 표'라고 인식하였다. 말하자면 이들에서의 'ㅅ'과 'ㄴ'과 'ㅎ'을 동일한 기능을 가지는 문법요소로 이해하였던 것이다.[154)]

> **벼룻물** 上名號 벼루의 末音은 母音 ㅜ요 下名號 물의 初聲은 子音 ㅁ인딕 ㅅ은 上名號 벼루에 더ᄒᆞ어 下名號 물을 所用이 무엇이라고 說明ᄒᆞ는 形名體로 變ᄒᆞ게 ᄒᆞ는 表(벼룸물이라고도 홈) 〈고본말 35ㄱ〉
>
> **솜ㄴ이불** 上名號 솜의 末音은 子音 ㅁ이요 下名號 이불의 初音은 母音 ㅣ닌딕 ㄴ은 上名號 솜에 더ᄒᆞ어 솜이 名號體로서 下名號 이불의 속을 무엇으로 삼인 것이라고 說明ᄒᆞ는 形名體되게 ᄒᆞ는 表로 付 ᄒᆞᆫ 것 〈고본말 36ㄴ〉
>
> **암ㅎ개** 암과 개는 다 名號ㄴ딕 上名號 암에 ㅎ를 더ᄒᆞ여 下名號 개는 음양性을 分別ᄒᆞ되 무슨 性質이라고 說明ᄒᆞ는 形名體되게 ᄒᆞ는 表로 付 ᄒᆞᆫ 것 〈고본말 47ㄱ〉

---

154) '암캐(암ㅎ개), 수캐(수ㅎ개)'에서의 'ㅎ'에 대해서는 상당히 고민을 했던 것으로 여겨진다.《고본말》단계에서는 이 'ㅎ'은 '암, 수'에서만 나타난다고 생각하였는데, 그는 '앓'과 '숳'를 명사 '암'과 '수'에 'ㅎ'이 결합되어 관형사로 된 것이 아니라 아예 원래부터 관형사였다고 보는 방안도 있을 수 있음을 언급하였다. 이는 'ㅎ'이 첨가되는 요소가 아니라 원래부터 어간의 일부였다고 볼 수도 있다는 것을 의미한다. 오늘의 관점에서 보면 오히려 이쪽이 사실에 부합하는 것인데, '암'과 '수'가 단독으로 쓰일 때는 'ㅎ'이 전혀 드러나지 않는다는 사실 때문에 이를 적극 주장하지는 못했을 것으로 여겨진다.《고본말》(47ㄱ) 참조.

그러나 《국어문법》에 와서는 'ㄴ'과 'ㅎ'을 "말에 버릇으로 더하여 부르는 것"(p.109)이라고 하였다. 'ㄴ'과 'ㅎ'이 문법적 기능을 가지는 요소가 아니라 '말에 버릇'으로 첨가되는 것이라는 인식을 하게 된 것이다. 'ㅅ'에 대해서는 그러한 언급이 없는 것으로 보아 사이시옷은 '말에 버릇'으로 첨가되는 것이 아니라고 생각한 듯하다.

한편 이들 'ㅅ ㄴ ㅎ'의 표기와 관련하여서는 《국어문법》에서 "ㅅ이나 ㄴ이나 ㅎ들을 더하여 쓰지 안이 함으로 바른 길을 삼음이 좋으리라"(p. 109)고 하였다. 표기에 반영하지 않는 것이 좋겠다는 것이다. 실제로도 'ㄴ'과 'ㅎ'은 표기에 반영하지 않았다. '솜이불, 눈약, 암개, 암닭'과 같은 예들을 통해서 그러한 사실을 확인할 수 있다. 주시경은 '솜+이불'과 '암+개'를 표기상으로는 각 단어의 본체대로 '솜이불, 암개'로 표기하고 이들이 [솜니불], [암캐]와 같이 발음되는 것은 '말에 버릇'으로 설명하고자 하였다고 할 수 있다. 'ㄴ'과 'ㅎ'이 말에 버릇으로 첨가되는 요소(음운)라면 그것은 당연히 표기에 반영될 수 없다. 그들은 그 어떤 것의 본음도 아니기 때문이다.

'ㅅ'(사이시옷)과 관련하여서는 먼저 《국어문전음학》에서 다음과 같이 언급한 바 있다.

> 龍飛御天歌에 ㅅ을 兩名號間에 置ᄒᆞᆷ이 有ᄒᆞ고 上名號末에 附ᄒᆞᆷ도 有ᄒᆞ니 六章에 海東之濱을 東海ㅅᄀᆞ라 ᄒᆞᆷ과 五十章에 天星을 하ᄂᆞᆳ 벼리라 ᄒᆞᆷ이라 發音으로는 一般이나 ㅅ은 上名號를 形名體로 變ᄒᆞ기 爲ᄒᆞ여 加ᄒᆞ는 것이요 下名號에는 關係가 無ᄒᆞᆫ즉 上名號에 附ᄒᆞᆷ이 可ᄒᆞ니라 〈국어문전음학 53〉

이는 사이시옷을 두 명사의 사이에 독립적으로 표기하는 것은 옳지 않고 선행명사의 말음으로 표기하는 것이 옳다는 것을 주장한 것이라고 할 수 있겠다. 그런데 《국어문법》에서는 위에서 언급한 바와 같이

'ㅅ'을 표기에 반영하지 않는 것이 좋겠다고 하였다. 사이시옷의 표기와 관련하여 《국어문전음학》에서는 표기에 반영하는 것이 옳다고 생각했다가 《국어문법》에 와서는 표기에 반영하지 않는 것이 더 타당하겠다고 생각하게 된 듯하다. 그러나 실제로는 선행어가 말자음을 가지지 않는 경우(모음으로 끝나는 경우)에는 사이시옷을 선행어의 받침으로 표기해 주고[155] 선행어가 말자음을 가지는 경우에만 사이시옷을 표기하지 않았다.

고깃국, 뱃나무, 벼룻돌, 햇빗, 벼룻상, 바닷물, 어젯날

밀가루우에 임에 ㅅ이 잇는 것 바람소리우에 임에 ㅅ이 잇는 것

이는 결국 사이시옷 표기를 선행어가 말자음을 가지지 않는 경우로만 국한한 셈인데, 그 이유는 아마도 다음과 같은 것이 아닐까 짐작된다. 즉, 선행어가 말자음을 가지는 경우에도 사이시옷을 표기해 주면 'ㄵ ㄻ ㅇㅅ'과 같은 특이한 받침이 나타나게 되는 바, 이러한 특이한 받침이 나타나는 것을 피하려 한 것이 아닐까 하는 것이다.

그밖에 '날날이, 달달이, 솔나무' 등과 같은 예들을 보면 복합어의 경우도 구성요소들의 본음과 본체를 밝혀 적으려 했다는 것을 알 수 있다.

복합어의 예들을 열거해 보면 다음과 같다. 개중에는 복합어인지 아닌지를 판별하기가 어려운 것도 있으나 그런 것들도 함께 열거하였다.

---

155) 《국문초학》에서는 선행어가 모음으로 끝나는 경우에도 사이시옷을 표기하지 않았다.

내가에서(28), 나무가지를(28), 내물이(28), 바다물(43)

〈국문론〉

ᄯᅡ덩이, 죠션말, 웃ᄌᆞ, 아릐ᄌᆞ

나가ᄂᆞᆫ, 도라가ᄂᆞᆫ, 나려오다가, ᄲᅢ여놋코, 드러가, 드러가ᄂᆞᆫ, 알아보기가, 드나들고, 드나들지

맛나면

빗나게,

〈대한국어문법〉

들어내고, 들어내니

〈국문초학〉

부삽, 시내, 옷장, 실패, 들창, 문턱, 물독, 갓집, 콩죽, 팟죽, 팟밥, 콩밥, 밀죽, 밀밥, 밀술, 조밥, 안방, 안장, 골방, 숫돌, 손목, 발목, 눈섭, 눈알, 콩나물, 밀국수, 수수밥, 보리술, 나물밧, 화초밧, 솟쑥경, 보션본, 솔개미, 범나비, 손바닥, 손가락, 글시, 밤알음, ᄭᅳ내엇소, 물가, 일어나서, 일어나지, 쥐삭기, 나들기, 들어가랴, 쥐돗, 내가(냇가, 28), 나무가지, 올라와, 내물(냇물), 마당가, 물고기, 수풀속, 바다물, 옛날

〈국어문법〉

홀소리, 겹소리, 낫내, 읏듬소리, 꿈인말, 검은고, 갓가지로, 곱슬줄, 따로따로, 속뜻, 달빗, 늙은이, 곳곳에, 낫뜻

곳곳이, 날날이, 달달이, 틈틈이

암소, 암개, 암닭, 수소, 수개, 수닭

고기국/고깃국, 햇빗(햅빗), 벼룻돌, 바닷물, 벼룻상

산골, 연달, 산봉오리, 우산자루, 밀가루

돌다리(더러 우에 임에 ㅅ 을 더하여 부르는 것)

모시옷, 면쥬옷, 베이불, 아기옷, 물오리, 대갓, ᄀᆡ와집, 류리챵, 산나

물, 솔나무/소나무, 돌담, 돌집, 가을보리, 콩기름, 콩밥, 수수밥, 비단실, 흙담
알아내-, 일어나고
검븕-

5.9. 파생어 표기

파생어의 경우도 분석할 수 있는 데까지는 분석하여 어기와 접사를 분리하여 표기하고자 하였다. 어기의 본체 또는 본음을 밝혀 적으려 한 것은 물론이다. '훈몽자회재간례(訓蒙字會再刊例)'의 다음과 같은 진술을 통하여 파생어 표기에 대한 그의 생각을 짐작할 수 있다.

> 大概 此書는 말을 法式과 音理에 不當하게 書함이 多하나 今에 本書를 刊行하는 意는 此書가 正當하여 效則하자 함이 안이오 存古하자 함인 故로 象의 삭임 코기리 샹과 如한 것은 코길이 샹의 誤로되 本文대로 두노라

그의 표기법에 의하면 '象'을 의미하는 우리말을 '코기리'로 표기하는 것은 "法式과 音理 에 不當"한 것이다. '코길이'와 같이 표기하여야만 "法式과 音理 에 合當"한 표기가 되는 것이다. 이러한 기준에 따라서 그는 '기러기'도 '기럭이'로 고쳐 표기하고 '반ᄃᆞ시'도 '반듯이'로 고쳐 표기하였으며 '무덤, 마개'도 '묻엄, 막애'로 표기하였다. 심지어는 '(소리를) 내다'의 '내다'까지도 '나이다'로 고쳐 표기하였으며 '고치다, (일을) 마치다'까지도 '곧히다, 맞히다'고 분석하여 표기하였다. 그는 '내다'가 '나다'와 파생관계에 있다는 형태론적 인식과 'ㅐ'가 'ㅏ ㅣ'의 합음이라는(따라서 'ㅐ'는 'ㅏ'와 'ㅣ'로 분석될 수 있다는) 음운

론적 인식을 결합하여 '내다'를 '나이다'로 분석표기하였던 것이다.

파생어와 관련한 표기법의 변천을 보여주는 대표적인 몇 예를 들어 보면 다름과 같다

〈국문론〉	도음	놉히는		ᄀᆞᆺ치	만히/만이	
〈말〉						반ᄃᆞ시
〈대한국어문법〉			곳치고	ᄀᆞᇀ이		반ᄃᆞᆺ이
〈국어문법〉	어렵음	높이는	곧히지	같이	많이	반듯이

위에서 볼 수 있는 바와 같이 파생어의 표기도《국어문법》에 와서 제대로 정립되었음을 알 수 있다.《조선어문법》(초판)에서는 '내다'의 '내-'까지도 '나이-'로 분석하여 표기하였다.

〈국어문법〉	나타내는	밝히어내는	밝히어냄이
〈조선어문법〉(초판)	나타나이는	밝히어나이는	밝히어냄이
〈조선어문법〉(재판)	나타나이는	밝히어나이는	밝히어나임이

그러나 '옴기다'와 같은 예외도 있었다. 이것은《조선어문법》(재판)에서까지도 '옴기-'로 표기되었다.[156]

주시경의 논저들에서 나타나는 파생어들을 열거해 보면 다음과 같다.

〈국문론〉
움작이ᄂᆞᆫ
도음, 그림, 밧침

156) 우에 마디의 임기를 옴기어 씀이요 〈조선어문법(재판) 48〉

넓히시고쟈, 놉히ᄂᆞᆫ, 뵈이니, 보이지, 익혀, 직혀, 직혀셔

날니ᄂᆞᆫ, 닷치면(닫히-)

밧침, 잡치ᄂᆞᆫ

만히, 젹이, ᄀᆞᆺ치, 쪽갓치, 빈부귀천업시

은혜롭도다

앗갑고, 붓그럽지

자셰히, ᄌᆞ연히, 공연히, 특별히, 넉넉히, 쳔히, 간졀히, 다힝이, 분명이, 흔이

〈말〉

쓰이지, 일우지, 일울지로다

슬기로워셔

만히, 반ᄃᆞ시, 편벽되이

능히, 독실히, 불힝이

〈사ᄅᆞᆷ의 지혜와 권력〉

주림

굼벙이, 말ᄯᅩᆼ굴이, 호랑이, 고양이, 쥬동이, 기러기

못ᄒᆞ야, 더ᄒᆞ야

갓가이

ᄉᆞ졍업시

명ᄇᆡᆨ히, 특별히/특별이, 정밀히, 무리히

〈대한국어문법〉

만듦이

군더덕이

넓리고(ㅂ에 빗금), 넓리는(ㅂ에 빗금), 눌리기만, 눌리는, 들리는

(듣-), 밀우면, 밀우어, 보이고, 붙이지, 쓰이며, 풀리리라

깊이(부), 넓리('ㅂ'에 빗금), 달리, 달리ᄒᆞ어, 반ᄃᆞᆺ이, ᄀᆞᆮ이, 이와 ᄀᆞᆮ이, 이ᄀᆞᆮ이

긇읏, 넘어(부)

분별업시

가이/가히, 당연이, 대단이, 셥셥히, 심히, 지극히, 친히, 특별이, 확실이, 흔이,

ᄌᆞ셰이/ᄌᆞ셰히, 귀이

〈국어와국문의 필요〉

열닌, 익히기가, 돌녀씀으로, 직히고져, 돌니며, 널펴주랴면

곳쳐

붓그럽지

만히, 반다시, 이ᄀᆞᆺ치

홀노

지극히, 능히, 특별히, 업수히

〈국문연구〉

밋글이

〈국문초학〉

그림, 팡이/팽이, 낙시, 귀개, 칼치, 베개, 개굴이, 매암이, 기럭이, 원숭이, 고양이, 부헝이, 엿길음, 다림이, 방망이, 항알이, 중둘이, 등걸이, 독술이, 나난이, 디룡이, 코길이, 너굴이, 햇물, 낙시질, 얼음, 곱으리고, 불상이/불샹이, 불샹ᄒᆞ오

역이고, 부지런이/부즈런이, 만이, 대단이, 움즉이지, 괴로은, 외로은, 불힝이, 힘썻, 식히면(시키면)/식이시는, 일즉이, 먹일 째, 삭여, 츙의

로은, 해롭게, 넉넉히, 갑작이, 소낙이, 밀리다가, 짤려서, 돌오(도로), 냉이, 소리장이, 씀박위, 복운이(바구니), 억이지, 급히, 아름다은, 들려주시옵소서, 익힐, 아름답고, 한아바지, 옴기시다, 옴기다, 직히심을, 배질ᄒᆞ기, 솟봉올이, 멀리멀리, 특별이

덧문, 참빗, 황소, 암소

cf. 거북, 고름, 노래, 더위, 마름, 버게, 아궁, 어른, 주먹, 지게, 호랑너구리, 저고리, 사다리, 톡기, 가마귀, 참기름, 버러지, 어른, 고프면, 아파도, 곳비, 고치지, 고치고, 붓그러은

〈국어문법〉

잡이, 갈래, 겻갈래, 움즉임, 본보기, 얼음, 남아,늣김, 어렵음, 낙시, 가르침, 열음, 고롭음, 붓그럽음, 아름답음을, 물음, 먹이, 썰에, 묻엄, 막애, 남아, 남아지, 돌질, 골음(膿), 밧븜

가막이, 두름이, 해오라비, 동글암이, 소낙이, 주동이, 버러지, 두루막이, 오랍이

가파랍은, 새롭다, 해롭-, 사람스럽-, 사람답-, 먹음직하-

반갑은, 즐겁은, 밧븐, 부드럽은, 깃부던

줄이어, 섞이어, 얽히는, 옴기어, 닿임, 넘기지, 밝히어, 먹히는, 줄인, 쓰이어, 박구이게, 빗겨, 낮히고, 곧히면, 곧힐 줄, 곧히어, 곧히지, 잡히-, 먹이-, 먹힐, 보이엇나니라, 붙일지니라, 뒤집히는, 높이는, 돋우-, 묵히-, 일우-, 쓰이-(씌-), 업이-, 걸이-, 접히-, 막히-, 감기-, 넘기-, 먹이-(시김), 굳히-

cf.맞히지(마치-, 일을 다 맞히지), 맞히고(마치-, 말을 다 맞히고)

움즉이어야, 직히거든

덩이지어

없어지엇음으로

착하다, 착하게, 흔하다, 단단하다, 덧덧한, 따뜻하고, 서늘하고, 깨끗

함과, 꾀하는 가난하여, 답답한, 떳떳함

깊이(부사), 반듯이, 낫낫이, 밝히, 높이(부사), 같이, 많이

자조

흔이, 천천이, 넉넉이, 똑똑이, 특별이/특별히, 일즉이, 온젼이, 가득이, 가만이, 이샹이

6. 결론

본고의 주된 목적은 주시경의 표기법을 구체적으로 검토하여 그의 표기법이 어떤 과정을 거쳐 정립되어 갔는가를 밝혀 보고자 하는 것이었다. 이러한 작업을 하게 된 데에는 두 가지 이유가 있었다. 하나는 주시경에 대하여 그동안 많은 연구가 있어 왔고 그 결과 그의 표기법의 원리가 밝혀지긴 했지만 그의 표기법에 대한 세부적인 검토는 아직 본격적으로 이루어지지 않았기 때문이다. 특히 그의 표기법이 어떻게 변천되어 갔는가를 구체적으로 검토한 업적은 없었던 것이 아닌가 한다. 둘째는 현재의 우리 문자생활의 기반이 된 〈한글 맞춤법 통일안〉이 어떤 과정을 거쳐서 성립되게 되었는지도 정밀하게 밝혀 볼 필요가 있는데 그러기 위해서는 주시경의 표기법을 정밀하게 고찰해 볼 필요가 있다고 여겨졌기 때문이다. 잘 알려진 바와 같이 〈한글 맞춤법 통일안〉은 주시경의 표기법 이론을 계승한 것이다. 그러나 세부적인 면에서는 차이도 있는바, 그러한 차이점을 구체적으로 밝힌 다음에라야 〈한글 맞춤법 통일안〉의 성립과정을 제대로 밝힐 수 있게 될 것이다.

그런데 표기법을 정립하기 위해서는 해당 언어에 대한 연구가 이루어지지 않으면 안된다. 언어 연구를 바탕으로 해서만이 정당한 표기법을 수립할 수 있기 때문이다. 표기법과 밀접한 관련이 있는 언어학의 하위 분야는 음운론과 형태론일 것이다. 주시경은 국어에 대한 자신의 음운론 및 형태론 연구를 반영하여 표기법을 정립하여 나갔다. 따라서 본고에서는 우선 2장에서 그의 음운론과 형태론을 검토하여 보았다. 그의 음운론 연구와 형태론 연구는 표기법 원리를 수립하는 이론적 근거를 제공하였다고 할 수 있다.

음운론과 관련하여서는 '자모의 분별, 자모의 분합, 자음접변과 습관음, 본음과 임시의 음' 등을 검토하였다. 주시경은 음운론(음학)에서 가장 기본이 되는 것은 자음과 모음을 분별하는 것이라고 하면서 자음과 모음의 기본적인 성격을 설명하였다. 그리고서 자음과 모음의 단음(單音), 즉 음의 원소(元素)를 설정한 다음 합음(合音)들을 이들 원소의 합성으로 설명하였다. 이와 같이 자음과 모음의 분합(分合)을 설명하는 데 있어서 그는 문자론적 관점을 벗어나지 못한 면도 없지 않다. 'ㅐ ㅔ' 등을 합음으로 본 것이 그러한 예이다. 'ㅐ'를 합음으로 보았기 때문에 '내다'를 '나이다'로 분석하여 표기할 수 있다고 보았다.

국어의 음운론을 기술하는 과정에서 그는 본음이라는 개념을 새롭게 정립시켰는데('본음'이라는 용어 자체는 오래 전부터 써왔던 것이다) 본음이라는 개념은 음운론적으로도 중요할 뿐만 아니라 그의 표기법 이론에서도 중요하다. 형태론에서의 본체라는 개념과 함께 그의 표기법 원리의 근간이 되기 때문이다. 따라서 우리는 주시경이 사용한 본음이라는 용어의 개념도 재검토하였다. 주시경은 본음이라는 용어를 단순히 음소를 대상으로 해서만 사용한 것이 아니라 음절과 단어를 대상으로 사용하기도 하였고, 공시적 변화와 관련해서만 사용한 것이 아니라 통시적 변화와 관련해서도 사용하였음을 밝혔으며, 그의 본음이라는 용어의 개념 속에는 음운론적 개념뿐만 아니라 '고정된 자형(字形)'이라는 문자적 개념도 포함되어 있음을 밝혔다.

형태론과 관련하여서는 '형태론의 단위, 품사론, 조어법, 이형태' 등을 검토하였다. 주시경이 인식한 형태론의 단위는 어절, 씨, 늣씨 등이었다. 그는 국어를 표기함에 있어서 씨와 씨, 나아가서는 늣씨와 늣씨의 경계를 밝혀 적되 그 본체(또는 본음)을 밝혀 적어야 한다고 생각하였다. 그런데 본체 밝혀 적기에 있어서 어간 형태소들에 대해서는 본체를 원칙적으로 하나만 인정하는 태도를 취하였으나 조사나 어미, 파생접사 등 문법형태소류에 대해서는 본체를 두 개씩 인정하는 태도를 취하였다. 모음조화에 따른 이형태도 그대로 인정하였다. 그는 겻씨, 잇씨, 끗씨 등 문법형태소에 해당하는 것들 중 모음어간과 자음어간 뒤에서 다른 형태로 나타나는 것들에 대해서는 '씨갈래의 난틀'에서 '소리 알에'란 항목을 두어 모음어간 뒤에 나타나는 형태와 자음어간 뒤에 나타나는 형태를 구별하여 제시하였다. '와/과, 을/를, 은/는, ㄴ/는(ㄴ다/는다), 며/으며, 오/으오' 등이 그러한 예들이다.

'씨몸 박굼, 씨몸 헴, 씨뜻 박굼' 등에서는 국어의 조어법을 서술하였는데, 여기에서 표기법과 관련된 언급들이 많이 나타난다. 특히《고본말》에서는 '씨몸 박굼'에 해당하는 '言體의 變法' 부분에서 표기법의 세부 규정에 해당하는 언급을 많이 하였다. 음운론에서 언급되지 못했던 형태음소론적 교체들이 여기서 많이 언급되었던 것이다.

표기법을 정립하려면 그에 앞서 문자체계를 정립하지 않으면 안된다. 훈민정음 체계(28자 체계)는 15세기의 국어를 표기하는 데에는 과부족이 없는 문자체계이었지만 주시경 당시의 국어를 표기하는 데에는 문제가 없지 않았다. 따라서 주시경은 한글의 문자체계도 새로이 정립하지 않으면 안되었다. 우리는 이 문제를 3장에서 살펴보았다. 그리고 곁들여 그의 문자관과 한글 자체(字體) 또는 제자원리에 대한 인식 내용을 검토하여 보았다.

그는 문자란 시각적 기호이며 문자는 언어음에 바탕을 두고 만들어져야 하는 것이므로 기음문자(표음문자, 그 중에서도 자모문자)가 기사문자(표의문자)보다 우월하다는 문자관을 가지고 있었다. 문자는 음을 충실히 반영하는 것이어야 한다는 생각도 가지고 있었다. 그래야 언문일치가 이루어질 수 있다고 보았다. 문자체계를 정립함에 있어서는 국어를 표기하는데 합당한 문자체계이어야 하고 음과 문자가 1:1 대응을 이룰 수 있는 문자체계이어야 한다는 생각을 하였다. 이러한 생각을 바탕으로 국어의 음운에 대한 연구와 기존 문자의 음가에 대한 연구를 통하여 한글 24자체계를 새로이 정립하였다.

자음자 14자 : ㄱ ㄴ ㄷ ㄹ ㅁ ㅂ ㅅ ㆁ(ㅇ) ㅈ ㅊ ㅋ ㅌ ㅍ ㅎ
모음자 10자 : ㅏ ㅑ ㅓ ㅕ ㅗ ㅛ ㅜ ㅠ ㅡ ㅣ

한글의 자체에 대해서는 그 기본 성격을 모음자는 직선, 자음자는 곡선이라고 보고서 모음자는 'ㅡ ㅣ'를 기본으로 하여 다른 모음자들을 설명하였고 자음자는 'ㄱ ㄴ ㅁ ㅅ ㅇ'을 기본으로하여 나머지 자음자들을 가획의 원리로 설명하였다.

4장에서는 주시경의 표기법 원리를 재검토하였다. 주시경은 신학문을 배우면서 습득하였을 것으로 여겨지는 기초적인 문법지식을 바탕으로 국어를 관찰하여 곡용형과 활용형이 몸(어간)과 토(조사 또는 어미)로 분석된다는 것을 인식하고서는 몸과 토를 분리하여(몸과 토의 경계를 밝혀) 표기하는 것이 문법적으로 타당하다는 생각을 하였다. 이는 곧 분철표기가 문법적으로 타당하다는 생각을 한 셈이 된다. 그런데 분철표기를 철저히 하려면 종래의 8종성(혹은 7종성)으로는 부족하였으므로 그는 8종성 이외의 자음들도 종성(받침)으로 사용하여야 한다고 주장하였다. 소위 '새받침설'을 주장하였던 것이다. 그러다가 음운론 연구와 형태론 연구를 통하여 본음(本音)과 본체(本體)라는 개념을 정립하게 되면서는 본음과 본체를 밝혀 적는 표기법, 즉 '본음주의 표기법'을 제창하게 되었다. 그의 본음주의 표기법이란 각 형태소

('씨' 또는 '늣씨')들의 기본형을 밝혀 적되 자형(字形)을 고정시켜 표기하는 '형태음소적 분철표기'를 의미하는 것이었다. 그런데 그러한 표기법의 원칙을 어간에 대하여는 대체로 철저히 적용시켰으나 어미나 조사에 대하여는 철저히 적용시키지 않았다.

그는 또 말을 표기함에 있어서 음[소리]과 문자가 상동(相同)하게 표기되어야 한다고 강조하기도 하였다(물론 이때의 '音'이란 '本音'을 의미하는 것이었다). 이는 일차적으로 표기법의 원리를 말한 것이지만 다른 한편으로는 言과 文이 일치하여야 함(言文一致)을 강조한 것이기도 할 것이다.

한글 표기법과 관련하여 그는 가로풀어쓰기를 제안하고 시험적으로 사용하여 보기도 하였으나 이 가로풀어쓰기는 결국 일반화되지는 못하였다.

5장에서는 주시경의 표기법이 어떻게 변천되어 갔는가, 그러한 변천이 있게 된 요인은 무엇인가를 논의하면서 그의 표기법의 세부 규정들을 정리해 보았다. 주시경은 초기에는 당시의 일반적인 표기법에 따라 표기하다가 점차 자기의 이론에 따라 표기법을 수정해 나갔는데 그의 표기법은 대체로 《대한국어문법》에서 한번 일신된 다음, 《국어문법》에 이르러 완성되게 된다. 그런데 《말의소리》에 와서 그는 자신이 수립했던 표기법 원칙의 일부에 대하여 흔들리는 모습을 보여 준다. 어간의 몸을 하나로 잡는 원칙에 대하여 회의적인 태도를 보인 것이다. 그러나 실제의 표기에서는 아직 그리 큰 변화를 보이지는 않았다.

이상 본론에서 논의되었던 내용들을 종합하여 주시경 표기법의 규정들을 항목별로 정리하여 제시해 보기로 하겠다. 약간의 무리가 없지 않겠지만 용어는 가급적 현대적인 것을 쓰도록 할 것이며 〈한글 맞춤법 통일안〉을 참조하기로 하겠다.

1) 한글 표기법은 우리말을 소리나는 대로 적되, 형태소의 본음(본체)를 밝혀 적는 것을 원칙으로 한다.

2) 한글자모의 수는 24자로 하고, 그 순서는 다음과 같이 한다.

ㄱ ㄴ ㄷ ㄹ ㅁ ㅂ ㅅ ㆁ(ㅇ) ㅈ ㅊ ㅋ ㅌ ㅍ ㅎ

ㅏ ㅑ ㅓ ㅕ ㅗ ㅛ ㅜ ㅠ ㅡ ㅣ

3) 어두나 어말의 된소리 표기는 각자병서로 한다. (甲을 취하고 乙을 버린다.)

	甲	乙
ㄲ :	까치	ᄭᅡ치
ㄸ :	뜻	ᄯᅳᆺ
ㅃ :	빠르다	ᄲᅡ르다
ㅆ :	쓰다	×
ㅉ :	짜다	ᄶᅡ다

4) 종래의 7종성(ㄱ, ㄴ, ㄹ, ㅁ, ㅂ, ㅅ, ㆁ) 이외에 다음과 같은 받침을 더 쓰기로 한다.

ㄷ: 믿다/믿어

ㅈ: 찾다/찾아

ㅊ : 좇다/좇아

ㅌ : 같다/같아

ㅍ : 앞, 잎, 높다/높아

ㅎ : 놓다/놓아

ㄲ : 밖, 깎다/깎아

ㄳ : 삯

ㄵ : 앉다/앉아

ㄶ : 많다/많아

ㄺ : 밝다/밝아

ㄻ : 닮다/닮아

ㄼ : 여덟, 넓다/넓어

ㄾ : 훑다/훑어

ㄿ : 읊다/읊어

ㅀ : 옳다/옳아

ㅄ : 값(?), 없다/없어

5) 단어나 형태소가 모음으로 시작될 때에는 음가가 없는 'ㅇ'을 초성 자리에 첨가한다.

아버지, 집에서

6) 어중의 두 모음 사이에 하나의 자음이 개재할 때에는 그 자음을 후행음절의 초성으로 표기 한다.(甲을 취하고 乙을 버린다.)

甲	乙
모르다	몰으다
하나	한아
아니하다	안이하다

단, 'ㆁ[ŋ]'만은 예외로 한다. 종이[紙]

7) 어중의 된소리는 분리하여 표기하는 것을 원칙으로 하되 'ㄲ'은 'ㄱ+ㄱ'으로, 'ㄸ'은 'ㅅ+ㄷ'으로, 'ㅃ'은 'ㅅ+ㅂ'으로, 'ㅉ'은 'ㅅ+ㅈ'으로 표기한다.[157] (甲을 취하고 乙과 丙을 버린다.)

157) 'ㅆ'에 해당하는 예는 찾지 못함.

甲	乙	丙
박구다	밧구다	바꾸다
읏듬	×	으뜸
깃브다	×	기쁘다
엇지	×	어찌

8) 유기음은 어중에서라 하더라도 재음소화표기 또는 유사 중철표기를 하지 않는다. (甲을 취하고 乙과 丙을 버린다.)

甲	乙	丙
고프다	곱흐다	곱프다
바치다	밧히다	밧치다
다투다	닷후다	닷투다

9) 모음탈락, 활음화, 활음첨가는 표기에 반영하지 않는다. (甲을 취하고 乙을 버린다.)

甲	乙
쓰어	써
가아	가
서어	서
그리어	그려
싸우어	싸워
배호아	배화
기어	기여
개어	개여
베어	베여

되어	되여
뛰어	뛰여

단, '오-'의 경우는 예외적으로 활음화를 인정한다 : 와, 왔다

10) 용언어간의 말모음이 'ㅏ, ㅗ'일 때에는 '아'계 어미를 취하고 그 외의 모음일 때에는 '어'계 어미를 취하는 것으로 한다.

'아'계어미를 취하는 경우 : 잡아, 작아, 좁아, 놓아
'어'계어미를 취하는 경우 : 접어, 죽어, 끌어, 되어, 개어, 베어, 뛰어, 기어

11) 다음과 같은 예들은 발음상으로는 구개음화를 인정하되, 표기상으로는 그것을 반영하지 않는다. (甲을 취하고 乙을 버린다.)

甲	乙
같이	가치
미닫이	미다지
닫히다	다치다

12) 체언과 조사, 용언어간과 어미는 구별하여 적되 각각의 본체와 본음을 밝혀 적는 것을 원칙으로 한다.(甲을 취하고 乙과 丙을 버린다)

甲	乙	丙
밥이	바비	
옷이	오시	옷시
씻어	씨서	씻서

믿어	미더/밋어	밋더
좇아	조차	좃차
맡아	마타	맛하
믿고	밋고	
좇고	좃고	
맡고	맛고	
놓고	노코	놋코

13) 체언과 용언어간은 본체를 하나로 잡는 것을 원칙으로 하고 조사와 어미는 본체를 둘 이상으로 잡는 것을 허용한다.

비가/밥이, 비와/밥과, 비를/밥을, 비는/밥은
가며/먹으며, 간다/먹는다, 가오/먹으오, 갑니다/먹습니다

14) 표기상으로는 불규칙활용을 인정하지 않는다. (甲을 취하고 乙을 버린다.)

	甲	乙
'ㅂ'불규칙	덥어/덥으니	더워/더우니
'ㅅ'불규칙	짓어/짓으니	지어/지으니
'ㄹ'불규칙	울는/울으니	우는/우니
'르'불규칙	흐르어/흐르니	흘러/흐르니
'러'불규칙	푸르어/푸르니	푸르러/푸르르니
'ㅎ'불규칙	이러하여/이러하니	이래/이러니 /이러코
	이러하게/이러하고	이러케(이렇게)/
		이러코(이렇고)
'우'불규칙	푸어/푸니	퍼/푸니

다만, 'ㄷ'불규칙과[158] '여'불규칙은 표기에 반영한다.(甲을 취하고 乙을 버린다.)

	甲	乙
'ㄷ'불규칙	듯고/들으니	듯고/듯으니
'여'불규칙	하여/하니	하어/하니

15) 명사어간이 여러 가지 형태로 쓰일 경우 그 중에 하나를 '좋은몸'(표준)으로 삼는다.(甲을 '좋은몸'으로 한다.)

甲	乙	丙
밧(田)	밭	밫
꼿(花)	꽃	
젓(乳)	젖	

16) 역사적(의고적) 표기를 지양하고 현실발음대로 적는다.

① 'ㆍ'는 폐기하고 실제 발음나는 대로 적는다. (甲을 취하고 乙을 버린다.)

甲	乙
하다	ᄒᆞ다
가르치다	가ᄅᆞ치다
사람	사ᄅᆞᆷ
-는	-ᄂᆞᆫ

158) 주시경이 인식한 바에 따른다면 'ㄷ'불규칙이라 할 수 없지만, 편의상 오늘의 관점에서 'ㄷ'불규칙이라 해 둔다.

-를 　　　 -릴

② 'ㅅ ㅈ ㅊ'을 첫소리로 삼는 'ㅑ ㅕ ㅛ ㅠ ㅖ'는 'ㅏ ㅓ ㅗ ㅜ ㅔ'로 적는다. (甲을 취하고 乙을 버린다.)

甲	乙
서울	셔울
섬기다	셤기다
세우다	셰우다
작다	쟉다
적다	젹다
처음	쳐음
좋다	죻다
제각금	졔각금

③ 'ㅎ' 이외의 자음을 첫소리로 가지는 '의'는 '이'로 적는다. (甲을 취하고 乙을 버린다.)

甲	乙
여기	여긔
저기	저긔
마디	마듸

④ 어두 위치의 '니 냐 녀 뇨 뉴 녜'는 '이 야 여 요 유 예'로 적는다.(甲을 취하고 乙을 버린다.)

甲 乙
읽다 닑다
잇다 닛다
여기다 녀기다
옛적 녯적

⑤ 종래 'ㄹㄴ'으로 표기되던 것 중 본음이 'ㄹㄹ'인 것은 본음대로 적는다. (甲을 취하고 乙을 버린다.)

甲 乙
말로[言] 말노
진실로 진실노
올라가다 올나가다
틀리다 틀니다
굴려 굴녀
갈래 갈내

17) 한자어를 한글로 적을 때에는 위의 16)항을 따르지 않고 종래의 漢字 字典(《全韻 玉篇》 등)에 규정된 字音대로 적는다.

① 한자음 표기에서는 'ㆍ'를 사용한다.
을ᄉᆞ년(乙巳年), ᄉᆞ적(史籍), 교ᄉᆞ(敎師), ᄌᆞ재(資材)

② 한자음 표기에서는 '샤 셔 쇼 슈 쟈 져 죠 쥬 챠 쳐 쵸 츄'와 '졔, 쳬'를 인정한다.
샤회(社會), 셔편(西便), 로쇼(老少), 금슈(禽獸), 장슈(將帥), 졍(淨)하게, 죠직(組織), 즁(重)한, 챠(車), 쳥탁(淸濁), 춍명

(聰明), 츙신(忠臣), 졔독(提督)
쳬결(締結)

③ 한자음 표기에서는 음절 두음으로 자음을 가지는 경우에도 '의'를 인정한다.
공긔(空氣), 긔차(汽車), 용긔(用器), 긔록(記錄), ᄌᆞ긔(自己)

④ 한자음 표기에서는 구개음화가 적용되지 않은 음을 인정한다. (디 댜 뎌 됴 듀 뎨 탸 텨 툐 튜 톄)
디하(地下) 뎐긔(電氣), 됴례(條例), 텬디(天地), 뎨일(第一), 본톄(本體)

⑤ 한자음 표기에서는 두음법칙을 인정하지 않는다.
력ᄉᆞ(歷史), 리치(理致), 념려(念慮), 림시(臨時), 란간(欄干)

18) 둘 이상의 단어가 결합하여 복합어를 이룰 때에는 소리가 변하거나 변하지 아니하거나를 막론하고 각각의 본체를 밝혀 적는다. ([ ] 속의 표기는 실제의 발음을 보인 것임)

모시옷, 아기옷, 돌담, 비단실, 콩밥, 곱슬줄
먹물[멍물], 잣나무[잔나무], 떡국[떡꾹]
바람소리[바람쏘리], 밀가루[밀까루], 그믐달[그믐딸], 총소리[총쏘리]
솜이불[솜니불], 눈약[눈냑], 장열쇠[장녈쇠], 가을일[가을릴]
암개[암캐], 암닭[암탉], 수개[수캐], 수닭[수탉], 암소, 수소
날날이[나날이], 달달이[다달이], 틈틈이
늙은이, 검은고

일어나다, 알아내다

검붉다

단, 복합명사에서 사이시옷이 개입하는 경우 중 선행성분 끝음절이 받침을 가지지 않을 때에만은 'ㅅ'(사이시옷)을 그 끝음절의 받침으로 적는다.

어젯날, 벼룻돌, 벼룻상, 바닷물

19) 형태 분석이 가능한 파생어는 형태를 분석하여 어기의 본체를 밝혀 적는다.

코길이, 먹이, 잡이, 가막이, 두름이, 기럭이, 동글암이

얼음, 고롭음, 어렵음

묻엄, 막애, 썰에

돌질

나이다, 나타나이다, 밝히다, 섞이다, 곧히다, 넘기다

직히다, 움즉이다

사람스럽다, 해롭다, 덩이지다, 먹음직하다

깊이, 같이, 많이, 반듯이, 넉넉이, 밝히

예외 : 물음(問), 갈래, 낙시, 골음(膿)

이상에서 우리는 주시경의 음운론 및 형태론 이론과 그의 표기법에 대하여 논의하였다. 이제 앞으로의 과제는 주시경의 표기법이 어떻게 계승되고 확산되어 갔으며 어떤 부분이 누구에 의하여 수정되어 〈한글 맞춤법 통일안〉이 만들어지게 되었는지를 소상하게 밝히는 일이다. 그것은 곧 우리 어문의 근대화 과정을 밝히는 일이기도 할 것이다.

참고문헌

강창석(1995), 한글과 한글 표기법이론의 체계화에 대하여,《國語學》25, 국어학회.

高永根(1979), 周時經의 文法理論,《韓國學報》17, 一志社.(高永根(1983)에 재수록).

고영근(1982), 주시경의 문법이론에 대한 형태 · 통사적 접근,《國語學》11, 국어학회.(高永根(1983)에 재수록).

高永根(1983),《國語文法의 硏究》, 탑출판사.

高永根(1988), 주시경 연구의 어제와 오늘,《周時經學報》1, 周時經硏究所.(고영근(2001ㄱ)에 재수록).

고영근(1995), 주시경 〈국어문법〉의 형성에 얽힌 문제: 검열본을 중심으로,《大東文化硏究》30, 성균관대 대동문화연구원.

고영근(2001ㄱ),《한국의 언어연구》, 도서출판 역락.

고영근(2001ㄴ),《역대한국문법의 통합적 연구》, 서울대학교출판부.

고영근(2008),《민족어의 수호와 발전》, 제이앤씨.

高永根·李賢熙 校註(1986),《周時經 國語文法》, 塔出版社.

郭忠求(1984), 체언어간말 설단자음의 마찰음화에 대하여,《국어국문학》91, 국어국문학회.

국어연구소(1988),《한글 맞춤법 해설》.

국어연구소(1988),《표준어 규정 해설》.

권영민(2004), 조선총독부의 〈조선어 조사회의 의사록〉 문서 공개,《문학사상》2004년 12월호.

권영민(2005), 조선총독부의 〈조선어 조사회의 의사록〉 발췌 공개, 《문학사상》 2005년 1월호.
김두봉(1916), 《조선말본》, 새글집.
金敏洙(1977), 《周時經研究》, 塔出版社.
金敏洙(1987), 國語表記法論爭史, 《국어생활》 9, 국어연구소.
金敏洙(1988ㄱ), 周時經 「國文文法」 譯註, 《周時經學報》 1, 周時經研究所.
金敏洙(1988ㄴ), 주시경 국문(國文) 譯註, 《周時經學報》 2, 周時經研究所.
金敏洙 編(1992), 《周時經全書》(1권-6권), 塔出版社.
金完鎭(1975), 音韻論的 誘因에 依한 形態素重加에 대하여, 《國語學》 3, 국어학회.
金周弼(1992), 國語 表記史에 있어서 歷史性의 認識, 《語學研究》 28-3, 서울대학교 어학연구소.
金重鎭(1986), 近代國語 表記法 研究, 원광대학교 대학원 박사학위 논문.
南廣祐(1987), 現行 맞춤법의 原理와 問題點, 《국어생활》 9, 국어연구소.
리봉운(1897), 《국문정리》, 경셩 묘동 국문국.
민현식(1999), 《국어정서법연구》, 태학사.
朴基永(2005), 開化期 韓國語의 音韻 研究 : 日本에서 간행된 韓國語 學習書를 중심으로, 서울대학교 대학원 박사학위논문.
朴善雨(1990), 周時經, 「國文研究案」(第 2回) 譯註, 《周時經學報》 6, 周時經研究所.
朴勝彬(1936), 朝鮮語學會査定 「한글마춤법통일안」에 對한 批判, 《正音》 第十六號附錄.(歷代韓國文法大系 第3部第9冊에 再收錄).
박영준(1992), 周時經, 「國文研究案」(第 9-10回) 역주, 《周時經學報》 9, 周時經研究所.
배주채(1995), '그러다'류의 활용과 사전적 처리에 대하여, 《韓日語學論叢》, 國學資料院.
서태길(1993), 주시경 「말」 역주, 《周時經學報》 11, 周時經研究所.
손남익(1994), 주시경의 「말」 역주(변체학), 《周時經學報》 13, 주시경연구소.
宋喆儀(1987), 十五世紀 國語의 表記法에 대한 音韻論的 考察, 《國語學》 16, 국어학회.
宋喆儀(1992), 《國語의 派生語形成 研究》, 太學社.
宋喆儀(1993), 준말에 대한 形態·音韻論的 考察, 《東洋學》 23, 檀國大學校

東洋學研究所.
宋喆儀(1997), 國語 形態論 硏究의 成果와 課題,《東洋學》27, 檀國大學校 東洋學研究所.
宋喆儀(2002), 用言 '있다'의 通時的 發達에 대하여,《朝鮮語研究》1, 朝鮮語研究會(日本).
송철의(2004ㄱ), 한국 근대 초기의 어문운동과 어문정책,《韓國文化》32, 서울대학교 韓國文化研究所.(이병근 외 (2005)에 재수록)
宋喆儀(2004ㄴ), 'ㅎ'變則과 '어'變則에 관련된 몇 가지 問題,《朝鮮語研究》2, 朝鮮語研究會(日本).
송철의(2005), 한글 맞춤법의 몇 가지 문제점,《Korean 연구와 교육》, 창간호, Korean 교육연구 국제협의회.
송철의(2008), 주시경의 '本音'에 대하여,《李崇寧 現代國語學의 開拓者》(心岳 李崇寧 선생 탄신 100주년 기념논집), 태학사.
시정곤(1992), 쥬상호 "말" 역주,《周時經學報》10, 周時經研究所.
申昌淳(1992),《國語正書法研究》, 集文堂.
安秉禧(1985), 訓民正音 使用에 관한 歷史的 研究: 창제로부터 19세기까지,《東方學志》46·47·48 합집, 연세대학교 동방학연구소.
安秉禧(1988), 한글 맞춤법의 歷史,《국어생활》13.(國語史 研究(1992, 文學과知性社)에 재수록).
安秉禧(1997), 訓民正音序의 '便於日用'에 대하여,《어문학논총》(청범진태하교수 계칠송수기념), 태학사.
安秉禧(2003ㄱ), 解例本의 八終聲에 대하여,《國語學》41. 국어학회.
安秉禧(2003ㄴ), 安廓의 生涯와 한글연구,《語文研究》117, 韓國語文教育研究會.
양정호(2006), '늣씨' 개념의 재고찰,《語文研究》51, 語文研究會.
유필재(1995), 周時經의 文章符號와 文法單位 : 말의소리(1914)를 중심으로,《韓日語學論叢》(南鶴 李鍾徹先生 回甲紀念論叢), 國學資料院.
이광호·한재영·장소원(1998),《국어정서법》, 한국방송대학교출판부.
이규대(1897),《국문졍리》. (출판사 미상)
李基文(1963),《國語表記法의 歷史的 考察》, 韓國研究院.
李基文(1970),《開化期의 國文研究》, 一潮閣.
李基文(1976), 周時經의 學問에 대한 새로운 理解,《韓國學報》5, 一志社.

이기문(1977), 19세기말의 국문론에 대하여, 《語文論集》 19.20합집(박성의 박사환력기념논총), 고려대학교 국어국문학과.

李基文(1981), 한힌샘의 言語 및 文字 理論, 《語學研究》 17-2, 서울대학교 어학연구소.

李基文(1983), 한국어 表記法의 변천과 原理, 《韓國語文의 諸問題》, 一志社.

李基文(1984), 開化期의 國文 使用에 관한 研究, 《韓國文化》 5, 서울대학교 韓國文化研究所.

이기문(1989), 독립신문과 한글문화, 《周時經學報》 4, 周時經研究所.

이기문(2007), 한국어의 무궁한 발전을 위하여, 《韓國語研究》 4, 한국어연구회.

李基文 編(1976), 《周時經全集(上, 下)》, 亞細亞文化社.

李基文·李秉根(1979), 周時經의 學問을 다시 생각한다, 《韓國學報》 16, 一志社.

이병건(1977), 음운론의 측면에서 본 한글 맞춤법, 《語學研究》 13-2, 서울대학교 어학연구소.

李秉根(1977), 最初의 國語辭典 〈말모이〉, 《언어》 2-1, 한국언어학회.

李秉根(1978ㄱ), 國語의 長母音化와 報償性, 《國語學》 6, 국어학회.

李秉根(1978ㄴ), 愛國啓蒙主義時代의 國語觀, 《韓國學報》 12, 一志社.

李秉根(1979), 周時經의 言語理論과 '늣씨', 《國語學》 8, 국어학회.

李秉根(1982), 國語辭典史 片考: 말모이를 중심으로, 《白影鄭炳昱先生還甲紀念論叢》, 新丘文化社.

李秉根(1985), 周時經, 《국어연구의 발자취(I)》, 서울大學校出版部.

李秉根(1986), 開化期의 語文政策과 表記法 問題, 《국어생활》 4('86 봄), 국어연구소.

李秉根(2003), 近代國語學의 形成에 관련된 國語觀, 《韓國文化》 32, 서울대학교 韓國文化研究所(이병근 외(2005)에 재수록).

이병근 외(2005), 《한국 근대 초기의 언어와 문학》, 서울대학교출판부.

李相億(1983), 現代 國語 正書法의 문제점들에 대한 종합 검토: 맞춤법 改定을 앞두고, 《語學研究》 19-2, 서울대학교 어학연구소.(이상억(1994)에 재수록)

이상억(1991), 현행 맞춤법 규정의 문제점, 《美原禹寅燮先生停年退任紀念論文集》, 한일문화사.(이상억(1994)에 재수록)

이상억(1994),《국어 표기 4법 논의 : 맞춤법·표준어·외래어·로마자화》, 서울대학교출판부.
李常春(1925),《朝鮮語文法》, 開城: 崧南書館. (歷代韓國文法大系 1-36).
李胤杓(1989), 주시경 "국어와 국문의 필요"·"必尙自國文言" 譯註,《周時經學報》4, 周時經硏究所.
李應百(1977), 한글 構造에 따른 入門期 文字指導,《語文硏究》5卷 1, 2合倂號, 韓國語文敎育硏究會.
李應百(1981), 國語의 '基本音節表'에 대하여,《先淸語文》11, 12合倂號, 서울大學校 國語敎育學科.
李翊燮(1971), 文字의 機能과 表記法의 理想,《金亨奎博士頌壽紀念論叢》, 一潮閣.
李翊燮(1977), 思考面에서 본 文字言語의 機能,《語學硏究》13-2, 서울대학교 어학연구소.
李翊燮(1985ㄱ), 한글의 모아쓰기 방식의 表意性에 대하여,《국어생활》3, 국어연구소.
李翊燮(1985ㄴ), 近代韓國語文獻의 表記法 硏究: 특히 分綴表記의 發達을 중심으로,《朝鮮學報》114, 朝鮮學會(日本).
李翊燮(1990ㄱ), 近代 國語文獻의 表記 體系: 重綴 表記를 중심으로,《韓國文化》11, 서울대학교 韓國文化硏究所.
李翊燮(1990ㄴ), 表記法,《國語硏究 어디까지 왔나》, 東亞出版社.
李翊燮1992),《國語表記法硏究》, 서울大學校出版部.
이익섭(1993), 근대국어 표기법의 성격과 특징,《정신문화연구》16-1, 한국정신문화연구원.
이진호(1997), 'ㄹㄹ~ㄹㄴ' 표기의 공존에 대한 음운론적 해석,《冠嶽語文硏究》22. 서울대학교 국어국문학과.
李賢熙(1988), 쥬상호 "국문론" 譯註,《周時經學報》1, 周時經硏究所.
李賢熙(1989), 쥬시경「대한국어문법」譯註,《周時經學報》3, 周時經硏究所.
李賢熙(1993), 한글 맞춤법의 성립과정: 개화기에서 1930년대까지의 표기법 논의를 중으로,《周時經學報》12, 周時經硏究所.
李熙昇(1938), "한글 맞춤법 통일안" 講義,《한글》6-1, 조선어학회.
李熙昇(1959),《한글 맞춤법 통일안 강의(수정판)》, 신구문화사.
이희승·안병희(1989),《한글 맞춤법 강의》, 신구문화사.

鄭承喆(2003ㄱ), 周時經의 音學: 刪除本 『말』을 중심으로, 《語文研究》 118, 韓國語文教育研究會.
鄭承喆(2003ㄴ), 주시경과 언문일치, 《한국학연구》 12, 인하대학교.
정승철(2005), 근대국어학과 주시경, 《한국 근대초기의 언어와 문학》(이병근 외 저), 서울대학교출판부.
조일영(1991), 周時經, 「國文研究案」(第 7-8回) 譯註, 《周時經學報》 8, 周時經研究所.
지춘수(1974), 한글맞춤법과 주시경 선생, 《한글새소식》 23, 한글학회.
崔明玉(1982), 周時經의 〈소리갈〉에 대하여, 《震檀學報》 44, 震檀學會.
최낙복(1988), 주시경 말본의 형태론 연구, 동아대학교 대학원 박사학위논문.
최낙복(1991), 《주시경 문법의 연구》, 문성출판사.
최낙복(1998), 주시경 문법의 『말』에 나타난 낱말 만들기, 《방언학과 국어학》(청암 김영태 박사 화갑기념논문집), 태학사.
최호철(1991), 周時經, 「國文研究案」(第 3-6回) 譯註, 《周時經學報》 7, 周時經研究所.
최호철(1994), 주시경의 「말」 역주, 《周時經學報》 14, 周時經研究所.
한글학회(1971), 《한글학회50년사》, 한글학회.
한재영(1991), 한글 맞춤법의 복합어와 파생어 표기에 대하여, 《울산어문논집》 7, 울산대학교 국어국문학과.
한택동(1998), 주시경의 음운이론 연구, 대구대학교 대학원 박사학위논문.
洪允杓(1986), 近代國語의 表記法 研究, 《民族文化研究》 19, 高麗大學校 民族文化研究所.
洪允杓(1987), 近代國語의 表記法, 《국어생활》 9, 국어연구소.
홍윤표(1994), 《근대국어연구(I)》, 태학사.

〈Abstract〉

Chu Si-Gyong's Linguistic Theories and his Writing Systems

Cheol-Eui Song

This book is an attempt to revalue Chu Si-Gyong's linguistic theories and his writing systems. Chu was the initiator and leader of the standardization movement of Korean language and writing systems around the turn of the 20th century. He developed the creative method of linguistic analysis in phonology and morphology. In phonology he posited 'basic elements'(元素) of sounds and explained all other sounds as 'complexes of those elements'. Such a method was also apparent in his morphological analysis. Besides he established the concept of 'original sound'(本音) in phonology and 'original form'(本體) in morphology. The 'original sound' is similar to 'morphophoname' in discriptive linguistics and the 'original form' is similar to 'underlying representation' in generative phonology

The two concepts underly the theories of his writing systems. He asserted that one should write *pesko* 'take off and' even though it is actually pronounced as *petko*, because 's' of the stem *pes-* is the 'original sound'(or the 'original form' of the stem is not *pet-*, but *pes-*). The basic principles of his writing systems are succeeded to modern Korean orthography. But there are some differences between his writing systems and modern Korean orthography in details.

찾아보기

ㄱ

ㅈ

ㅊ

ㅌ

ㅍ

ㅎ

발간사

'한국학'에 대한 관심과 요구가 국내외에서 높아지고 있다. 한국학을 전공으로 하는 학과도 생겨나고 한국학 연구자들의 국제학술대회도 종종 접하게 된다. 한국사회가 짧은 시기에 보여 준 역동적인 변화에 대한 학문적 관심이 나라 안팎으로 증대된 결과일 것이다. 한국의 역사와 문화, 사회적 경험이 점점 더 많은 연구자들의 관심대상으로 되고 있다는 사실은 매우 반가운 일이다.

한국학이란 고정된 분과학문 체계 내의 한 부분영역이 아니라 다양한 분과학문들이 함께 참여하는 학제적 연구의 성격을 지닌다. 한국학은 과거의 전통에 깊은 관심을 갖지만 현재의 문제들에도 주목하며 미래의 전망을 모색하는 작업도 포함한다. 인문학적 논의와 사회과학적 관심은 물론이고 자연과학적 문제의식과 예술적 시각이 함께 어우러지는 곳이다. 당연히 한국학은 국내의 연구자들이 자신의 특수성만을 부각시키는 폐쇄적인 장이 아니라 전 세계의 학자들이 자유롭게 참여하는 지적 토론의 공간이다. 한국을 대상으로 한 다양한 연구를 지원하며 진지한 논의와 지적 실험을 뒷받침하는 것이야말로 한국학의 가장 중요한 역할이라 할 것이다.

이런 의미에서 한국학은 한국의 문화와 역사적 경험을 전 인류의 문화유산과 역사적 경험의 한 부분으로 바라보는 전 지구적 시각을 요구받고 있다. 한국학은 한국사회의 경험을 연구하되, 그것을 21세기 세계사적 과제들과 더불어 사고함으로써 새로운 문명적 대안을 모색하는 전 지구적 논의에 적극적으로 동참하는 작업이 되어야 한다. 이런 종합적이고 개방적인 연구의 집적을 통해서만 한국의 특수성만을 절대화하는 오류에서 벗어나면서 동시에 서구의 눈으로 한국을 대상화, 타자화하는 오리엔탈리즘적 지역학의 한계도 극복할 수 있는 길이 열릴 것이다.

한국의 학문 발전에 큰 책임을 지고 있는 서울대학교는 한국학의 바람직한 발전을 위해 적극적인 역할을 하고자 한다. 이를 위해 별도의 연구기금을 마련하여 '한국학 장기기초연구 지원사업'을 추진하고 이 사업의 결과물들을 모아 연구총서, 자료총서, 모노그래프를 출간하기로 했다. 서울대학교 교수진의 연구역량과 진지한 문제의식들이 결집됨으로써 한국학의 연구수준이 더욱 높아지고 내용이 보다 풍부해질 것을 믿고 있다. 이 연구사업이 해를 거듭할수록 한국사회에 대한 이해가 깊어짐은 물론이고 한국의 경험을 통해 세계 학계의 시각과 논의도 더욱 풍성해질 것을 기대해 마지않는다.

2003년 8월

서울대학교 규장각한국학연구원 한국학연구사업위원회

서울대학교 규장각한국학연구원 한국학 모노그래프

01 예빈도에 보인 고구려: 당 이현묘 예빈도의 조우관을 쓴 사절에 대하여
노태돈

02 현대 한국유교와 전통
금장태

03 살인의 진화심리학: 조선 후기의 가족 살해와 배우자 살해
최재천 · 한영우 · 김호 · 황희선 · 홍승효 · 장대익

04 무협소설의 문화적 의미
전형준

05 정조시대의 무예
나영일

06 벼락도끼와 돌도끼: 고고자료에 대한 전통적 인식 연구
이선복

07 한국 옛 경관 속의 생태지혜
이도원

08 식민권력과 통계: 조선총독부의 통계체계와 센서스
박명규 · 서호철

09 한국의 천연염료: 전통염료와 천연염색기술
김재필 · 이정진

10 북한의 의학교육
박재형 · 김옥주 · 황상익

11 국문 글쓰기의 재탄생
권영민

12 사할린 귀환자
이순형

13 조선시대의 간척지 개발: 국토 확장과정과 이용의 문제
박영한 · 오상학

14 3칸×3칸: 한국 건축의 유형학적 접근
전봉희 · 이강민

15 위성영상을 이용한 북한지역의 해안습지연구: 평안남도를 사례로
유근배

16 한국 구비문학에 수용된 재담 연구
서대석

17 한국 자본자유화와 금융자유화의 근년변화: OECD 가입 및 IMF 사태 이후의 실상, 평가 및 대응
이천표

18 구어 한국어의 의향법 실현방법
권재일

19 조선시대 복식에 나타난 적색계 색명의 의미
남윤자 · 김순영 · 박성실

서울대학교 규장각한국학연구원 한국학 모노그래프

20 우리나라 인체기생충 및 의용절지동물의 동물상과 개요
채종일
21 경제개방이 우리나라 노동시장에 미친 효과
김대일
22 한국 고소설에 나타난 오이디푸스 콤플렉스: 〈심청전〉·〈콩쥐팥쥐전〉
류인균
23 남북한 경제의 이질성: 경제통합에 관한 함의
이지순
24 한국에서 마르크스주의 경제학의 도입과 전개과정
김수행
25 한국 장수인의 개체적 특성과 사회환경적 요인: 호남지방 장수벨트를 중심으로
박상철 · 이미숙 · 이정재 · 한경혜
26 전통마을 경관요소들의 생태적 의미
이도원
27 한국의 중산층
홍두승
28 한국 여성의 건강증진행위
윤순녕 · 김숙영 · 이지윤
29 心과 性: 茶山의 『孟子』 해석
금장태
30 20세기 초기 국어의 문법
권재일
31 한국의 고령노동: 경제활동과 고용구조의 장기적 변화
이철희
32 웃음으로 눈물 닦기: 한국 언어문화의 한 특질
김대행
33 한국의 좌파 경제학자들
김수행 · 김공회
34 온돌과 한국인의 수면 생활: 침상 기후를 중심으로
최정화 · 김문숙
35 한국 고대의 온돌: 북옥저, 고구려, 발해
송기호
36 한국 시민단체의 내부의사결정과정에 관한 연구
김준기
37 한국문화를 쓴다: 강용흘의 『초당』과 이미륵의 『압록강은 흐른다』 비교연구
최윤영
38 정약용 사상 속의 과학기술: 유가 전통, 실용성, 과학기술

김영식
39 仁과 禮: 다산의 『논어』 해석
금장태
40 서양인의 한국 종교 연구
김종서
41 韓國詩話에 보이는 杜詩
이영주
42 한국의 소득불평등과 빈곤: 소득분배 악화와 사회보장정책의 과제
구인회
43 한국인 치매환자의 행동 및 심리 증상의 횡문화적 특성
조맹제 · 김진영
44 한국 사회복지 네트워크의 구성과 효과성: 지역종합사회복지관의 네트워크 구성과 조직 효과성을 중심으로
김준기
45 근대한국의 국제관념에 나타난 도덕과 권력
장인성
46 한국의 의료체제: 제도와 지배구조
송호근
47 몽골제국과 고려: 쿠빌라이 정권의 탄생과 고려의 정치적 위상
김호동
48 한국무협소설의 작가와 작품
전형준
49 한국 근대소설에 나타난 오이디푸스 콤플렉스의 이해: 이광수, 김동인, 염상섭, 이상을 중심으로
류인균
50 한국의 하구역: 하구둑 건설 이후의 지형변화
유근배 · 김성환 · 신영호
51 한국의 신용평가제도
이인호
52 전통 마을숲의 생태계 서비스
이도원 · 고인수 · 박찬열
53 두 개의 예외적인 복제체제 비교 연구: 한국 복지국가 모형의 탐색
김태성
54 박정희 체제의 성립과 전개 및 몰락: 국제적 · 국내적 계급관계의 관점
김수행 · 박승호
55 한국 서해안의 해안사구: 지형학적 관점을 중심으로
유근배 · 류호상
56 『기우제등록』과 기후의례: 기우제, 기청제, 기설제
최종성

서울대학교 규장각한국학연구원 한국학 모노그래프

57 한국어 술어의 사건 구조와 논항 구조
남승호

58 舊韓末의 韓獨 外交文書 '德案' 硏究
권오현

59 현대 한국어의 공시 형태론: 경주지역어를 실례로
최명옥

60 서양문화를 쓴다: 강용흘의 <동양 서양에 가다>와 이미륵의 <압록강에서 이자르강까지>
최윤영

61 시장발전과 경제개발
이승훈

62 고려국가와 집단의식
노명호

서울대학교 규장각한국학연구원 한국학연구총서

01 지방문학사: 연구의 방향과 과제
조동일

02 한국 근대과학 형성과정 자료
문만용 · 김영식

03 목석의 울음: 손창섭 문학의 정신분석
조두영

04 통일한국의 농업: 통일 이후 남 · 북한 농산물의 통합생산 방안
김완배 · 김한호 · 이정재 · 이태호 · 정하우

05 현대 한국사회의 철학적 문제: 사회운영원리
백종현

06 한국유교의 과제
금장태

07 韓國 古代 · 中世初期 土地制度史: 古朝鮮~新羅 · 渤海
이경식

08 『무과총요』 연구
나영일

09 북한 주요 산업지역의 토지이용 변화와 개방지역에 관한 연구
황만익 · 이기석

10 재벌체제와 다국적기업: 경제개발의 두 가지 유형
이승훈

11 붉은악마와 월드컵
이순형

12 『조선왕조실록』 보존을 위한 기초 조사연구(1)
송기중 · 신병주 · 박지선 · 이인성

13 한국 근대의 사회복지
안상훈 · 조성은 · 길현종

14 한국어 체언의 음변화 연구
이상억

15 조선 중기 무예서 연구
나영일 · 노영구 · 양정호 · 최복규

16 1950년대 사회주의 건설기의 북한 보건의료
황상익

17 후발 산업화와 국가의 동학: 탈관료화와 강성국가의 공동화
하용출

18 조선 후기의 기술도: 서양 과학의 도입과 미술의 변화
정형민 · 김영식

19 韓國 中世 土地制度史: 朝鮮前期
이경식

20 남북 언어의 문법 표준화

권재일
21 50권본『화엄경』 연구
이승재
22 한 · 중 소화의 비교
서대석
23 고려전기의 전시과
이경식
24 개항기 전후 경상도의 육상교통
허우긍 · 도도로키 히로시
25 한국어의 주제와 통사 분석: 주제 개념의 새로운 전개
임홍빈
26 한국적 패션 디자인의 제다움 찾기: 전통미와 현대적 활용을 중심으로
김민자
27 한국 근대문학교육사 연구
우한용
28 『조선왕조실록』의 여진족 족명과 인명
김주원
29 중앙아시아 고려말의 문법
권재일
30 삼국통일전쟁사
노태돈
31 한국의 사회운동과 진보정당
임현진
32 한국 행락문화의 변천과정
황기원
33 노래의 상상계(근간)
신범순
34 한국의 언어 민속지: 전라남북도 편
왕한석
35 주시경의 언어이론과 표기법
송철의

송철의(宋喆儀), Cheol-Eui Song
1952년 충남 홍성 출생. 서울대학교 국어국문학과를 졸업하고 동 대학에서 석사학위(1977년) 및 박사학위(1990년)를 취득하였다. 단국대학교 교수를 거쳐 현재 서울대학교 국어국문학과 교수로 재직 중이다. 주요 관심 분야는 음운론과 형태론이다. 최근에는 한국어문의 근대화 과정에 대해서도 관심을 가지고 있다.
주요 연구업적으로는 《국어의 파생어형성 연구》(1992), 《17세기 국어사전》(공저, 1995), 《한국 근대 초기의 언어와 문학》(공저, 2005), 《일제 식민지 시기 한국의 언어와 문학》(공저, 2007), 《한국어 형태음운론적 연구》(2008) 등이 있다.

주시경의 언어이론과 표기법

펴낸곳 | 서울대학교 출판문화원
펴낸이 | 오연천
지은이 | 송철의

초판 1쇄 인쇄 | 2010년 12월 10일
초판 1쇄 발행 | 2010년 12월 15일
출판등록 | 제15-3호

주소 | 151-742 서울특별시 관악구 관악로 599
대표전화 | 02-880-5252
팩스 | 02-888-4148
마케팅팀(주문상담) | 02-889-4424, 02-889-7995
이메일 | snubook@snu.ac.kr
홈페이지 | www.snupress.com
영문홈페이지 | eng.snupress.com

ISBN 978-89-521-1148-7 94710
978-89-521-1069-5 (세트)

값 20,000원